사람의 향기

홍승표 지음

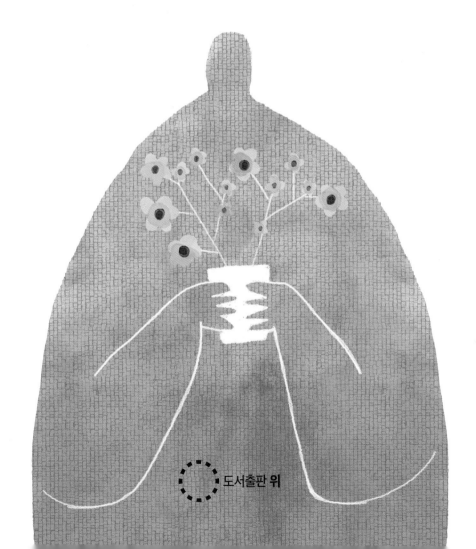

도서출판 위

사람의
향기 🌸

홍승표는

경기도 광주에서 태어났다. 평생을 공직자로 살았고 탁월한 일처리는 물론 양보하고 배려하는 인성으로 경기도청 공무원들이 선정하는 〈존경하는 베스트 간부공무원〉으로 4회 연속 선정되었고 공무원으론 최고영예인 〈다산 청렴봉사 대상〉, 〈경기도를 빛낸 영웅〉, 〈홍조근정훈장〉을 받는 등 수상 경력이 화려하다.

경기도청 비서실에서 7명의 도지사를 보필했고 인사행정전문가로 2년 6개월간 전국지방공무원을 대표해 '공무원 직종개편위원'으로 활약했다. 이 공로로 '전국광역자치단체공무원 노동조합연맹'으로부터 감사패를 받았으며 최 말단 9급 서기보로 공직을 시작해 1급 관리관으로 명예퇴직한 공직 사회 레전드로 손꼽힌다.

경기관광공사 사장으로 일하면서 만성적자였던 공사경영수지를 3년 연속 흑자기관으로 바꿔 〈대한민국 문화관광산업대전 관광부문 대상〉, 〈코리아 혁신대상〉을 받았다. 따뜻한 심성으로 이웃돕기에도 정성을 보여 어린이 재단 〈초록우산 명예의 전당〉에 헌액(獻額)되고 〈대한적십자사 회원유공장 금장〉을 받았다.

1988년 경인일보 신춘문예에 당선돼 등단한 문인으로 수필집 '꽃길에 서다'가 〈세종도서〉로 선정되었으며 현재, 한국문인협회 회원으로 언론 기고가, 칼럼니스트로 활동하며 민주평화통일자문회의 경기부의장, 경기도 사회복지 공동모금회 부회장, 대한민국 국제관광 박람회 조직위원으로 봉사하는 삶을 살고 있다.

CONTENTS

CONTENTS

서툰 대로, 모자란 대로

살아보니 세상이 내 맘대로 살아지는 게 아니라는 걸 알 게 되었습니다. 그렇다고 주저앉을 수는 없는 일이지요. 사는 게 결코 간단치 않은 일입니다. 그래도 공들여 정성으로 살다보면 좋은 일도 생겨나지요. 그래서 세상이 살만한 게 아닐까 합니다. 서른 즈음까지는 참 버거운 삶을 살았습니다. 살아보니 마흔이 가장 역동적이고 쉰 줄에야 세상을 보는 지혜가 생기고 예순에야 삶이 무르익는다는 걸 알았지요. 그때마다 빛나는 순간이 생겨났고 삶의 가치를 느끼며 살아갈 수 있었습니다. 허니 인생은 어느 순간이나 축복, 그 자체이지요. 참 고마운 일입니다.

잘 먹고 사는 것과 잘 사는 건 다르지요. 가진 게 많아 호화주택에 고급 승용차타고 명품사고 수시로 해외여행 다니는 건 잘 먹고 사는 것입니다. 그런데 어려운 이웃을 돌아보지 않고 혼자 먹고 살면 결코 잘 사는 게 아니지요. 넉넉지 않지만 어려운 이웃을 위해 기부하고 봉사하는 사람이 존경받는 게 세상이치입니다. 우리가 직업으로 일하면 돈을 받지만 봉사하면 선물을 받게 되지요. 내 돈 써가며 이웃을 돕고 사회를 위해 봉사하니 존경과 사랑을 선물 받는 것입니다. 그게 잘 사는 길이지요. 그게 가치 있는 삶이고 그 선한 영향력이 세상을 따뜻하게 합니다.

저는 글 쓰는 법을 제대로 배운 일이 없지요. 피고 지는 순환의 흐름을 통해 스스로 옥토를 넓히는 자연은 삶을 경건하게 합니다. 그 경외감이 가슴속 깊이 뿌리를 내려 정신적 지주가 되고 스승이 되지요. 이를 명심하면 작위적으로 글 쓰는 일이 줄어들 줄 알았는데 그게 쉽지 않더군요. 생각이라는 무형을 유추해 글이라는 실체로 옮긴다는 건 참 어려운 일입니다. 비우고 내려놓는 걸 우선으로 하는 삶도 어려운 일이거니와 이를 글로 옮긴다는 건 정말 조심스런 일이지요. 그나마 나이가 들면서 조금씩 글에 깊이와 넓이가 더해지는 듯해 다행이라는 생각입니다.

글에는 글쓴이의 의지나 철학이 드러나기 마련입니다. 하지만 지나치면 구호나 이론에 그치기 쉽지요. 뿌리가 밖으로 훤히 드러나면 모양도 흉하거니와 나무 자체가 죽게 되는 것과 같습니다. 뿌리만으로는 나무가 될 수 없지요. 뿌리를 튼실하게 하되 그 뿌리가 드러나지 않게 마음을 비울 수 있을까? '표면장력이 될 때까지 기다려 시를 쓴다.'는 릴케처럼 어떻게 하면 제 마음에 새 싹이 돋고 꽃이 피고 열매 맺을 수 있을까? 글 쓰는 법을 제대로 배우지 못한 제가 안고 있는 화두이기도 합니다.

한편으로는 글 쓰는 법이 마음속에 각인돼 있지 않은 게 다행이라는 생각이지요. 문학을 전공하면 기초가 단단해질 수 있지만, 자칫 틀에 얽매여 문장이 제대로 숨 쉬지 못하게 될 수도 있다고 봅니다. 살아보니 세상에 완벽한 사람도 없고 세상만사가 다 완벽한 것도 아니지요. 서툴면 서투른 대로, 모자라면 모자란 대로 글을 쓸 생각입니다. 눈 시린 햇살처럼 화사하진 않지만 바라볼수록 은은하게 스며드는 달빛처럼 제 나름의 색깔과 사람냄새 나는 저만의 글을 써보려고 합니다. 좋은 작품으로 책을 더 빛나게 해주신 김양평 전, 한국사진작가협회장님께 감사드립니다.

글쓴이 寶月 홍승표

새 봄날, 새벽 숲길에서

"승표야! 힘들면 다시 내려가자."
"아니야! 천천히 올라가면 돼"

관선시절, 도지사 비서실에서 휴일도 없이 다섯 분의 지사를 모신 일이 있습니다. 그러다 사무관 승진을 위해 고양시로 발령을 받았지요. 그때, 사무관급 이상 인사권은 도지사가 전권을 쥐고 있었고 사무관 승진을 하려면 시군에서 시험을 거쳐야 했습니다. 어렵사리 승진시험에 합격, 공보담당관으로 일하게 되었지요. 어느 날, 친구들과 함께 산행을 나선 게 치악산이었습니다. 구룡사를 지나 사다리병창을 오르는데 다리가 풀리기 시작했지요. 예전에 지게로 땔나무 짐을 지고 산을 오르내렸던 자신감은 가물가물, 몸이 따라주질 않았습니다. 그때, 친구 녀석의 뼈 때리는 한 마디에 오기가 생겨난 거지요.

비서실에서 일하면서 운동을 못한 게 결정적인 원인이었습니다. 어금니를 악물고 죽기 살기로 산을 오르고 또 올랐지요. '치가 떨리고 악! 소리가 나는 산'이란 말이 농담이 아니라는 걸 실감 했습니다. 치악산마루인 비로봉에 이르러서는 결국 눕고 말았지요. 탈진 상태에 이른 저 자신이 한심했습니다. 아내가 싸준 김밥을 먹는 순간만큼은 꿀맛 같은 시간이었지요. 보약 같은 휴식을 끝내고 내려올 때는 가장 짧은 코스를 따라 내려왔습니다. 치악산을 다녀온 며칠 동안, 종아리는 물론 허벅지까지 근육통이 와 애를 먹었지요. 그 후, 시간 날 때마다 광교산을 찾아들었고 등산에 자신감이 생겨났습니다.

산에 들면 세상 근심걱정이 사라지고 가슴 속 깊은 곳에 숨어있었던 감성이 새록새록 살아나는 걸 느꼈지요. 사람들과 어울려 산에 드는 것도 좋지만 홀로 산에 드는 게 오롯이 혼자만의 생각으로 바라보고 생각하며 상상의 세계로 날아다닐 수 있어 좋았습니다. 해가 솟아오르기 전, 여명(黎明)의 숲길은 새로운 세상을 만나 또 다른 꿈을 꿀 수 있는 보석 같은 시간이 되었지요. 어둠속에 숨죽이며 눈을 뜨는 그 산자락과 그 숲의 적막 속에서 생명의 불씨를 당겨 순은(純銀)의 매듭을 풀고 알몸으로 깨어나는 새벽은 참 신비로웠습니다. 그 순간 문득, 지금 잘 살고 있는 건지 물음표를 던져보곤 했지요.

안개에 젖은 바람결을 맞으며 산마루에 오르면 멀리서 솟구치는 햇덩이를 만나곤 했습니다. 온 누리에 아지랑이 춤추고 새들의 노래 소리가 절창인 봄날, 옹골찬 마디마디 잎이 나고 흐드러지게 꽃들이 피어났지요. 숨죽이고 바라보는 숲길에는 부챗살 이우는 가지마다 새살 돋는 소리와 거친 숨소리가 무지갯빛으로 날아다녔습니다. 금촉 은촉 바람이 불고 이름 모를 새 소리, 잊었던 풀벌레 소리가 합창으로 어우러지고 빛 부신 메아리가 되어 산허리를 휘돌았지요. 저도 나무가 되고 돌이 되고 숲이 되고 산이 되었습니다. 구름 되고 바람이 되어 초록 물결 넘실대는 세상을 신명나게 날아 다녔지요.

충혈 된 꽃망울들이 앞 다투어 피어나고 젖빛 뽀얀 햇살자락이 눈웃음을 날리면 마음은 쪽빛 창(窓)이 되고 한마디 말은 시어(詩語)가 되었습니다. 꽃 물진 자락마다 햇무리 벅찬 숨결로 무지개를 걸어 놓고 하늘도 산을 내려와 햇덩이를 품었지요. 새 봄날, 새벽 숲길은 삶의 더께를 씻어내는 한줄기 빛이요 희망이었습니다. 산마루에 올라 한그루 나무로 서서 내려다보이는 세상을 바라보면서 '아옹다옹 살지 말고 품격 있게 살아야지' 다짐하곤 했지요. 하지만 산을 내려오면 사는 게 녹록치 않았습니다. 그래도 산에 들어 그런 생각을 해보는 시간이 행복했지요. 삶의 가치를 더하는 보약이 되었습니다.

새 봄날, 새벽 숲길에는 옹골찬 마디마디 잎이 나고 시나브로 꽃이 피어나지요. 새 생명이 깨어나는 숲길에서 저도 싱그러운 봄으로 다시 태어납니다.

새싹 트는 봄, 만물이 나와 더불어 하나

〈젖빛 뽀얀 햇살 한 자락이 눈웃음을 날린다.

술래잡기하며 뛰어노는 물소리 끝, 늘어진 잠에서 깬 눈망울들이 후드
득 물기를 털고 얼어붙었던 바람 앞가슴 풀어헤치듯, 가지마다 흐르는 수
액(樹液)의 물결을 따라 해토(解土) 머리를 넘나드는 설렘들, 겨울의 꼬리
가 감춰지는 바람의 빛과 향기, 원을 그리며 커다란 원을 그리며, 아지랑
이 속 나비, 나비 떼… 저 눈에 넣고 싶은 가시 내 가시내야!

온 누리 숨을 몰아쉬며 아지랑일 떠올린다.〉

　　　　　　　　　　　　　　　　　　－ 졸시(拙詩) '해빙기(解氷期)' 전문

"얼음이 녹으면 무엇이 되나요?"

"당연히 물이 됩니다."

"아닙니다. 봄이 되는 것이지요."

겨우내 고뿔 앓던 대지가 숨을 몰아쉬기 시작했습니다. 칼바람 지켜온
날들이 녹아내리는 실개천을 건너고, 남쪽에서 불어온 꽃향기가 온 누리
에 가득하지요. 봄이 시작된 겁니다. 풋풋한 새 소리가 여명의 적막을 깨
우며 날아다닙니다. 겨울의 꼬리가 감춰지는 봄의 여울목, 바람 소리가
문을 두드리지요. 길 어귀 고목들이 귀 기울여 다가오는 발걸음 소릴 듣
는 지금, 마음이 먼저 봄 마중을 나섭니다. 돌다리 건너오며 수런대는 아
지랑이, 연둣빛으로 젖어드는 풀꽃 내음, 시나브로 출렁이며 노래하는 초
록 바다, 꽃술 터지는 함성…. 또다시 봄이 시작된 거지요.

옷고름 풀어헤치는 바람의 손길, 청태(靑苔) 낀 고목에도 새 움트는 봄날, 마음이 겨우내 접었던 날개를 펴고 신명나게 날아오릅니다. 고뿔이 사라지니 새싹이 돋아나고 연초록 산과 들이 수채화처럼 안깁니다. 문득 거울을 봅니다. 그 안에 낯선 얼굴이 보이지요. 기억을 불러 모아 한 땀 한 땀 새겨봅니다. 잊었던 기억들이 눈 비비며 일어섭니다. 하늘이 열리고, 땅이 일어나고, 저 멀리 솟는 햇덩이를 품고 강이 다시 흐릅니다. 강물에 비치는 길, 굽이치고 솟구치고 눈빛 환한 길을 다시 걸어갑니다. 아지랑이 피어오르고 새들의 노랫소리가 하늘 높이 오릅니다.

봄비가 오셨으니 금세 잎이 나고 꽃이 흐드러지게 피어나겠지요. 해맑은 웃음소리로 조잘대며 흐르는 신명난 물소리에 미리 취해 봅니다. 저마다 다른 몸짓이 어우러진 둘레마다 이름 모를 풀벌레들이 노래합니다. 숲도 산도 고요하고 새조차 날지 않을 때면, 안개로 산을 오르고 벌 나비로 날아봅니다. 빛 부신 메아리로 산허리도 휘돌아보지요. 둘레둘레 잎이 되고, 가지되고, 나무 되고, 숲이 되고, 산이 됩니다. 새소리가 요란하지요. 새순 돋는 둘레, 마음은 쪽빛 창이 되고 입술은 시어(詩語)가 됩니다.

세상에 봄이 다시 찾아들었지만 봄이 봄 같지 않지요. 3년 넘게 지속된 코로나19가 끝났다고는 하지만 피폐해진 삶이 정상으로 돌아오지 않은 탓입니다. 그래도 물 젖은 바람결이 알몸으로 날아들고, 낯붉힌 햇살 한 자락이 무지개를 떠 올리면 옹골찬 마디마디 잎이 새로 돋아나고 꽃이 피어나겠지요. 섬진강 매화 향기 온 누리를 흠씬 적시고 장미꽃이 피를 토하며 속절없이 울어댈 것입니다. '하늘과 땅이 나와 더불어 한 뿌리요. 만물이 나와 더불어 하나'라는 말을 곱씹어봅니다.

중천에 떠 있는 하얀 조각구름이 뜬금없이 봄이 왔으니 무엇을 할 것인지 물었습니다. 새로운 씨앗을 심고 싹 틔우고 꽃 피우고 열매를 맺어 이웃과 나누면 좋을 거라고 했지요. 공들여 정성으로 살아가면 그렇게 풍요롭고 넉넉한 날이 올수 있을 것입니다. 초록물결이 넘실대는 너른 들판엔 아롱지는 아지랑이처럼 꿈과 희망이 스멀스멀 피어오르지요. 새로운 봄날, 만물이 나와 더불어 하나가 되는 새 봄이 되고 새로운 꿈과 희망이 이루어지는 기쁜 날이 이어지기를 소망합니다.

새 옷을 맞춰 입으며

"사장님! 홍비서도 사이즈를 재주세요." "지사님! 저는 괜찮습니다."
"아니야! 연말선물로 내가 양복(洋服)한 벌 선물해주는 거야! 수행비서는
말이야 지사얼굴이고 지사를 돋보이게 하는 사람이야!"

임사빈 지사 수행비서로 일하던 어느 해 연말입니다. 지사께서 정장
한 벌을 맞추신다고 수원 중동 네거리 조흥은행 맞은편에 있는 미조사 양
복점 엘 들어갔지요. 양복치수를 잰 지사께서 저에게도 사이즈를 재라고
했습니다. 괜찮다고 손사래를 쳤지만 사장이 재빠르게 제 윗저고리를 벗
기곤 치수를 재기 시작했지요. 아마도 제가 박봉에 양복을 맞춰 입는 게
쉽지 않을 거라는 생각을 하신 건지도 모릅니다. '원님 덕에 나팔 분다.'고
얼떨결에 맞춤양복을 입게 됐는데 옷이 편하고 옷 입은 태가 빼어나 오랫
동안 즐겨 입었지요. 그 양복을 입을 때마다 늘 감사한 마음으로 열심히
일하며 지냈습니다.

2년 후, 고향에서 아버지 회갑연이 있었지요. 그때, 지사님은 이미 현
직이 아닌데도 직접 너른 고을(廣州)까지 찾아와 축하해주셨습니다. 고
맙고 감사한 일이지요. 그런데 아버지 드리라고 저에게 건네준 선물이 더
욱 놀라웠습니다. 서울에 있는 양복점 상품권이었지요. 회갑연을 마친 며
칠 후, 아버지를 모시고 가서 양복을 맞췄는데 아버지 얼굴에 웃음이 떠
나질 않았습니다. 저도 지금 입은 양복이 지사님이 맞춰주신 거라고 말씀
드렸더니 "정말 고마운 분"이라고 몇 번을 말씀하셨지요. 아버지는 그 양
복을 너무 귀한 옷이라고 아끼며 명절이나 귀한자리 외엔 입지 않고 고이

고이 모셔 두었습니다.

그런데 아버지는 그 양복을 몇 번 입어보지 못하고 다음해, 예순둘 나이에 하늘로 떠나셨지요. 아버지 돌아가신 후, 유품정리를 하다가 그 양복을 얼싸안고 얼마나 울었는지 모릅니다. 시골 어르신이 도지사를 지낸 분한테 최고급 양복을 선물 받았다고 그렇게 자랑하시다가 몇 번 못 입고 떠나셨으니 안타까운 일이었지요. 아버지와 아들이 도지사로부터 양복을 선물 받은 건 정말 특별한 일입니다. 저는 그 양복을 입을 때마다 아버지와 지사님을 떠올리며 '두 분이 실망하지 않도록 해야겠다.'고 다짐하면서 스스로를 곧추세우곤 했지요. 그 다짐은 공직자로 살아오는 동안 좋은 양식이 되었습니다.

"어! 여보! 저기 미조사 양복점이 있네!" "미조사가 왜?" "저 양복점이 옛날 수행비서로 일할 때, 지사님이 양복을 맞춰준 곳이야" "언제 쩍 얘기를…"

그 후에도 오랫동안 공직자로 살았습니다만 아들이 결혼할 때 빼곤 정장을 맞춰 입은 일이 거의 없었지요. 일에 묻혀 살다보니 옷에 관심을 가실 여유도 없었고 퇴직 후엔 더욱 그러했습니다. 조흥은행이 사라질 무렵, 미조사도 사라졌고 17년 전, 동탄 신도시로 이사 왔으니 미조사를 잊은 건 당연했지요. 그런데 얼마 전, 수원 중동 네거리를 지나는데 미조사 간판이 눈에 들어온 것입니다. 옛 생각이 새록새록 떠올랐고 아버지와 저에게 양복을 선물해준 지사님 생각이 나서 마음먹고 봄 양복을 맞추러 찾아갔지요.

"사장님! 언제 이곳에 다시 오셨나요?" "세든 건물이 경매로 넘어가 다른 곳에서 하다가 얼마 전, 이곳으로 왔지요." "제가 35년 전에 뵈었으니 이제 연세가 높으시죠?" "여든입니다."

사장 어르신도 지사님을 기억하고 있었지요. 지사께서 살아계시면 이제는 제가 옷을 맞춰드렸을 것이고 지사님도 '홍비서! 많이 컸네!'라고 대견해하셨을 겁니다. 지사님이 맞춰주신 옷은 잊지 못할 특별한 선물이었지요. 그 고마운 추억을 떠올리며 새 봄을 맞아 새로 옷을 맞춰 입었으니 새로운 마음으로 공들여 정성으로 살아보려고 합니다.

빗소리에 삶의 더께를 씻고

'비 오는 날은 공치는 날'이라는 말이 있습니다. 이른 아침, '소고기 등심 굽는 소리'에 잠에서 깨어났지요. 창밖에 굵은 빗줄기가 쏟아지고 있었습니다. 어떤 이는 부딪치는 빗소리를 실로폰에 비유하고, 또 다른 이는 작은북에 비유하기도 하지요. 저는 배고픈 것도 아닌데 등심 굽는 소리나 호박전 부치는 소리로 들렸습니다. 눈 비비고 일어나 눈을 감으면 너른 고을(廣州)에서 지내던 추억들이 무지개처럼 떠오르지요. 비가 오면 동네 형들과 어망을 둘러매고 개울로 나갔습니다. 물살이 빨라지면 고기들이 얕은 개울 가장자리로 나오기 때문에 잡기가 쉽거든요. 물이 불어나면 다양한 잡고기를 잡아 끓여 먹을 수 있어 신이 났습니다.

손질한 고기와 새우를 넣고 고추장을 풀어 끓인 매운탕 맛은 시원하고 달달하지요. 밥을 말아 먹어도 좋고, 국수나 수제비를 넣어 끓여내도 좋은데 매운탕은 시원하고 달콤한 국물이 쇠고입니다. 장마철 고향마을에서는 이렇게 고기를 잡아 집집마다 매운탕을 맛나게 끓여 먹었지요. 잡히는 물고기가 그때마다 다르고 집집마다 양념도 달라 맛이 제각각 다르긴 했지만, 어느 집이나 정성으로 끓인 매운탕은 맛있었습니다. 저는 동네형들과 함께 어울리고, 어른들과 식사를 같이하며 많은 이야기를 듣고 자랐지요. 세상 돌아가는 일이나 시시콜콜한 이야기까지, 학교에서는 배울 수 없는 인생 공부를 미리 한 셈이니 행복한 일이었습니다.

빗줄기 속에는 눈물도 들어 있지요. 부모님은 장남이 잘돼야 집안이 제대로 선다고 형을 서울에 있는 고등학교로 보냈습니다. 그때, 서울에 유학을 간다는 것은 상상이상으로 어려운 일이었지요. 형이 첫 번째 대입시험에 떨어져 다시 공부할 무렵 저는 고교진학을 앞두고 있었습니다. 그때나 지금이나 재수는 어려운 일, 부모님은 돈 들어갈 일이 걱정이었겠지요. 제가 학교 가는 것보다 농사일을 도우면 좋겠다고 생각하셨을 겁니다. 눈앞이 캄캄해졌지요. 희뿌연 안개 속에 갇힌 것처럼 앞날이 보이지 않았습니다. 이른 봄비가 억수같이 비가 쏟아지는 어느 날이었지요. 저도 모르게 멍 때리며 빗속을 헤매다 집으로 돌아왔습니다.

비는 쏟아지는데 집에 들어오지 않는 아들, 온몸이 비에 흠뻑 젖고 축 늘어져 돌아온 아들을 본 엄마는 얼마나 가슴 아팠을까요. 하지만 돌아온 건 벼락같은 호통소리였습니다. 그리곤 엄마는 부엌에서 어깨를 들먹였고 저도 방으로 들어가 숨죽여 울다 잠들었지요. 엄마도 둘째가 왜 비를 맞으며 청승맞게 떠돌았는지 알았으니 그걸 감추려 겉으론 호통을 친 것입니다. 그래도 우여곡절 끝에 뒤늦게 고등학교에 들어갈 수 있었던 건 다행이었고 고마운 마음으로 농사일을 도우며 공부할 수 있었지요.

"승표 형! 날궂이 하십시다."
경기도청에서 일할 때, 비오는 날이면 전화하는 친구가 있었습니다. 늘 수원시청 옆에 있는 '이모네 조개구이'에서 만났는데, 조개가 익기도 전에 소주 한 병을 비우곤 했습니다. 서비스 안주로 계란말이와 미역국을 먼저 주는데, 그걸로 시동을 거는 것이지요. 거나하게 술이 오르면 뜨끈한 홍합탕이 속을 달래줍니다. 어둠이 점점 짙어지고 빗줄기도 장단 맞춰 굵어지면 목소리도 커지고 이야기보따리가 거미줄처럼 끝도 없이 풀려나왔지요.

불볕더위 속에서 요란하게 날아드는 새소리, 쓰르라미 소리는 더위에 지친 눈까풀을 내려앉게 합니다. 그런 날, 갑자기 소낙비가 쏟아지면 정신이 번쩍 들고 찌든 삶의 더께가 말끔히 씻겨 내리지요. 비가 오시는 날, 우두커니 창가에 앉아 빗소릴 듣는 시간은 행복합니다. 이러 저런 이유로 '비 오는 날'이 아니라 '비 오시는 날'이라고 하는지도 모르지요. 비오는 날은 '공치는 날'이아니라 '지금의 나는 누구인가?' 의문부호를 떠올리며 생각의 깊이와 넓이를 더할 수 있는 참살이 날입니다.

보이는 게 다는 아닙니다.

'첩첩산중에는 오래된 절이 감춰져 있네.'

송나라에 휘종 황제가 있었습니다. 그 자신 화가이기도 했던 황제는 수시로 궁중에 화가를 모아 놓고 그림 대회를 열었지요. 이럴 때면 직접 화제(題)를 정하곤 했습니다.

어느 날, 황제는 '절'을 그리게 했지요. 대개 숲속 나무 사이로 절의 일부분을 짐작할 수 있는 지붕이나 탑을 그려 넣었습니다. 그런데 황제가 1등을 준 그림은 어디에도 절의 모습이 보이지 않았지요. 깊은 산속 작은 오솔길을 따라 물동이를 메고 가는 스님을 그렸을 뿐입니다. 황제는 "스님이 물을 길으러 나온 것을 보면, 근처에 절이 있는 것을 알 수 있지 않으냐?"라고 말했지요.

'약초를 캐다 길을 잃었네! / 가을 나뭇잎 뒤덮인 첩첩 봉우리 / 스님이 물을 길어 돌아간 / 숲 끝에는 차 끓이는 연기가 모락모락'

율곡 선생의 시 '산중(山中)'입니다. 어느 가을날, 약초를 캐러 산에 들었습니다. 약초를 찾느라 정신없이 이곳저곳을 살피다 깊은 숲속으로 들어가게 됐고, 그만 길을 잃고 말았습니다. 첩첩산중에 보이는 거라곤 무성한 나뭇잎, 덜컥 겁이 났지요. 이미 뉘엿뉘엿 해가 기울고 땅거미가 밀려드는데 방향을 잡을 수 없으니 난망한 일이었습니다. 그때, 건너편 숲 사이로 스님이 물동이를 메고 걸어가는 것이 보였지요. 그러고 얼마 후 그 스님이 사라진 숲 끝에서 연기가 피어오릅니다. 얼마나 다행한 일인지요. 끓이는 차향(茶香)이 바람 타고 와 온몸을 희망으로 물들입니다.

　시는 대부분 직설적으로 말하지 않지요. 시인은 극도로 언어를 절제하고, 은유적인 수사를 동원해 내재율로 표현합니다. 설명이나 해석이 오히려 시 감상을 방해할 수 있지요. 읽는 사람의 이해를 돕기 위해서였지만, '산중'에 대한 나름의 상상을 통해 덧붙인 글도 어쩌면 불필요한 것인지도 모르겠습니다. 시에서도 그렇지만, 세상에서도 보이는 것보다 보이지 않는 게 참 많지요. 삼라만상 중에 극히 일부만 보는 게 인생이지만, 조금만 달리 보거나 생각을 바꾸면 보이지 않던 게 보입니다.

　제주도의 성산일출봉은 해돋이 명소로 유명하지만, 국권 상실기에 일본이 동굴을 파서 진지를 구축한 곳이기도 하지요. 이런 아픈 상처가 남아 있는 역사의 흔적을 아는 이는 많지 않을 듯합니다. 사람 사이도 마찬가지이지요. 어느 한 면만 보고, 어느 한쪽 얘기만 듣고 섣불리 판단하지 말아야 합니다. 두루 살펴도 객관성을 확보하기 쉽지 않은데, 기본적인 사항마저 놓친다면 비평하지 말아야 합니다.

　'우물 안의 개구리'라는 속담이 있습니다. 80년대 초, 저는 광주군청에서 일하다가 경기도청으로 왔는데, 깜짝 놀랐지요. 그동안 누구 못지않게 일 잘한다고 스스로 자부해왔는데, 그게 착각이고 꿈이었음을 깨달았습니다. 그야말로 범접(犯接)하기 어려운 고수가 많아 이들 속에서 살아남으려면 죽기 살기로 일하는 수밖에 없다고 이를 악물었지요. 참 힘겨웠습니다. 차라리 '꿈속에서 살아온 시절이 오히려 행복했던 시간이었구나!'라는 생각마저 들었지요.

　현역에서 은퇴 후 생각이 달라졌습니다. 그렇게 지독하게 일해 남이 부러워할 만큼의 성과를 냈지만, 잘 살지는 못했다는 생각이 들었지요.

앞서가려는 욕심 때문에 여유가 부족했고, 앞만 보고 달리느라 옆의 것을 놓친 게 적지 않았고…. 또 다른 의미의 '우물 안 개구리'였다는 반성을 많이 했습니다. 보이는 게 전부가 아니라는 걸 더 깊이 새겨야겠지요. 살다가 길을 잘못 들었을 때 물동이 멘, 스님의 뒷모습을 볼 수 있는 행운이 오기를 소망합니다.

파주 포크페스티벌

"어제 저녁 J기획의 한 대표가 제안한 걸 어떻게 생각하세요?" "신선하다는 생각이 들고 잘 하면 우리나라 최고의 포크페스티벌이 될 수 있을 거라는 생각이 듭니다." "그렇죠? 우리나라에 포크페스티벌이 없으니 최초인데다 평화누리만큼 좋은 야외공연장이 없지요." "경기관광공사, CBS와 협업을 하면 홍보효과도 좋을 것입니다." "부시장도 그리 생각하시니 다행입니다. 내년 가을부터 공연을 할 수 있도록 준비를 해나갑시다. 저도 시의원들에게 사전 설명을 하겠습니다."

파주에서 일하던 어느 날, 이인재 시장이 함께 저녁을 하자고해 따라나섰습니다. 식당엘 도착해 마주앉아 인사를 나눈 사람은 J공연기획사 한용길 대표였지요. 그는 CBS에서 공연기획단장과 편성국장, 문화사업본부장을 지내고 공연기획사를 운영하는 사람이었습니다. 그가 제안한 것이 파주에서 우리나라 최소로 포크페스티벌을 열자는 것이었지요. "파주 임진각 평화누리 야외공연장에서 포크가수들이 야간공연을 펼치면 좋겠다."는 것이었습니다. 또한 "CBS에서 공연실황을 녹화해 방송하겠다."는 제안을 한 것이지요. 평화누리 말로 야외공연장으로는 최고라는 생각이 들었습니다.

그날 이후, '파주포크페스티벌'을 준비하는 실무 팀을 구성해 기획에 들어갔지요. 시의회 예산편성논의와 함께 평화누리 관리주체인 경기관광공사, J공연기획사와 협업을 시작했습니다. 이런 절차를 거쳐 파주포크페스티벌은 파주시가 주최하고 경기관광공사와 J공연기획사가 공동주관하며 CBS가 후원하는 것으로 마무리했지요. 물론 일사천리로 진행된 것은 아닙니다. '이틀간의 공연에 억 단위의 예산이 투자되는데 효율성이 의문'이라는 주장이 제기됐지요. '포크 가수들의 공연이 성공할까 의문'이라는 주장도 있었습니다. 그러나 소통과 협업을 통해 파주포크페스티벌이 탄생되었지요.

포크송의 본래의미는 민요입니다. 우리나라에서는 1970년을 전후한 시기에 정립된 대중가요로 사랑받았지요. 관현악단의 연주나 현란한 의상이나 춤사위 없이 통기타를 연주하며 노래를 부르는 장르로 자리 잡았습니다. 노래가사가 단순한 사랑노래를 넘어 삶에 대한 진지한 해석을 담아 대학생이나 청소년들에게 인기가 많았지요. 특히 송창식, 윤형주, 김세환, 이장희, 조영남 등 음악 감상실 '쎄시봉(C'est si bon)'출신 가수들의 인기는 폭발적이었습니다. 이들을 모티브로 한 영화가 만들어지기도 했지요. 이들은 지금도 왕성한 공연활동으로 많은 사람들에게 추억과 감동을 주고 있습니다.

가을에 열리는 파주포크페스티벌은 단순한 음악축제가 아니지요. 약간 경사진 너른 잔디밭에 앉으면 어디서든 공연모습이 한눈에 들어옵니다. 패밀리 존에서는 온 가족이 텐트를 치고 포크페스티벌을 즐길 수 있지요. 수도권 시민들만의 축제도 아닙니다. 부산과 목포 등 전국 각지에서 KTX를 이용해 최전방까지 올라와 파주포크페스티벌과 DMZ 여행을 동시에 즐길 수 있는 당일치기 관광 상품이 큰 호응을 얻고 있지요. 파주 프리미엄 아울렛 투어, 도라 전망대–제3땅굴이 포함된 DMZ를 관광한 후, 파주포크페스티벌을 관람하는 관광 상품입니다. 전국적인 축제로 자리매김 한 것이지요.

유행가와 달리 포크송은 건전가요라고 해서 학교 교정에서도 부를 수 있었습니다. 따라 부르기도 쉬워 소풍이나 야유회에서 모두가 함께 부르며 즐기곤 했지요. 매년 가을이 오면 파주포크페스티벌을 기다리는 마니아층이 생겨났습니다. 쎄시봉 출신가수는 물론 전인권, 윤도현 등과 어니언스, 유리상자, 정경화, 아이유, BTS에 이르기까지 내로라하는 아티스트들이 이 무대에서 공연을 펼쳤지요. DMZ관광과 연결한 가족나들이 콘텐츠로도 훌륭합니다. 코로나19가 종식되고 평화누리 잔디밭에서 파주포크페스티벌이 다시 시작됐지요. 많은 사람들로부터 사랑을 받는 축제로 거듭나기를 바랍니다.

운전 못해서 곤혹 치룬, 설 명절

양주 출신 임사빈 도지사의 수행비서로 일할 때입니다. 설 명절 다음 날 일정은 지사의 고향 양주에서 열리는 윷놀이 행사 참석이었지요. 서둘러 아침을 먹고 도지사 공관으로 갔습니다. 그런데 운전기사가 보이지 않았지요. 청원경찰에게 물어보니 아직 안 왔다는 겁니다. '출발 시각이 얼마 남지 않았는데…', 급히 '삐삐'로 호출했지요. 곧바로 전화가 왔습니다.

왜 아직 안 오는 거냐고 물었더니 "지사께서 오늘까지 쉬라고 했는데, 무슨 일 있느냐?"며 오히려 반문하더군요. 순간, 머릿속이 하얘지고 망치로 뒤통수를 맞은 듯 어질어질했습니다. 운전을 못 하니 난감했지요. 당황해하는 사이, 지사께서 나오자마자 순식간에 차에 올랐습니다.

"홍비서! 가자!"
"저… 지사님! 죄송한데 제가 운전을 못 합니다."
"뭐? 여태까지 운전을 안 배웠어?"
말을 마치자마자 지사는 뒷좌석에서 내려 운전석으로 자리를 옮겼습니다.
"홍비서! 안타고 뭐 해? 타라, 얼른 가자."
얼떨결에 차에 올랐지요.
"왜? 불안해? 걱정하지 마! 나 운전 잘해…"

출발은 했지만, 말 그대로 좌불안석이었습니다. 얼마 지나지 않아 등줄기로 식은땀이 돌기 시작했지만 다른 방도가 없는 일이었지요. '살다 살다 세상에 어찌 이런 일이…'

생각보다 많이 막히지 않아 차는 수월하게 움직였지만, 그 시간이 그렇게 지루할 수 없었습니다. 그 사이 저는 삐삐로 다시 운전기사를 호출했지요.

"고 기사님! 양주 회천읍사무소!"

소곤거리듯 간단히 말하고 전화를 끊었지요. 그 당시 차에 모토로라 제품인 카폰을 설치해 두고 있었는데 지사가 들었던 모양입니다.

"홍비서! 무슨 전화야?"

"아닙니다. 고 기사 전화입니다."

"그래? 양주 행사장으로 오라고 하지 그랬어. 아무래도 윷놀이 마치면 술 한잔해야 하지 않겠어?"

"네! 그렇지 않아도 방금 그렇게 전했습니다."

일단 한숨을 돌렸지만, 시간이 멈춘 듯 지루한 게 고통이었지요.

차가 행사장인 회천읍 운동장에 도착하자 군수가 쏜살같이 다가와 뒷문을 열고 넙죽 허리를 숙였지요. 당연히 거기서 지사가 나올 줄 알았던 겁니다.

"어?"

텅 빈 뒷자리를 본 군수가 황당해할 때, 운전석에서 내린 지사가 '나 여기 있다'며 손을 흔들었습니다.

"왜 거기서 내리세요? 운전하셨어요?"

"그렇게 됐어..."

"이게 뭔 일이야?"

어안이 벙벙해진 군수가 저의 옆구리를 찔렀지만 저는 입을 굳게 다물었습니다.

한겨울인데도 얼굴이 화끈거리고 등짝에 땀이 흥건했던 것은 그때가 난생처음이었지요. 윷놀이가 열리는 동안에도 도대체 어떻게 된 일이냐고 묻는 사람이 많았지만, 저는 딱히 할 말이 없었습니다.

돌아오는 길은 호출을 받고 도착해 있던 운전기사가 운전했고, 저는 기어들어가는 목소리로 말했지요.

"죄송합니다, 드릴 말씀이 없습니다."
"아냐! 확인도 안 하고 홍비서가 당연히 운전할 것으로 생각했던 내가 잘못이지."

별일 아니라는 듯 덮어주는 지사가 고맙기도 했지만 저는 더욱더 몸둘 바를 몰랐습니다. 그래도 운전 못해 곤혹을 치룬 그해 설 명절에 얻은 게 하나 있지요. '높은 사람이 운전하는 차는 타지마세요. 그거 죽을 노릇입니다'

위기상황 속에서도 부하걱정을...

　30년이 넘은 관선단체장 시절, 새해가 되면 도정책임자인 도지사는 시·군의 업무를 보고받고, 주민과 소통하는 것이 관례였지요. 도지사가 연두순시를 통해 각 시·군의 새해 설계를 파악하고, 주민과 대화를 통해 수렴한 민원을 도정에 반영하는 일은 의미가 있었습니다. 시장이나 군수도 좋은 창안이나 시책은 특별예산을 받을 수 있는 기회로 도지사의 연두순시 준비에 각별한 노력을 기울였지요. 자치시대 이전에는 정부에서 도지사를 임명했고, 도지사가 시장·군수를 포함해 사무관 이상을 임명하는 권한이 있었으니 그 영향력이 대단했지요.

　경기도는 서울보다 17배나 넓고 시, 군이 많아 연두순시가 한 달 정도 걸렸습니다. 그때만 해도 강화군이나 연천군은 이른 아침에 출발해야 할 정도로 먼 곳이었지요. 1989년 새해 연천군 연두순시 때가 기억납니다. 거리가 멀고 승용차로는 시간이 너무 많이 소요돼 그날은 도청 운동장에서 헬기를 타고 출발했지요. 보통 연두순시 때는 도청의 국장이 돌아가며 지사를 수행하는데, 그날은 달랐습니다. 고소공포증이 있는 국장은 지사 차량을 이용해 일찌감치 먼저 떠났지요. 헬기엔 임사빈지사와 임완수 도 새마을회장, 수행비서인 제가 탑승했습니다.

　도청에서 이륙하고 20분 정도 지났을 때였지요. 갑자기 폭설(暴雪)이 쏟아져 내리기 시작했습니다. 자동비행 장치가 없는 헬기는 시야확보가 어려우면 조종이 사실상 불가능한 게 당연한 일이었지요. 하루 전, 수원 공군부대를 통해 기상예보를 확인했는데 눈이 온다는 얘기는 없었습니다. 그런데 정말 한 치 앞도 보이지 않을 만큼 엄청난 눈이 쏟아졌지요. 헬기가 제자리에서 맴돌기 시작했습니다. 앞이 안 보이니 눈이 그칠 때까지 회전 운항으로 시간을 벌어보자는 게 기장(機長)의 생각이었겠지요. 답답했지만 그의 판단을 믿을 수밖에 없었습니다.

제자리 회전 운항이 시작되자 불안하고 초조해졌지요. 짐짓 걱정안하는 듯했지만 지사의 얼굴이 창백해지고 새마을회장도 불안한 표정이었습니다. 기장과 부기장도 진땀을 흘리더군요. 다행히 15분 정도 지나자 언제 그랬냐는 듯 눈이 거짓말처럼 그치고 맑은 하늘이 보이기 시작했습니다. 예정 시간보다 조금 늦어지기는 했지만, 승용차로 3시간이 넘게 걸리는 연천군청 옆 학교 운동장까지 50분정도밖에 안 걸렸지요. 사람들이 눈에 들어오고, 헬기가 내릴 때 일어나는 먼지는, 눈 덕분에 걱정 안 해도 되겠다는 생각이 들 만큼 여유도 생겼습니다.

서둘러 업무 보고를 끝내고 주민간담회장에 들어설 때, 큰 박수가 쏟아졌지요. 갑자기 쏟아진 눈 때문에 헬기에서 고생했다는 말을 들은 듯했습니다. 정신없이 허둥지둥 연천군 연두순시를 마친 후, 승용차로 다음 일정인 동두천으로 향할 때였지요.

"뭔 눈이 갑자기 그렇게 많이 와! 자칫하면 큰일 날 뻔했어. 나야 도지사까지 지냈으니 순직해도 그만이지만, 저 젊은 홍비서가 잘못되면 어쩌나 그런 생각이 들더라고..."

가슴이 뭉클했습니다. 그 예측 불가능한 위기상황에서도 저를 걱정했었다니, 감동이었지요.

"홍비서! 지사님 정말 좋은 분이지? 잘 모셔!"

동두천에 도착했을 때, 경의현 식산국장이 제 손을 잡으며 말했지요. 돌아오는 길에 지사께 고맙다고 말씀드렸습니다. 잘 모셔야겠다는 생각이 저절로 들었지요. 경기도청 비서실에서 일곱 분의 지사를 모시며 일하는 동안 많은 것을 배웠습니다. 기억에 남는 일이 많지만, 그때, 그 임지사의 말 한마디는 정수리를 뚫고 가슴 속에 선명하게 새겨졌지요. 진심이 담긴 한마디는 힘이 있고 감동을 준다는 걸 느꼈습니다. 40년 공직생활동안 그 한마디를 늘 가슴에 담고 곱씹어보며 살았지요. 그 한마디는, 지금도 묵직한 감동으로 가슴 속에 살아 숨 쉬고 있습니다.

권력과 권위는 결이 다른 가치

"김 기사님! 차 좀 잠깐 세워주세요."

임사빈 지사 수행비서로 일하던 어느 토요 날, 광주에 있는 도립 종축장을 돌아보고 가던 중, 아버지의 모습이 보여 저도 모르게 차를 세우라고 외쳤습니다. 엉겁결에 차를 세우곤 순간, 당황했지요. 지사를 수행 중에 비서가 멋대로 차를 세우라 했으니 '가당치 않은 일을 저질렀구나!'라는 생각이 들었기 때문입니다.

"홍비서! 왜 그래?"

"죄송합니다. 아버지가 보여서 저도 모르게 그만 차를 세웠습니다."

"그래! 그러면 당연히 인사를 드려야지."

지사는 차 문을 열고 내려 인사를 건넸으니 도지사를 만난 아버지는 보통 놀라는 게 아니었지요. 느닷없이 도백과 인사를 나누게 되었으니 그럴 만도 했습니다.

인사를 마치고 길모퉁이를 돌아설 즈음 지사가 차를 세웠지요. 고향 집에 왔으니 하룻밤 자고 오라며 돈을 쥐여 주면서 고기를 사 들고 들어가라는 것이었습니다. 휴일도 없이 지내던 저는 너무 기뻤던 나머지 염치불구 차에서 내렸지요. 덕분에 모처럼 아버지와 소주잔을 기울였고 어머니도 고기를 굽는 일이 기분 좋은 듯 콧노래를 부르셨습니다. 밤늦도록 술잔을 기울이며 지사님과 부모님을 더욱 잘 모셔야겠다고 생각했지요. 수행비서로 일하면서 명절 때를 제외하곤 시골에 내려갈 기회가 없었는데 고마운 일이었습니다.

"야! 너 정신이 있는 놈이야?"

다음 주 월요일, 선배로부터 불호령이 떨어졌지요. 수행비서는 무슨 일이 있어도 지사를 공관까지 모셔야 하는데, 도중에 내리다니 있을 수 없는 일이라는 것이었습니다. 용인 행사장에서 도지사를 기다리던 의전 팀장이 크게 당황했다는 말도 들었지요. 행사 시간이 촉박해서야 지사 차가 보였는데, 정작 차 안에는 운전기사밖에 보이질 않았다는 것입니다. 저는 중간에 내렸으니 안 보이는 게 당연하지만, 지사님도 안 보였다니…. 나중에 알고 보니 뒷좌석에서 비스듬히 누워 있었으니 안보였던 것이지요. 의전팀장도 놀랐거니와 이야기를 전해들은 선배도 화가 날만했습니다. 야단을 맞기는 했지만, 모처럼 부모님을 만나 인사드렸으니 그런 야단은 백번 맞아도 괜찮다는 생각이 들었지요.

임 지사는 지사직을 떠난 후에도 아버지 회갑 날, 양복티켓을 갖고 찾아왔습니다. 아버지는 차에서 내려 인사하고 고기를 사주시고 양복티켓을 선물한 일을 두고두고 자랑했지요. 그런데 그 양복을 너무 아끼느라 몇 번 입어보지도 못하고 갑자기 아버지가 돌아가셨으니 아까운 일입니다. 조문을 오신 임 지사께서도 너무 일찍 돌아가셨다며 안타까워했지요. 세 번째 만남은 결국 엉정으로 만난 셈이었지만, 아버지는 하늘나라에서도 지사님을 기억하실 것입니다.

권력은 한순간이고 권위는 오래가는 게 세상이치이지요. 관선 시대의 도지사는 시장과 군수 임명권까지 있어 권한이 막강했습니다. 그런데 임 지사가 보여준 인간미는 한 결 같았고 정겨웠지요. 벼슬이나 권력, 내려 놓으면 별거 아닙니다. 그런데도 권력을 잡기 위해 목숨을 거는 일이 다반사지요. 완장을 차면 사람이 달라진다는 말이 있지만, 지위가 높아지고 권력이 커진다고 해서 권위도 비례해서 높아지는 건 아닙니다. 권력은 휘두르기보다 나누고 배려하는 데서 권위가 생겨나고 베풀어야 가치와 품

격이 높아지는 법이지요. 그걸 모르면 국민들로부터 손가락질 받는 완장
으로 전락합니다.

신춘문예 글쟁이와 말씀자료

"홍비서! 이 자료 좀 봐! 도대체 앞뒤가 연결이 안 되네."

새마을 단체에서 주관하는 이웃돕기 바자에 참석하기 위해 파주로 가는 도중, 임사빈 지사가 자료를 건네며 한마디 던졌습니다. 축사였는데, 읽어보니 새마을 역사(歷史)같은 자료를 꿰맞춘 것이고 핵심이 없었지요. 대대적으로 수정했습니다. '지역 발전을 위해 헌신적으로 봉사하는 지도자들의 어려운 이웃돕기는 큰 의미가 있고 존경받아 마땅한 일이다. 이러한 일이 널리 확산하기를 기대한다.'는 말을 첨삭(添削)했지요. 수정 자료를 넘겨받은 지사가 '홍비서 대단한데...'라며 칭찬을 했습니다.

"앞으로 '말씀자료'는 홍비서가 검토하는 게 좋겠네."

행사를 마치고 돌아오는 길에 지사가 지나가는 말처럼 흘렸지만, 대수롭지 않게 생각했습니다. 그런데 그 다음 주, 실·국장 간부회의가 끝나고 지사께서 저를 찾는냐고 했지요. 회의실로 급히 갔더니 지사가 간부들이 있는 자리에서 "앞으로 모든 행사의 축사나 기념사는 홍비서 검토를 받으라."고 지시했습니다. '홍비서가 검토했다는 서명이 있으면 믿고 결재하겠다.'는 사족(蛇足)도 달았지요.

말씀자료는 행사를 주관하거나 업무관련부서에서 작성해 지사결재를 받습니다. 그러나 지사가 바쁜 일정 속에서 자료를 일일이 읽어보고 결재하는 과정에서 다듬기란 쉽지 않은 일이지요. 어쨌든 이들 자료를 수행비서가 분류해 행사 때 단상에 올려놓습니다. 당연히 행사의 취지에 맞아야 하고, 도정의 비전도 담겨있어야 하는데 그렇지 못한 경우도 있지요. 심지어 기초적인 기승전결조차 갖추지 못한 자료가 올라올 때도 있습니다. 글 쓰는 일이 익숙하지 않은 실무자는 곤혹스럽고, '사공이 많으면 배가 산으로 간다.'고 어렵게 완성한 글도 과장, 국장을 거치면서 크게 바뀌곤 하지요.

이런 과정을 거치면서 나아지기는커녕 각자 자기 생각을 첨삭해 중구 난방이 됩니다. 무엇보다 지사의 도정 철학과 의중을 잘 알아야 하는데 그러기가 쉽지 않지요. 그러니 지사로서는 매일 함께 다니는 수행비서가 검토하는 것이 낫겠다고 생각했을 것입니다. 그것도 당신 마음에 들게 글을 쓴다면 말할 것도 없는 일이지요. 지사의 지시 이후 각 부서에서 비서실로 말씀 자료가 쌓여 정신 차릴 겨를이 없었습니다. 그래도 틈틈이 읽으면서 다듬었지요. 초안 작성자 생각을 존중해 보통 첨삭을 하는 정도로 그치지만, 아예 새로 쓸 때도 있었습니다. 담당 부서에선 좋아했지요. 결재 시간이 짧아진데다가 비서실에서 지사 결재까지 받아 주니 일이 한결 수월해졌기 때문입니다.

관선지사 다섯 분을 모시는 동안 말씀자료를 검토하는 일을 했지요. 개성이 다르고 도정 철학도 달랐지만, 비서로서 가까이 대하니 지사의 도정철학을 담을 수 있었습니다. 힘들기는 했지만 보람 있었지요. 말씀 자료를 검토하다보니 자연스럽게 각 부서 일을 알게 되고, 보완하는 과정을 통해 많은 공무원들과 가까워졌습니다. 6년 넘게 그 일을 하다 보니 도정의 흐름도 거의 꿰뚫을 수 있었지요. 사무관으로 승진해 잠시 비서실을 떠난 적도 있지만, 민선 시대에 들어서도 비서실에 다시 배치돼 두 분 지사를 모신 것은 이런 배경이 있었기 때문일 것입니다.

저는 '88년 경인일보 신춘문예에 당선돼 등단한 속칭 문인이지요. 처음엔 '신춘문예에 당선된 나름 글쟁이인데 말씀자료를 고치라고?...' 불만도 없지 않았습니다. 그러나 일곱 분의 지사를 가까이에서 모시고 말씀자료를 다듬는 건, 공부도 되고 좋은 자산이 되었지요. 그 경험이 훗날 과장, 국장으로 일할 때, 많은 도움이 되었고 공직생활에 좋은 자양분이 되었습니다. 그 때, 많은 선후배와 교분을 맺었고 도청 공무원을 가장 많이 알고 지내는 사람으로 평가받는 연유이고 자산이지요. 어떤 일이든 공들여 정성을 다하면 그 열매는 알차고 풍성하게 맺어지는 법입니다.

殷汕 金 良枰
Eunsan

찢어진 구두, 낡은 가방

"이 구두를 번갈아 신을 테니 닦아놓아요."

1980년대 말, 새로 부임한 임사빈 지사가 구두 한 켤레를 비서실에 내놓았습니다. 그런데 새것이 아니라 오래 신은 구두였지요. 지사는 두 켤레의 구두를 번갈아 신었는데, 가끔 낡은 구두창을 바꿔야 했습니다.

"이 구두가 지사님 구두 맞아요? 구두를 바꿀 때가 한참 지난 것 같아서 그렇습니다."

도청에서 구두를 닦고 수선하는 사람이 '검소한 것도 좋지만 사회적 체통이 있는데' 하는 생각이 들었던 거지요.

"지사님! 구두 닦는 사람이 구두가 낡았다며 지사님 구두가 맞느냐고 하는데 이참에 새로 하나 장만하시죠?"

"그래? 물 안 들어오면 되지 뭐."

후임 이재창 지사는 엘리트입니다. 서울법대를 나와 행정고시에 합격 후, 내무부에서 일했고, 인천직할시장을 거쳐 경기도지사로 부임했지요. 강직하고 꼼꼼한 성격에 일에 대한 열정이 대단했습니다. 첨부된 서류까지 꼼꼼히 살피면서 결재하기 때문에 직원들이 긴장할 수밖에 없었지요. 공관까지 서류를 갖고 와 밤늦도록 검토하는 일이 많았습니다.

아침에 공관으로 가서 모시고 저녁에 다시 공관으로 모시면서 종일 지사를 보좌하는 게 저의 임무였지요. 그런데 지사의 가방이 너무 오래된 데다 터질 듯이 서류가 가득 들어 있을 때가 많았습니다. 실·국장과 많은 도청 직원이 가방을 바꾸라고 권유했지요. 하지만 "아직 불편하지 않다"면서 "당분간 바꿀 생각이 없다."는 지사의 고집을 꺾을 수 없었습니다.

그런데 지사 생신날, 부지사가 십시일반 국장들이 마련한 선물이라며 반강제(?)로 새 가방을 안겨드렸지요. 하지만 지사는 과한 선물이라며 극구 사양했습니다. 일단 비서실에서 보관하기로 했지요. 그런데 지사의 생신인 그날 오후, 예기치 못한 '사건'이 터졌습니다. 점심 후 사무실로 돌아오는 길에 지사가 카폰으로 출입기자와 통화하게 된 게 발단이었습니다.

부지사에게 얘기를 들은 모 국장이 자기 주머니에서 분담한 게 아니라 국 주무과장에게 분담비용을 마련하라고 지시한 겁니다. 그러자 주무과장이 이를 국 서무에게 과(課) 공통경비에서 마련하라고 한 것이지요. 이를 못마땅하게 여긴 직원이 도청출입 기자에게 제보했고, 기자가 확인을 위해 지사에게 전화를 한 것입니다. 한바탕 시끄러웠지요. 가방은 백화점으로 돌아갔고, 부지사와 그 국장은 졸지에 역적(?)이 됐습니다.

인사청문회 때 후보자가 들고 온 낡은 가방이 화제가 된 적이 있지요. 갈색의 큰 가죽가방은 옆면이 다 해져 희끄무레했고, 손삽이는 닳아서 누렇게 변색돼 있었습니다. 훗날, 청와대에 들어가 일하다가 불명예스럽게 물러나긴 했지만, 이때만 해도 검소함과 청렴의 상징처럼 보였지요. 지난 총선에서도 한 정당의 대표가 비서실을 통해 공개된 '선거 지원유세로 굽이 떨어졌다는 구두' 사진을 공개해 '연출'아니냐는 갑론을박이 벌어졌습니다. '찢어진 구두와 낡은 가방' 같은 서민 코스프레(cospre)는 이젠 식상한 일이지요.

이들의 가방과 신발은 임사빈 지사나 이재창 지사의 그것과는 다르다는 게 제 생각입니다. 세상이 달라져서 거지도 낡은 가방이나 해진 신발은 거들떠보지 않는데, 가난을 흉내 낸다고 가난뱅이가 되나요. 오히려 이들은 재산이 상당한 것으로 밝혀지기도 했고, 아무리 보여주기 용도나 선거용이라 하더라도 자연스럽지 않아 보입니다. 낡은 가방을 들었다고, 해진 신발을 신었다고 서민이 되지 않지요. 수십억 재산을 모은 정치인이 흙 수저 이야기를 하면 그 사람의 인성을 의심하게 됩디다. 서민의 낡은 가방, 해진 신발을 벗게 해주는 게 참 정치인이 할 일이지요.

소통하는 리더

용인시 부시장으로 일하던 때였지요. 어느 날, 시장 호출을 받았는데 들어가자마자 살짝 언짢은 기분이 들었습니다. 저를 찾아왔던 시의원과 민원인이 함께 앉아 있었기 때문이었지요. 며칠 전, 시의원과 함께 찾아온 민원인은 다짜고짜 "담당 과장, 계장 놈이 도무지 말이 통하지 않는다."며 제게 다시 잘 살펴줄 것을 주문했습니다. 방귀 뀐 놈이 성낸다고, 부탁하러 온 처지에 화를 내는 것도 그렇고, 아무리 앞에 없다고 직원들에게 '놈' 자를 붙이니 기분이 언짢았지요. 그래도 자칫 말꼬리를 잡고 물고 늘어진다고 할까 봐 끝까지 참았다가 돌아가는 민원인에게 한마디 던졌습니다.

"앞으로 아무리 화가 나도 공무원에게 '놈' 자는 붙이지 마세요."

담당과장과 함께 민원인이 아파트를 짓겠다는 현장을 찾아갔지요. 한 시간을 돌아보았는데 대부분이 산이나 계곡이었습니다. 한여름이고 가뭄이었는데도 곳곳에 샘이 솟아 흐르니 이런 곳에 아파트가 들어서면 큰일 날 수도 있겠다는 생각이 들었지요. "현장을 돌아보니 도저히 허가를 내줄 수 없는 곳이라 도시계획위원회에 상정할 수 없습니다. 훗날 홍 아무개 부시장이 그곳에 아파트 허가를 내줬다는 말을 듣고 싶진 않습니다."

단호하게 말하고 시장 실을 나왔고 잠시 후, 인질(?)로 잡혀 있던 배명곤 국장이 내려왔습니다.

"저도 부시장님과 같은 생각이라고 말씀드렸습니다."

고마운 일이었고 다행히 시장도 더 이상 이 문제를 거론하지 않았지요.

단체장이든 나라의 통치자이든 참모들이나 국민들의 의견을 살필 줄 알아야 합니다. 조선시대 정사(政事)를 논하던 신하들은 목숨을 내걸고 바른 말을 서슴없이 했지요. 정조는 이런 신하들의 의견을 듣고 많은 일을 도모했습니다. 또한 백성들이 민원을 왕에게 직접 호소하는 '격쟁(擊錚)'을 통해 소통했지요. 능행길에 징이나 꽹과리를 치면서 시선을 집중시킨 후 백성이 왕에게 민원을 호소했던 것입니다. 이전에는 궁궐에서만 행해지던 것을 정조가 능행길에 백성들의 격쟁을 허용하여 거리에서 민원을 듣는 것을 관례화시킨 것이지요. 정조의 능행길엔 으레 백성들이 격쟁을 통해 민원을 호소했습니다. 당시로서는 파격적이었으니 박수를 받은 게 당연한 일이지요.

국민가왕 나훈아는 "세상이 왜 이렇게 힘들어! 국민 때문에 목숨을 걸었다는 왕이나 대통령을 한 사람도 본 적 없다."고 일갈했습니다. 고위층과 내로라하는 지식인이 입을 다물고 있으니 그가 대신한 건지도 모르지요. 지금은 공직자들이나 자칭 지식인이라고 내로라하는 사람들이 바른 말하는 걸 보기 힘든 세상이 되었습니다. 공직자들이 자리를 보전하는데 급급해 바른 소리를 못하는 것이지요. 자칭 지식인들도 바른 소릴 하면 진영논리에 휩싸여 화를 당할까 두려워 입을 다물고 있는 듯합니다. 그런데 선관위 직원 2,900명 전원이 조모 상임위원의 연임 문제에 반대하고 나섰지요. 사실상 대통령 뜻을 거역한 것으로 사상 초유의 일이고 결국 사퇴했습니다.

한 고을의 단체장이나 한 나라의 주인은 시민이고 국민입니다. 그런데 선거 때는 찾아다니며 허리를 굽히고 표를 호소하다가 당선이 되면 언제 그랬냐는 듯 외면하는 완장이 많지요. 실제로 시장, 군수에서 대통령에 이르기까지 속 시원하게 국민들의 고충을 들어주는 걸 보질 못했습니다. 제가 비서실장으로 일할 때, 매주 금요일 오전 일정을 비워놓고 '도민과의 대화'를 했던 남경필 경기지사 같은 리더가 그리워지는 이유이지요. 진정성을 갖고 국민들의 소리에 귀 기울이는 리더가 늘어나면 좋겠습니다. 대선과 총선, 지방선거 가리지 않고 국민들과 소통하는 참 리더가 선출되면 좋겠다는 생각이지요. 그렇지 못하면 다시 국민들이 답답하고 불행해질 것입니다.

공직자는 국민을 위해 존재합니다.

"어? 국장님! 아침 일찍 웬일이세요?"

임창열 지사 비서관으로 일할 때였습니다. 아침 8시도 채 안 됐는데 북부청사의 농림국장이 비서실에 들어서셨지요. 사연인즉 잠결에 휴대폰이 울려 비몽사몽 전화를 받았다고 합니다.

"나예요"
"누구세요?"
"나, 지사예요"

정신이 번쩍 들어 시계를 보니 한밤중인 2시였지요. 지사께서 농정에 관한 현안을 묻는데 정신이 혼미해서 얼떨결에 '내일 아침 출근해 실무자와 협의해 보고하겠다.'고 말했답니다. 그러자 지사가 '그러면 나하고 같이 일 못 한다.' 말하곤 전화를 끊더라는 것이지요. 순간, 그 국장은 뒤통수를 얻어맞은 듯 정신이 번쩍 들더라는 겁니다. 부랴부랴 과장과 계장에게 전화해 6시에 만나 현안을 정리해 보고서를 만들어 황급히 달려왔다는 것이지요.

"지사님! 농림국장이 보고할 게 있다고 대기 중입니다."
그러자 지사가 빙그레 웃으며 말했습니다.
"오라고는 안 했는데?"

잠시 후, 보고를 마친 국장이 긴장이 풀린 듯 웃으며 나왔습니다. 어찌 됐느냐고 물었더니, "그렇게 할 수 있는 걸… 수고했습니다."라는 지사의 말을 듣고서야 비로소 안도의 한숨이 나오는데, 그걸 참고 나오다 보니 저절로 웃음이 나오더라는 것이었지요. 임 지사는 생각날 때마다 시간을 가리지 않고 전화를 걸어 업무를 지시했습니다. 통화가 안 된 간부는 혼쭐이 나곤 했는데, 이 바람에 실·국장들은 일과 후에도 늘 휴대전화기를 손에서 놓지 못한 채 긴장하며 생활해야 했지요.

"골프를 좋아하는 간부가 많은 듯합니다. 골프가 그리 좋으면 앞으론 매일 칠 수 있게 하겠습니다."

경기지사로 일하다 영전해 서울시장으로 부임한 염보현 시장이 어느 일요일, 실·국장을 비상소집 했는데, 골프 때문에 지각하거나 아예 참석 못 한 간부가 있다고 하자 쏘아붙인 말입니다. '앞으론 매일 골프를 칠 수 있게 하겠다.…', 이 한마디에 실·국장들은 염 시장 재임 중 골프를 접을 수밖에 없었지요. 지금 생각하면 이해하기 어렵겠지만, 관선시절 공직자는 그만큼 일과 조직을 우선으로 여겼습니다.

"이번 주말 실·국장과 과장급 간부가 수해복구 봉사활동을 나갑시다. 어차피 적어도 보름 정도는 봉사활동을 해야 할 텐데, 간부공무원들이 먼저 하는 게 좋지 않겠습니까."

2011년 파주·연천·동두천 등의 경기 북부지역이 집중호우로 큰 피해를 당했을 때, 자치행정국장이었던 제가 간부회의에서 제의했던 말입니다. 더러 떨떠름한 표정을 짓는 이가 없지는 않았지만, 솔선수범하자는 제안에 이견을 내기는 어려웠겠지요. 그 주에 실·국장들이 토요일과 일요일로 나눠서 봉사활동을 시작하자 사무관 팀장급과 직원들도 뒤따랐습니다. 간부가 앞장서니 참여 분위기가 자발적으로 이루어졌던 것이지요.

요즘 공직자는 사명감이나 치열함이 부족해 보입니다. 예전엔 동료가 야근하면 서로 도와주고 퇴근길에 소주잔을 나누는 동료애가 있었는데, 지금은 야근도 소주잔 나누기도 보기 어렵지요. 시대가 바뀌고 환경이 달라졌으니 가치관이나 행동 양식도 변하는 게 당연합니다. 그러나 절대 변하면 안되는 게 공직자는 국민을 위해 존재한다는 사실이지요. 공직자가 궤도를 이탈하거나 내 이익을 탐하면 국민이 불행해진다는 걸 잊지 말아야합니다.

순번 정해 윗분 점심 모시기

"회의 끝났으니 이제 저녁 먹으러 갑시다."

경기도청에서 관광과장으로 일할 때입니다. 상사로 모시는 국장이 가끔 저녁 회의를 열었지요. 특별한 안건이 있는 게 아닐 때도 있었습니다. 그럴 때면 그저 돌아가는 상황을 이야기한 뒤 단합 형식의 저녁자리가 이뤄지곤 했지요. 선약이 있으면 사전 양해를 구한 후 회의만 하고 저녁 자리는 빠질 수 있었고, 국장이 거의 비용을 전담해 그리 부담은 없었습니다.

저도 사무관으로 승진해 고양시청 과장으로 일할 때 가끔 일이 늦어지면 팀장들과 저녁을 함께했지요. 사실, 수원~고양시청을 왕래해야 하는 저로서는 출퇴근 자체가 쉽지 않은 일이었습니다. 집에서 버스로 수원역-전철 타고 영등포역-기차 타고 능곡역-버스 타고 원당의 시청까지 가는 출근길은 거의 전쟁이었지요. 차가 없었고, 있다고 해도 지금처럼 외곽순환도로가 있기 진인지라 2시간 30분씩 걸렸습니다. 저녁을 먹고 일찌감치 자리에서 일어서도 보통 밤 11시가 넘어야 집에 도착하니 부담이 안 될 수 없었지요.

그래도 소통과 화합을 위해서는 가끔 저녁 자리가 필요하다는 생각이었고 비용은 제가 전담했습니다. 사무관으로 승진했다고 얇은 주머니가 갑자기 두둑해진 건 아니지만, 아랫사람에게 부담주지 말자는 생각이었지요. 경기도청에서 과장·국장으로 일할 때도, 세 곳의 부시장 일을 할 때도, 직원에게 식사비용을 부담하게 한 일은 없습니다. 살아 보니 아무래도 7급 정도까지는 여러 여건상 살림살이가 힘들다는 걸 저 자신이 절감했었기 때문이지요. 승진했을 때도 제가 잘해서라기보다는 직원들이 열심히 도와준 덕분이라는 생각에 사비를 털어 밥을 사곤 했습니다.

예외도 있었지요. 직원이 애경사를 치르고 돌아와 점심 사는 건 허용했습니다. 그것마저 막는 건 행여 당사자의 자존심을 상하게 할 수도 있다는 생각에서였지요. 다만, 칼국수같이 부담이 덜한 메뉴를 택하도록 했습니다.

"존경받고 존중받는 수평적 조직문화 확산을 위한 '점심 모시기 관행은 인제 그만!!' 이대로는 안 됩니다. 점심 모시기 문화, 우리가 바꿉시다."
수원시청 건물 입구에 이런 현수막이 걸렸습니다. 깜짝 놀랐지요. 사라진 줄 알았던 윗분 점심 모시기 관행이 아직도 남아 있을 줄은 몰랐습니다. 경기도의 수부 도시이자 '특례 시'로 승격한 수원시의 위상과는 동떨어진 일이지요. 김우수 노조위원장은 페이스 북을 통해 '타파해야 할 공직문화 중에 관행적으로 순번을 정해 윗사람 점심 모시기가 아직도 사라지지 않고 있다'고 주장했습니다.

그는 '근무평정자인 상급자를 모실 수밖에' 없다고 할 게 아니라, 이 때문에 여러 문제를 생긴다는 것을 잊지 말아야 한다고 강조했지요. 실제로 '점심시간을 운동이나 독서 등 개인시간으로 활용하고 싶은 신세대 직원의 불만이 폭증하고 있다.'면서 '잘못된 관행을 타파하고자 각 기관, 부서장에게 교육하고 재발 방지토록 협조 공문을 보냈다. 다만 '윗분의 격려용 점심이나 애경사 시에 당사자가 점심을 사는 경우는 예외로 한다.'고 덧붙였습니다.

충주시청 공무원노동조합에서도 노조 게시판에 '시보 떡 돌리기', '과장님 모시는 날'을 없애자는 글이 올라왔지요. 그러면서 시청 로비에서

캠페인을 벌였는데 아직도 이런 일이 있다니 믿기지 않습니다. 국·과장 정도면 후배들이 일을 잘할 수 있도록 따뜻하게 격려하고, 때로는 잘못에 대해 엄중히 꾸짖으며 이끌어주는 맏형 노릇을 해야지요. 다시는 이와 같은 구태(舊態)가 나타나지 않기를 바랍니다.

나눔과 봉사는 나를 돕는 것

"과장님! 지사께서 내일 마산에 가 태풍 '매미' 피해 복구 활동을 하는데, 과별로 1명씩 가야 한다고 합니다. 어떻게 하죠?"

"그래요? 제가 가지요."

2003년 추석 연휴가 끝나갈 무렵, 주무 팀장의 자원봉사활동인원차출 상의 전화에 두말없이 제가 가겠다고 나섰습니다. 다음날 일찍, 자원봉사를 희망한 83명 직원과 함께 마산으로 향했는데, 도착하자마자 당황했지요. 마산공동어시장에 쓰레기와 흙이 산더미처럼 쌓여 있었기 때문이었습니다. 그런데 손학규 지사가 참 대단했지요. 직접 리어카를 끄는 데 얼마나 힘과 지구력이 좋은지 따라다니던 수행비서가 먼저 지쳐 나가떨어질 정도였습니다.

도시락으로 점심을 먹고 다시 일을 시작했으나 직원들은 이미 지친 표정이 역력했지요. 하지만 지사가 쉴 틈 없이 손수레를 끌고 뛰어다니는데 꾀를 부릴 수 없었습니다. 상인들도 놀라는 눈치였지요. 보통 서너 시간 일하고 돌아가는데 그러지 않으니 특별해 보였던 것입니다. 상인회장의 만류에도 끝까지 쓰레기를 깔끔하게 치우고 마무리했지요. 100대의 양수기와 10대의 집게차도 전달했습니다. 손 지사와 직원 모두 죽을힘을 다한 거지요.

당시 손 지사가 50대 후반이었는데, 그라고 왜 지치지 않았겠습니까? 그런데도 그는 리더가 어떠해야 하는지를 온몸으로 보여줬던 것입니다.

그해 초겨울에 마산시, 시의회, 마산어시장번영회 일행이 경기도청을 방문했지요. 이들이 감사패를 전달했는데, '지난 9월 12일 태풍 매미로 큰 피해를 보았으나 손 지사를 비롯한 경기도민이 직접 수해복구 활동에 참여하는 등 아낌없이 인적·물적 자원을 지원, 신속하게 복구가 이뤄지고 주민에게 힘과 용기를 주었다'는 내용이었습니다. 일행은 전어 젓갈 3kg과 회가 담긴 도시락 100개를 선물했고 구내식당에서 전 직원이 입 호강을 했지요.

전이진 마산어시장 번영회장은 '경기도 지원에 힘입어 공동어시장이 활기를 되찾았다'고 했습니다. 인연은 오래도록 이어지는 게 세상 이치이지요. 마산어시장 번영회와의 인연은 이것으로 그치지 않았습니다. 2006년 경기도가 폭우로 수해가 발생하자, 마산 상인들이 안성시 안성천 부근의 수해 지역 복구 작업을 도왔지요. 태풍 '매미'피해 때, 지사와 도청직원들이 앞장서 봉사활동을 펼쳐준 은혜에 보답하는 차원에서 먼 길을 달려온 것입니다.

마산어시장 상인들은 "TV를 통해 경기도 피해 현장을 보면서 남의 일이 아니라 내 일이라고 생각했다"면서 "늘 경기도가 도와준 것을 빚이리고 여기며 살아왔기에 도와드리는 게 당연하다"고 했지요. 특히, "상인들은 명절에 하루 쉬는 것도 벌벌 떠는 사람들인데 보답하는 마음으로 하루 장사를 과감히 포기하고 왔다."고 말해 큰 울림을 주었습니다. 이래서 세상이 살만한 것이지요.

각박해진 세상이라지만 따뜻한 마음이 살아있다는 걸 확인할 수 있는 일이었습니다. 사실, 그때만 해도 사회봉사가 널리 정착된 시절은 아니었지요. 새로운 트렌드로 확산하는 추세이기는 했지만, 오늘날처럼 시대적인 트렌드로 자리 잡은 때는 아니었습니다. 경기도와 마산어시장번영회

관계가 모범 사례로 평가될 만한 이유지요.

　이웃과 나누고, 봉사하고, 서로 돕는 일은 예부터 내려오는 미풍양속이지요. 나눔과 봉사를 통해 얻는 따뜻하고 넉넉한 보람은 무엇과도 바꿀 수 없는 소중한 행복입니다. 살아가는 이유와 삶의 가치가 빛나는 소중한 일이지요. 21세기 시대의 트렌드는 바로 봉사입니다. 나눔과 봉사는 남을 돕는 게 아니라 궁극적으로는 나를 돕는 일이지요. 그게 세상이치이고 삶의 가치입니다.

공무원의 주인은 국민입니다.

"과장님! 접니다."

휴대전화 진동에 놀라 비몽사몽 전화를 받았는데 한석규 기획관리실장이었습니다. 시계를 보니 새벽 3시, 사고라도 났나 싶었는데 기분이 좋아 전화했다는 것이었지요. 인사작업이 끝나고 한잔 후, 집에 가는 길이라며 제가 총무과장이 됐다는 소식을 전했는데, 잠결이라 그런 게 아니라 믿기 어려운 소식이었습니다. 당시 손학규 지사는 고위직 인사에 인사담당 국장은 물론, 부지사, 기획관리실장과도 협의했지요. 이 때문에 시간은 오래 걸렸지만, 그만큼 폭넓게 검증하고 신중하게 결정할 수 있다는 장점이 있었습니다.

총무과장은 경기도청의 최고참 서기관이 맡는 게 관례지요. 저는 손지사의 취임 초부터 그다지 좋은 인상을 주시 못했다는 걸 알고 있었습니다. 같은 과장도 암묵적으로 등급이 있는데 저는 초임 서기관이 가는 부서장으로 오래 일했습니다. 보통 그 부서에서는 1년이 되지 않아 자리를 옮겨주는데 20개월이나 있었지요. 측근들이 제가 전임 임창열 지사 시절 비서관으로 일했다는 걸 근거로 '임 지사사람'이라고 보고했다는 걸 들었습니다. 손 지사는 1998년 임창열 지사에게 패했고, 2002년 재도전해 당선됐지요. 이런 배경이 있었으니 총무과장 발령은 의외였습니다.

아무튼, 그 부서에서 20개월이 지날 무렵 이기수 국장이 체육과장으로 함께 일하자고 제안해왔지요. 그리하겠다고 했는데, 뜬금없이 관광과장으로 발령이 났습니다. 이것도 손 지사 의중이 반영된 결과라는 얘기가 들렸지요. '2005 경기방문의 해'를 앞두고 전임 과장이 영국에 유학하게 됐는데 그 후임으로 저를 낙점한 것입니다. '저의 근량을 달아보려는 것' 이라는 생각이 들었지요. 1년 남짓 경기관광공사와 함께 열심히 협업을 했습니다. 모든 준비를 마치고 '2005 경기방문의 해' 선포식을 열었는데, 큰 호평을 받았지요. 이게 총무과장 발판이 되었다는 생각이지요.

세월이 지나 저는 공직에서 명예퇴직 후 3년간 맡았던 경기관광공사 대표사원 임기를 마쳤습니다. 어느 날 손 전 지사에게서 연락이 왔지요. 약속 장소에는 전직 부지사 두 분도 합류했습니다. 인사동 한 식당에서 '녹차막걸리'를 반주 삼아 저녁을 먹으면서 이런저런 이야기를 주고받느라 시간 가는 줄 몰랐습니다. 이후 답례자리를 마련하려 했지만, 코로나 사태로 만남이 불가능했지요. 코로나 이후, 인사동 같은 식당에서 손 지사를 만났습니다. 막걸리가 몇 순배 돌아간 후, 조심스럽게 질문을 건넸지요.

"그때, 저를 왜 총무과장으로 발탁했는지 궁금합니다."
"일부 홍 과장에 대한 거부반응이 있었던 게 사실이지, 하지만 나는 직접 관찰하고 겪어 보지 않으면 함부로 판단하지 않아. 주변얘기를 완전히 무시하는 건 아니나 그런 말들은 참고일 뿐, 눈여겨보니까 일 잘하고 상하관계도 원만하고 그렇더라고, 처음에는 부정적인 사람도 있었지만, 막상 인사에서는 총무과장발령을 반대하는 사람이 없었지."

네거티브가 있었다는 겁니다. 그런데 일하는 걸 지켜보고 발탁했다니 고마웠지요. 그렇습니다. 100점짜리 공무원이 지사가 바뀌었다고 갑자기 70점이 될 리 없고, 반대로 70점짜리가 100점이 될 리 없지요. 사람은 쉽게 변하지 않습니다. 지사가 바뀌어도 일 잘하는 사람은 잘하고, 일 안 하는 사람은 안 하는 법이지요. 지사는 임기를 마치면 떠나지만, 직업공무원은 범죄 등의 사유가 없는 한 정년이 보장돼 있습니다.

관청의 진정한 주인은 공무원이고, 공무원의 진정한 주인은 국민이지요. 단체장이 바뀌든 말든 열심히 국민을 위해 일하는 것, 그게 공무원의 숙명이자 사명입니다.

어차피 해줄 일이면 빨리하자

"홍 부시장! 저랑 내기 하나 합시다."

"무슨 내기를…?"

"관내를 돌아보고 불법 현수막을 발견하면 내가 저녁을 사고, 못 찾으면 홍 부시장이 저녁을 사는 거요."

파주시 부시장이 된 지 보름정도 지났을 때, 류화선 시장 제안을 받고 저는 속으로 쾌재를 불렀지요. 몇몇 시군에서 일해 봤지만, 불법 현수막이 없는 시군은 한 곳도 없었기 때문입니다.

점심 먹고 관내를 돌아봤지요. 그런데 예상과 달리 불법 현수막이 전혀 보이지 않았습니다. 기진맥진 상태로 돌아와 시장에게 저녁을 살 수밖에 없었지요. 그해 파주는 옥외광고물평가 전국최우수기관으로 선정돼 대통령 기관표창을 받았습니다.

'신세계첼시 프리미엄아울렛'은 2010년 4월 파주 통일동산 내 8만 6000㎡ 땅을 샀는데 파주시가 개발 행위를 허가했습니다. 류 시장이 신청 하루 만에 허가한 것이라 저도 깜짝 놀랐지요. 졸속 심사를 한 게 아니냐는 기자의 질문에 류 시장은 이렇게 대답했습니다.

"어차피 해줄 일이면 빨리하는 게 좋은 거 아니겠습니까. 안 될 일은 한 달을 붙잡아도 안 되는 법입니다."

류 시장의 '스피드 행정'은 유명했는데, 공무원 생활 30년 넘게 나름대로 일 좀 한다고 자부했던 제가 초라하게 느껴졌지요.

그땐, 지역경제 활성화를 위한 예산조기집행이 지방행정의 화두였습니다. 파주시는 2009년부터 2년 연속 예산조기집행 전국 1위를 차지해 대통령 표창을 받았는데, 모든 공사를 10월 전에 끝내는 '클로징(closing) 10' 시책을 추진했지요. 시청 기술직공무원으로 이루어진 '합동설계 반'을 발족, 세밀한 공정계획을 바탕으로 공사를 체계적으로 진행한 것이 특징입니다. 다른 시군이 새해 예산을 편성한 후 설계와 공사를 발주하는 것과는 달리 사전설계를 했으니 예산조기집행이 가능했던 것이지요. 기획재정부 등 중앙부처에서도 이 '클로징 10'을 벤치마킹하고, 감사원은 전국 우수 사례로 선정했습니다.

류 시장은 대기업, 언론 등에서 다양한 경험을 한 분이지요. 능력이 출중해 파주시 행정 수준을 크게 높였다는 평가를 받았는데, 전국 시장·군수가 뽑는 '가장 일 잘하는 사람'으로 2년 연속 선정된 것이 이를 증명합니다. 특히, 빠른 민원처리로 호평을 받았지요. 기초단체장으로서는 유일하게 대통령 직속 '지역균형발전위원회' 위원으로 위촉받아 활동할 수 있었던 것도 능력과 행정력을 높이 평가받은 때문일 겁니다. 정치권의 반발로 무산되기는 했으나 이명박 대통령은 그를 행정자치부 장관으로 내정했지요. 사심 없는 공평무사한 행정 처리로 시민들로부터 절대적인 지지를 받았는데, 퇴임 후엔 공기업인 '그랜드코리아 레저' 대표를 거쳐 경인여대 총장으로 6년간 일했습니다. 파주부시장으로 함께 일을 하면서 참 많이 배웠지요.

부시장, 부군수 자리는 직업공무원이라면 누구든 가져보는 꿈입니다. 그러나 그 꿈을 이루더라도 마음 맞는 단체장을 만나지 못하면 제대로 능력을 발휘하기 어렵게 되지요. 아무리 일을 잘해도 시장, 군수를 넘어설 수는 없으니 사람 잘 만나는 것이 그야말로 복입니다.

결이 다르면 마음고생을 하게 되고 실제로 단체장과 맞지 않아 부단체장이 바뀌는 일이 비일비재하지요. 그나마 관선 때는 자신이 부단체장으로 일했던 시군의 단체장으로 금의환향하는 일이 있었지만, 민선으로 바뀐 후에는 불가능해졌습니다. 부단체장은 더는 올라갈 곳이 없는 정점의 자리지만 단체장의 지시를 받아야 하는 사람이지요. 직원들의 인식도 떠날 사람 취급하는 게 보통이지만, 그래도 저는 도청과 도의회를 부지런히 오가며 일해 나름 인정을 받았지요. 무엇보다 전국에서 가장 일 잘하는 시장과 함께 일할 수 있었던 것은 큰 행운이었습니다.

기업이 살아야 나라가 삽니다.

"하 상무님! 공장 증설 허가 났으니 찾아가세요." "보름도 안됐는데 벌써요?"

파주 부시장으로 일할 때, LG필립스에서 생산라인 증설을 위한 축구장 6개 크기의 공장허가신청서류가 들어왔습니다. 곧바로 관련 팀장, 과장들이 참여한 T/F팀을 구성하고 매일 아침 회의를 열었지요. 최대한 민원처리 소요시간을 줄이기 위한 조치였습니다. 아침마다 자체검토결과 문제가 없으면 종합의견 란에 서명을 한 뒤, 그 부서는 다음 회의부터 빠지고 다른 부서는 계속 검토를 했지요. 특정기업에 대한 특혜문제를 제기할 수도 있지만 규모가 큰 복합민원은 그렇게 처리해왔기 때문에 형평성에 전혀 문제가 없었습니다. 이러한 노력과 절차를 거쳐 13일 만에 공장증설 허가를 해주었지요.

"손 지사님! 정말 기쁘시겠습니다. 떼를 그렇게 쓰시더니. 이제 만족하십니까?" 2006년 4월, 대통령으론 이례적으로 파주 LCD 준공식에 참석한 고 노무현 대통령이 축사도중 손학규 지사에게 축하인사를 건넸습니다. 파주 LCD 공장설립을 두고 손 지사가 당시 이해찬 총리와 격론을 벌이다 회의장을 박차고 나왔던 걸 떠올린 거지요. 손 지사는 자리에서 일어나 정중한 인사로 감사의 뜻을 표했습니다. 노 대통령은 '창조와 도전'을 통해 한국 LCD 산업 위상과 입지를 다진 LG에 대해서도 경의를 표했고, 고 구본무 회장은 목례 인사로 화답을 했지요. 그 후, 파주 LCD는 많은 일자리와 세수 증대 등 지역경제의 든든한 버팀목이 되었고 파주의 상징이자 보물이 되었습니다.

그 당시, 공무원들이 한 겨울에 문화재 발굴을 위해 대형천막을 치고 온풍기를 돌려가며 발굴 작업을 해가면서 당초 약속일정을 맞춘 게 대단한 화제가 되었지요. 그리고 4년 뒤, 공장 증설 때도 공무원들의 적극적인 일처리가 빛을 발했던 것입니다. LG 노조에서도 파주공무원들이 매월 정기적으로 참여하는 어려운 이웃돕기에 동참했지요. 구본무 회장은 금촌 재래시장에 희망금고를 설치해주었습니다. 빠른 일처리에 대한 화답이었지요. 용인 특례시는 미래 산업 추진단이라는 국 단위 직제를 신설했습니다. SK하이닉스의 용인이전과 삼성반도체 신설 등을 지원하기 위한 의지의 소산이지요.

대통령이 해외순방을 나설 때마다 많은 경제인들이 동행하는 게 관례입니다.

정부와 기업이 '원 팀'임을 강조하며 해외순방 때마다 기업인들과 함께 세일즈외교를 펼치고 있는 거지요. 해외순방에서 이뤄지는 수출이나 수주는 분명 우리 경제에 새로운 활력을 불어넣어 줄 '소중한 마중물'이 되는 겁니다. '경제가 외교이고, 외교가 경제'인 것이지요. 우리나라 경제인들의 노력은 눈물겹습니다. 자국의 이익을 위해 각종규제와 보호막을 내세우는 나라를 찾아 결사적인 경제활동을 통해 경제 강국의 꿈을 실현해낸 것이지요. 우리경제인들이 역동적인 활동과 놀라운 성과를 이루는 건 세계인들이 인정합니다.

이건희 회장이 돌아가신 후, 유가족들이 12조원의 상속세와 함께 1조원을 기부하고, 2만3천여 점의 미술품을 기증키로 했지요. 이를 두고 각계의 칭찬이 이어지자 어느 정치인이 "삼성어천가(삼성+용비어천가) 때문에 토할 것 같다."고 했습니다. 그는 나라를 위해 얼마나 기여했는지 되묻고 싶습니다. 완장 찼다고 입만 살아 떠들고 다니는 정치인 때문에 나라가 사는 게 아니지요. 바람 불면 구름은 순식간에 사라지듯, 권불십년이란 말을 잊지 말아야합니다. 기업이 살아야 나라가 살고 기업이 잘 돼야 나라도 잘 되는 게 세상이지지요. 그걸 모르고 폄훼하는 정치인이 많으면 우리 경제는 불행해집니다.

단체장의 줄 세우기

"부시장님! 이번에 도청에 가지 말고 여기에서 1년만 더 일하시죠!"

"아닙니다. 조선시대는 아니지만 모시던 시장과 경쟁했던 분과 일한다는 게 모양새도 그렇고 직원들도 떨떠름하게 생각할 겁니다."

"부시장님! 제가 공직을 떠난 지 7년이 넘어 감이 떨어져 그러니 도와주세요."

파주부시장으로 일할 때입니다. 당시 1년간 모시고 일하던 한나라당 류화선 시장이 3선에 도전했지만 실패하고 민주당 이인재 후보가 시장으로 당선되었지요. 선거기간 동안에는 시장 직무대행으로 일했는데 참 곤혹스러웠습니다. 현직 시장이 출마한 데다 상대 후보도 제가 경기도 문화정책과장으로 일할 때 직속상관인 문화관광 국장이었기 때문에 극히 조심스러웠지요. 간혹 '현직 시장으로 모셨다고 경거망동 하지마라!' '도청에서 국장으로 모신 걸로 아는데 오해받을 짓 하지마라!'는 경고성 전화를 받고는 씁쓸했습니다.

선거기간 중이라 행사가 많이 줄었지만 공식적이고 불가피한 경우를 제외하곤 참석하지 않았지요. 공식행사도 끝나는 즉시 되돌아오곤 했습니다. 어쨌거나 현직시장이 낙선하고 시장이 바뀌게 된 것이지요. 이젠 별 수 없이 도청으로 가야겠다고 생각하던 중에 당선인으로부터 연락을 받고 만났던 것입니다. 거듭된 거절에도 불구하고 계속 요청하는 바람에 '며칠 말미를 달라'고 했지요. 취임을 열흘 남짓 앞두고 다시 만났는데 시청에서 가장 친하게 지내는 김영구 건설국장, 이종춘 비서실장이 함께 자리하고 있었습니다.

"김 국장님! 이 실장님! 홍 부시장님과 제가 함께 더 일하려고 하는데 어떠세요?" "저희는 좋지요. 최곱니다." 사전에 거절하지 못하도록 각본을 짠 듯했지요.

통상적으로 선거를 통해 시장, 군수가 바뀌고 특별한 요청이 없으면 부(副)단체장은 바뀌는 게 관례입니다. "홍 부시장은 이번에 도청으로 가시는 거죠?" 류 시장이 물었을 때, 곧바로 대답하지 못했지요. "글쎄요. 들어가야 되는데 마땅한 국장 자리가 없어서 고민입니다." "그러면 파주에 더 계세요. 일을 잘하니 모두들 좋아할 겁니다." 당선인이 취임 전, 더 있어 달라 요청한 것도 의외였지만 류 시장 말씀도 의외였고 고마웠지요.

이인재 시장은 취임 후, 당연히 바꿀 것으로 예상했던 시장 비서실장은 물론 총무, 회계과장 등을 바꾸지 않았습니다. 조직안정과 화합을 위한 일이었겠지만 쉬운 일이 아니라서 모두 놀라워했지요. 인사태풍이 불 것이라는 생각은 기우(杞憂)였습니다. 직원들이 별다른 동요 없이 새로운 마음으로 일심히 일할 수 있는 계기가 되었지요.

"직원 여러분! 시장이 바뀌었는데 부시장이 그대로 있는 게 이상하다고 생각하는 분도 있을 것 같습니다. 홍 부시장은 도청에서 함께 일했는데 능력도 인품도 좋아 도청으로 간다는 걸 제가 더 있자고 삼고초려 해 붙잡았는데 잘했죠?"

이인재 시장 취임 후 처음 열린 8월 월례조회 날, 시장이 저를 일으켜 세워 뒤를 돌아보게 하더니 한마디 날린 거지요. "네" 하는 소리와 함께 박수가 쏟아졌고 고마운 생각이 들었습니다. 제가 찜찜하게 생각할 여지를 없애 준 것이기 때문이지요. 1년 뒤 저는 도청 자치행정국장으로 영전했습니다.

　단체장이 바뀌면 대대적인 인사를 단행하는데 일종의 줄 세우기지요. '새 술은 새 부대에 담는다.'고 인사를 통해 내 편을 만들겠다는 것입니다 물갈이가 반드시 좋은 것만은 아니지요. 평소에 일 잘하는 사람은 단체장이 바뀌어도 일을 잘하게 마련입니다. 단체장의 줄 세우기가 계속되면 공직사회나 지역에도 좋은 일이 아니지요. 특히 단체장이 선거를 염두에 두고 일을 하면 주민들만 불행해집니다.

면장, 그 이루지 못한 꿈

경기도청에서 문화정책과장으로 일할 때, 함께 일하던 예술계 차석이 사무관 승진내정자로 발표됐습니다. 그 날 저녁, 그는 강원도 철원에 계시는 아버지께 전화를 드렸지요.

"사무관? 창수야, 그게 뭐니?"

"아버지! 우리 동네 군청 과장 아시죠? 저도 교육받으면 그리되는 거예요."

"그게 좋은 거냐? 도청에 있는 게 좋은 거 아니니?"

6·25 때 월남한 분이라 사무관을 잘 모르는 게 당연했습니다.

"아버지! 그게 우리 동네 면장과 똑같은 거예요."

"그래? 경사 났구나! 이번 주말에 내려오너라!"

당시 오전근무였던 토요일, 그가 반가를 내고 철원으로 향했지요. 마을입구에 '경축 이ㅇㅇ의 장남 이창수 면장승진'이라는 현수막이 나부끼고, 집에 도착하니 마당에는 멍석이 깔려 있었습니다. 아버지가 돼지를 잡고 동네사람들을 초청한 것이지요. 만나는 사람마다 면장 됐다고 축하 술잔을 건네니 쑥스럽기도 했지만, 온 동네 사람이 좋아해주니 주는 대로 받아 마실 수밖에 없었습니다. 그런데 다음날, 숙취가 미처 사라지기 전에, 친척들이 들이닥쳐 또 술을 마시게 됐으니 급기야 녹초가 되고 말았지요. 다음 월요일, 그 얘기를 듣고 '논두렁 기라도 타고나야 된다는 면장 되는 게 쉬운 일이 아니다.'라며 함께 웃었습니다.

아버지 삼형제는 고향인 광주 곤지암에서 살았지요. 초등학교 선생님이었던 큰아버지는 대쪽 같은 성격에 꾸지람을 자주 해 모두 무서워했습니다. 그 큰아버지가 공무원인 형이 시청에서 일하다가 고향의 면장으로 발령을 받아 일하게 되자 '홍 면장'이라고 불렸지요. 군청 계장일 때까지는 이름을 불렀는데 호칭이 달라진 겁니다. 그걸 보면서 저는 고향인 실촌면 면서기로 발령받았을 때, "승표야! 열심히 잘해서 면장까지 해!"라고 하셨던 아버지가 생각났지요. 형 덕분에 우리 집은 '면장 댁'으로 불렸습니다. 형은 시청에서 국장으로 퇴직했는데, 지금도 동네 사람들은 홍 면장이라고 부르지요.

자전거를 타고 다니며 면서기로 일할 때, 면장은 당시만 해도 귀했던 90cc 전용 오토바이를 타고 다녔습니다. '나는 언제 전용 오토바이를 탈 날이 올까?' 생각했지요. 1995년 사무관으로 승진했으나 면장은 못해보고 고양시와 의왕시청 공보담당관으로 일하다가 도청으로 복귀했습니다. 훗날 파주시 부시장으로 일하게 되었을 때, 탄현면장 이, 취임식에 참석했지요. 그 자리에는 이 지역출신 국회의원과 도의원, 시의원, 농협조합장과 전직공무원 등 많은 축하객이 함께 했고, 축하 화환도 즐비했습니다. 객지에서 온 허울만 그럴듯한 부시장보다 지역출신 면장이 실세라는 생각이 들었지요.

하긴 민선시장 관점에서도 잠시 머물렀다가는 부시장보다는 읍, 면, 동장을 중요히 여기는 것이 당연한 일일 겁니다. 면장이 잘 못 하면 민원(民怨)이 생기고, 다음 선거에도 좋지 않은 영향을 미치기 때문이지요. 농촌 지역에서 일하는 면장은 한동네 사람이나 마찬가지입니다. 거의 모든 애경사에 참석하고 나들이도 함께 하지요. 직급은 같은 사무관이지만, 면장은 어엿한 기관장입니다. 자기 소신대로 행정을 펼칠 수도 있으니 지역 어른인 셈이지요. 면장만큼 보람 있는 보직이 없다는 말이 괜한 말은 아닌 듯합니다.

공무원의 꽃은 사무관이지요. 말단 9급에서 사무관이 되려면 족히 20년 넘게 걸리는데 보직은 면장이 최고입니다. 면장 댁은 번지 없이도 우편물이 배달될 정도이지요. 학교총동문회에서도 부시장인 저보다 고향 면장이 먼저 소개받고 귀한 대접을 받았습니다. 면장의 상징성은 생각보다 크지요. 면장은 현직은 물론, 퇴직 후에도 동네어른대접을 받습니다. 도의원, 시의원, 부시장, 국장보다 더 좋은 예우를 받지요. 이유 불문, 아버지의 바람이었던 면장을 못한 불효자식(?)이니 꿈속에서라도 한 번 면장을 해보고 싶습니다.

팔당에 빠져 죽을 각오로

"반도체산업은 시기를 놓치면 안 됩니다. 하이닉스 문제를 해결하지 못하면 팔당호에 빠져 죽을 각오를 하고 일하세요!"

경기도 수질개선본부장으로 일할 때, 김문수 지사가 엄중하고 단호하게 지시를 했습니다. 당시 경기도 이천에 있는 반도체기업 SK하이닉스는 세계적인 반도체기업으로 도약하기 위해 50나노 이하의 고(高)집적도 반도체 생산 공장증설을 추진했는데 걸림돌이 생겨난 것이지요. 알루미늄 생산 공정을 구리공정으로 바꿔야하는데 팔당상수원 특별구역에서는 구리배출 시설의 입지를 규제하고 있었기 때문이었습니다. 반도체 구리공정이 허용되어 4개 생산라인이 증설되면 1만개가 넘는 일자리가 생겨나는 천금 같은 일이었지요.

그러나 팔당호를 관리하는 환경부가 구리가 인체에는 해가 없지만 반도체 생산 과정에서 다른 화합물이 섞이면 영향이 있을 수도 있다는 사전예방 차원의 입장을 고수했습니다. 환경부도 수도권 시민의 젖줄인 팔당의 물을 관리하는 문제를 결코 소홀히 할 수 없는 일이었기 때문이지요. 그러나 이미 구리가 인체에 해가 없고 오히려 사람을 포함한 포유동물에게 필수불가결한 영양소라는 게 증명되어 있었습니다.

수질환경 기준이나 먹는 물 수질기준에도 구리에 대한 규제는 없었지요. 외국에서도 원천적으로 구리공정 입지를 규제하는 나라는 없었습니다. 전문가들도 같은 의견이었지요. 자신을 얻은 저는 거의 매일 과천의 환경부를 찾아 담당국장과 실무자들에게 안부 인사(?)를 드리기 시작했습니다.

"지사님! 제발 홍 본부장 좀 그만 보내세요. 매일 찾아와서 정말 귀찮고 힘 듭니다." "국장님께서는 귀찮겠지만 저로서는 중차대한 문제입니다. 지사님이 이 문제를 해결하지 못하면 팔당에 빠져 죽으라고 하셨습니다."

김문수 지사를 모시고 이만의 환경부장관과 윤승준 환경정책국장을 만났을 때 윤 국장이 웃으며 한마디 던졌지요. 그러자 김 지사가 구체적인 수치까지 거론하며 목소리를 높였습니다.

"팔당 지역에서 사육되는 86만 마리의 돼지에서 하루 155kg의 구리가 배출되는데 하이닉스 공장이 증설돼도 하루 3kg 미만 구리만 배출된다고 하니, 문제가 없습니다. 공장 증설을 허가해주면 찾아오라고 해도 안 갈 겁니다. 이 문제는 단순히 한 기업을 살리는 일을 넘어 국가 경쟁력을 높이는 일이고 경제발전에 큰 도움이 되는 일입니다."

얼마 뒤 하이닉스 구리공정 문제가 전격적으로 해결되었지요. 환경부가 전향적으로 검토해준 덕분이었습니다. SK하이닉스는 그 뒤 세계적인 반도체 기업으로 자리매김했지요. 지금은 용인에 448만㎡(135만평)규모로 2만5천명의 일자리가 생기는 반도체 클러스터를 추진하고 있습니다. SK하이닉스는 정부에 용인 반도체클러스터 기반시설지원을 요청했지만 거절당했지요.

그러던 정부가 'K반도체 밸리 육성 종합전략'으로 SK하이닉스가 추진 중인 경기 용인 반도체클러스터에 공업용수와 전력을 공급하는 인프라 건설비용 일부를 지원키로 했습니다. 반도체 생태계의 경쟁력이 약화하고 있다는 목소리가 커지자 '국비 지원은 없다'는 종전 입장을 바꾼 것이지요. 세계가 반도체 공급난을 겪고 있고 미국과 중국의 반도체 패권전쟁이 거세지고 있다는 점도 고려했을 것입니다. SK하이닉스는 이미 용인시로부터 산업단지 승인을 받았고 정부가 공업용수와 전력공급지원을 약속했지요. 넘어야할 산이 많겠지만 빠른 시일 내에 완공되어 정상적으로 가동되기를 바랍니다.

반전의 현수막이 걸린 이유

'경축! 수지 레스피아 준공!' '지사님! 시장님! 고맙습니다.'

2009년 3월, 경기도 용인 하수처리장시설인 '수지 레스피아' 준공식 날, 인근 아파트 벽에 대형 현수막이 걸렸습니다. 하수처리장 건설을 반대했던 주민들이 내건 현수막이었지요. 레스피아(Respia)는 휴식(rest)과 유토피아(utopia)의 합성어로, '친환경 하수처리장'이라는 의미가 담긴 용인시 브랜드입니다. '그렇게 반대하더니 감사하다는 현수막을 걸다니…'

경기도 수질본부장이었던 저는 만감이 교차했습니다. 하수처리장 인근 주민들은 용인시청과 경기도청 앞에서 수없이 반대집회를 했지요. 결국 추가예산을 들여 하수처리시설을 지하에 설치하고 지상에는 체육시설을 만드는 것으로 민원을 해결했습니다. 그게 반전의 축하 현수막이 걸린 이유지요.

도심 한복판에 조성한 '수지 레스피아'는 하루 15만 톤의 하수를 처리합니다. 모든 시설을 지하에 설치했기 때문에 시커먼 폐수를 처리하는 것을 볼 수 없고 악취도 전혀 없지요. 악취를 자외선으로 제거한 후 100m 상공에서 분해하는 시설은 전망타워로 만들어 지역의 랜드 마크(Land mark)가 됐습니다. 지상에는 죽전2동 주민생활센터와 축구장, 테니스장, 농구장, 어린이 놀이터, 산책로 등을 만들었지요. 환경이 달라지니 아파트값이 오르고, 당연히 주민도 좋아하고 주민들이 즐겨 찾는 문화 · 체육시설로 자리매김했습니다.

구리시엔 '구리타워'가 있지요. 구리타워가 있는 '구리 자원회수시설'
은 하루 200톤의 생활폐기물을 소각·처리할 수 있는 친환경 시설입니
다. 혐오시설로만 여겨졌던 소각장의 굴뚝을 이용해 지상 100m 높이에 전
망대와 레스토랑을 만들었지요. 단지 내에 실내수영장, 축구장, 게이트볼
장 등을 만들어 구리시민의 여가활용 공간으로 제공했습니다. 구리 자원
회수시설은 집단 이기주의를 극복한 우수 사례로 국내외에 알려졌지요.
이천시에는 광주, 하남, 여주, 양평 등 5개 시·군의 하루 300톤의 생활쓰
레기를 처리하는 '광역 쓰레기소각장'이 있습니다. 이곳엔 수영장·축구,
테니스, 배드민턴 경기장과 카페테리아 등의 시설이 있는데, 5개 시군이
함께한 협업의 결과물이지요.

　행정에는 종합적인 판단 능력을 갖춘 행정 기술이 필요합니다. 작은
광고물이나 건축물, 도시계획에 이르기까지 각기 다른 여건을 반영해야
하지요. 산지개발 할 때, 경사도를 지역여건에 따라 달리 적용하는 것처
럼, 법과 규정범위 내에서 유연하고 탄력적으로 행정을 펼쳐야 합니다.
현장을 찾아 민원의 본질을 읽고 올바르게 파악해 일을 처리하는 일이 중
요하지요. 특히, 주민의 삶에 큰 영향을 미치는 대형시설은 현장의 의견
을 반드시 들어야 합니다. 행정은 당연히 법에 따라야하고 법의 범위 내
에서 이루어지지요. 그러나 법만 앞세우고 몸 사리며 일을 하면 '철 밥통'
소리를 듣습니다. 법규를 넓게 해석하고 관행을 뛰어넘어야지요. 행정을
디자인해야하는 이유입니다.

　이제 행정도 전문적인 분석을 바탕으로 디자인해야지요. 그 디자인엔
반드시 주민의견을 담아야 합니다. 주민생활에 큰 영향을 미치기 때문이
지요. 잘 디자인된 일은 공익측면에서도 긍정적이고 발전적으로 작용합
니다. 그렇지 못하면 주민에게 불편을 주고 손해를 끼치게 되지요. 행정
의 공익성이 강조되는 이유입니다. 행정의 본질을 구현하기 위해서는 능

동적인 생각으로 규범을 뛰어넘는 지혜가 필요하지요. 지금은 일반적인 생각을 넘어서는 '감성행정'을 펼칠 때입니다. 입체적이고 미래지향적인 행정 디자인이 중요하지요. 잘 디자인된 행정이 주민을 행복하게 하고 수준 높은 미래를 담보할 수 있다는 것, 어느 때보다 행정디자인이 필요한 이유와 명분이 여기에 있습니다.

각박한 세상, 감성이라도 적셔야

홍 형! 아무래도 그만두어야 할까 봐."

경기도에서 인사담당과장으로 일하던 어느 날, 퇴근 무렵 찾아온 어느 과장이 느닷없이 한마디 내던지곤 긴 한숨을 몰아쉬었습니다.

"과장님! 무슨 일 있어요?"

"일은 무슨 일…, 내가 무능해서 그렇죠."

사연인즉 새로운 국장과 일하게 되었는데 도무지 궁합(?)이 맞지 않더라는 거지요. 생각이 다를 수도 있고 실수할 때도 있는데 사사건건 시비를 거는 바람에 도무지 견디기 어려워 그만두고 싶다는 생각이 간절했다는 겁니다.

더욱이 많은 동료직원이 보는 자리에서 반말로 "능력 없으면 때려치우라"라고 소리쳐 큰 충격을 받았다는 것이지요. 열 살 가까이 어린 상사에게 인격 모욕을 당하고 나니 이렇게 살아야 하느냐는 자괴감에 울컥했다는 겁니다. 공직생활을 통틀어 이런 치욕은 처음이라며 입을 다물었지요. 대충서류정리를 하고 무작정 그의 손을 잡고 선술집엘 갔습니다. 술잔을 기울이는 그의 손이 떨리고 이미 눈매는 젖어 있었지요. 한동안 말없이 술잔을 기울였습니다. 저도 사표를 내던지고 방황하던 기억이 떠올라 순간 울컥했지요.

서른 둘, 7급 공무원시절, 자료를 검토하던 상사가 몇 줄을 첨삭한 게 문제가 돼 언론에 크게 보도되었습니다. 실무자인 제가 책임을 져야 한다는 생각에 사표를 던지고 정처 없이 방황했지요. 아내에겐 말도 못 하고 광교산이나 원천유원지 등을 전전하다가 어둠이 내리면 술 한 잔 걸치고 집으로 들어가곤 했습니다.

"야, 이 사람아! 일 안 하고 집에만 있어도 먹고살 만해?"

사흘째 되던 날, 윗분의 호출을 받고 들어갔더니 사표를 갈기갈기 찢어버리며 호통을 쳤습니다.

"당신이 잘못한 게 아닌데 왜 사표를 내! 가서 일이나 잘해!"

순간, 저도 모르게 눈물이 왈칵 쏟아졌습니다.

웃는 것보다 우는 게 중요하다고 합니다. 살다 보면 목 놓아 울고 싶을 때가 있지요. 그러나 마음 놓고 울지도 못하는 게 삶의 그늘입니다. 저는 일이 꼬이거나 사는 게 힘겹게 느껴질 때면 소주 한잔 걸치면서 목 놓아 울곤 하는데, 막혔던 가슴이 뻥 뚫리고 후련해지지요. 돌이켜보면 살면서 어려운 일이 참 많았지만, 어금니를 질끈 물고 와신상담 살았습니다. 그런데도 지천명을 지나 이순에 이르니 눈물이 많아지더군요. 요즘의 눈물은 그냥 눈물이 아닌 듯합니다. 인생에 대한 회한이랄까, 뭐 그런 눈물이지요.

이둠이 짙어져 가는 시간, 홀로 술잔을 기울이는 일은 슬프고 외롭습니다. 눈물이 녹아든 술잔을 기울여본 사람에게 삶의 깊이가 생긴다고 하지요. '눈물 젖은 빵을 먹어보지 못한 사람은 세상살이를 논할 자격이 없다.'는 말과도 궤(軌)를 같이 합니다. '울어본 사람이라야 우는 사람의 마음을 헤아릴 수 있는 것'이지요. 자라면서 가끔 육남매를 키우는 일에 지쳐 파김치가 된 육신을 이끌고 우물가에 멍 때리고 앉아 어깨를 들먹이던 부모님의 뒷모습은 참 슬퍼보였습니다. 그 슬픈 뒷모습이 떠오를 때면 하늘나라에 계신 부모님에게 부끄럽지 않은 자식이 되겠다고 다짐하곤 했었지요.

살다보면 세상이 내 맘대로 살아지지 않는다는 걸 절감하게 됩니다. 세상만사 그게 인생이라는 생각이지요. 그래도 죽을힘을 다하면 무언가 이뤄지는 게 있습니다. 바로 이 때문에 세상은 살만하다는 게 제 생각이지요. 눈물이야말로 각박한 세파에 시달린 메마른 감성을 다시 촉촉하게 적셔주는 좋은 보약이라는 생각입니다. 내 마음대로 되지 않는 인생살이, 그럴 때 저는 만나지요. 눈물 섞어 마시는 소주 한잔, 그리고 그 속의 수많은 기억, 그것을 바탕으로 위안을 삼습니다. 메마른 감성을 일깨우고 저 자신을 곧추세워 다시 일어나곤 합니다.

문을 여는 게 소통의 첫 걸음

"문은 그냥 열어놓으세요."

경기도청에서 인사담당국장으로 과장·팀장 등과 함께 인사안(案)을 작성할 때였습니다. 출입문을 열어놓고 일했는데 직원이 자꾸 문을 닫았지요. 인사업무의 중요성을 고려해서였을 것입니다. '도청 직원이면 당연히 인사작업을 하는 것으로 알고 돌아갈 테니 굳이 닫을 것 없다.'고 했습니다. 저는 공직생활을 하는 동안 늘 사무실 문을 열어놓고 지냈지요. 직원이나 민원인이 찾아왔을 때 문이 닫혀 있으면 안에서 뭐 하는지 알 수가 없기 때문이지요. 용인부시장 때는 접견실을 도의원상담실로 개방했습니다.

문을 열어 두면 좋은 점이 많이 있지요. 밖에서 볼 수 있으니 혹시 화가 나 소리 지를 일이 있어도 참고 목소리를 낮추게 됩니다. 민원인이나 후배 공무원이 편하게 들어와서 차담을 나누기도 좋지요. 실무자로 일하던 시절에는 인사국장실 문이 언제나 굳게 닫혀 있었습니다. 열려 있다고 해도 어려워서 감히 들어갈 엄두를 내지 못했지요. 그런 기억 때문에 언제나 문을 열어놓고 일한 것입니다. 후배들에게도 승진해서 국장이나 부단체장이 되면 누구나 출입할 수 있도록 문을 열어놓으라고 권했습니다.

인사 실무를 총괄하는 책임자로 일하면서 노조와 함께 '찾아가는 노사인사상담시간'을 가졌지요. 노조 측과 각 부서, 외청, 사업소 등에 찾아가 함께 현안에 대해 소통하기 위해서였습니다. 이 시간을 통해 '노사 청렴협약' 체결이나 '봉급 끝전나누기' 등의 성과가 있었지요. 매주 후배 공무원에게 도움이 될 만한 글을 한 편씩 써서 공유하기도 했습니다. 암 검진까지 받을 수 있는 건강검진 확대, 건강관리실 공간설치, 동아리활동 지원도 적지 않은 결실이었지요. 이 같은 노력으로 경기도청은 '노사문화 최우수기관'으로 선정돼 대통령 기관표창을 받았습니다.

안타까운 일도 있었지요. 노조 게시판에 동료 공무원을 헐뜯거나 비방하는 글이 심심치 않게 올라왔습니다. 전에는 동료가 야근하면 팀원이 기꺼이 일을 돕고, 일을 마무리하면 함께 소주도 나누었는데 그런 문화가 사라진 것이지요. 특히, 사익과 관련된 일에는 지나치게 이기적이라는 생각이 들었습니다. 구내식당 단가를 500원 인상하는 것과 지역경제 활성화를 위해 한 달에 두 번씩 외식하자는 제안을 반대하는 게 안타까웠지요. 저는 고민 끝에 '욕먹을 각오로 이 글을 띄웁니다.'라는 제목의 글을 노조 게시판에 올렸습니다.

'정신 상태가 틀렸다, 공직자 자격이 없다, 제발 정신 차려라!' 등 다소 과격한 표현을 썼는데, 걱정과 달리 대부분 공감했지요. 그해 가을, 저는 도청 공무원노조가 선정하는 '함께 일하고 싶은 존경받는 간부 공무원'으로 선정됐습니다. 그것도 4회 연속 선정된 것인데, 전무후무한 일이었지요. 저는 인터뷰할 때 '공무원이지만 공무원으로 살지 말라.'고 강조했는데, 사실 어려운 일입니다. 저 역시 이웃을 생각하고 남을 배려하면서 여유롭게 일하자고 다짐했지만 의지대로 살았다고는 장담하지 못하는 이유이지요.

현직에 있을 때, 그 보잘것없는 권력을 남용해 갑 질을 일삼으면 퇴직 후 비참해질 수도 있습니다. 공무원 세계에서만 그런 것은 아니겠지만, 일정 계급이상 올라가면 그만큼 경험이 쌓여 일을 잘하게 되지요. 하지만 그것과 소통을 통해 조직을 잘 관리하고 협업하는 것은 다른 문제입니다.

고위직에 오를수록 욕심을 부려 인사권자에게만 충성하는 사람이 있지요. 그런 사람은 완장 벗으면 사람대접 못 받기 십상입니다. 후배공직자를 만나면 고위직이 됐다고 안주하지 말라하지요. 직원들이 일을 잘할 수 있도록 격려하고 때로는 잘못을 꾸짖는 맏형 노릇을 하는 공직자가 참 공직자입니다.

소통과 협업이 중요합니다.

"지사님! 총무과장을 시켜 주셨으니 이번 추경에 선물하나 주세요."
"무슨 선물을?" "직원들 건강검진비가 너무 적어 코끼리 다리 만지는 격
으로 형식적인 검진이니 제대로 된 건강검진이 필요합니다." "얼마면
돼?" "12억 정도면 됩니다." "그 정도라면 해주어야지"

경기도청 총무과장으로 임명받고 추경예산 편성을 앞두고 손학규 지
사를 만나 직원건강검진 비용의 증액을 요청했습니다. 도청직원 후생복
지업무를 담당해 도청 노조임원들과의 상견례를 겸한 간담회를 가졌지
요. 이때, 건강검진이 너무 형식적이라며 암 검진까지 받을 수 있도록 해
달라는 건의를 받았기 때문입니다. 다행히 손 지사께서 흔쾌히 저의 청을
들어주어서 추경예산에 반영을 했지요. 건강검진비용 외에도 건강관리
실 설치와 체력단련시설 운동기구 구입비도 추가로 반영했습니다. 문제
는 도의회 예산심의의 벽을 넘는 일이었지요.

"추경은 불요불급한 예산을 편성하는 게 원칙인데 건강검진비용을 추
경에 증액하는 건 맞지 않고 현재 1인당 5만원수준을 15만원까지 늘리려
는 이유가 뭔가요?" "지금 예산으론 형식적인 검진밖에 할 수 없습니다.
적어도 내시경과 암 검진정도는 해야 실질적인 검진이 가능할 것으로 생
각을 했고 노조요청이기도 합니다." "그러면 당초예산에 반영을 했어야
하는 게 아닌가요?" "죄송합니다. 저도 총무과장으로 와서 노조와의 간담
회를 통해 건의 받고 필요하다고 생각했습니다. 건강검진비용은 도의원
님들도 해당되는 겁니다." "그래요? 알겠습니다."

이러저러한 우여곡절 끝에 추경예산에 직원 건강검진비용이 증액되었지요. 우선 직원들이 언제든지 찾아가 심전도와 혈압도 체크하고 건강상담도 할 수 있는 건강관리실을 설치했습니다. 별관에 있는 체력단련 실에 운동기구도 추가로 구입해 배치했지요. 직원들은 개인일정을 조정해 건강검진을 받았습니다. 직원들은 보다 세밀한 건강검진을 받게 돼 좋았다며 고마워했지요. 노조활동관리와 지원, 직원후생복지를 담당하는 주무과장으로 나름 의미 있는 일을 했다는 생각이 들기도 했습니다. 물론 그런 제안을 해준 노조임원들이 고맙다는 생각도 들었지요.

"홍 과장! 직원 건강검진비용을 올려준 건 잘한 것 같아! 건강검진을 통해 조기에 암 진단을 받고 치료할 수 있게 돼 정말 고맙다는 감사편지가 여러 통이 왔어! 잘했어! 노조위원장도 찾아와 고맙다는 말을 하고 갔어!"

그해 늦가을, 비서실 연락을 받고 지사 집무실엘 들어갔더니 지사께서 암 진단을 받은 몇몇 직원의 가족들로부터 감사편지를 받았다고 했습니다. "많지 않은 예산으로 좋은 결과를 얻어 기쁘다."며 "수고했다."는 격려도 해주었지요. 돌아오는 길에 노조 사무실에 들렀더니 노조위원장이 "저희가 지사님께 우리 과장님 격려해주시라고 말씀드렸습니다."라며 웃었습니다. 고마운 일이었지요. 그 후, 인사담당국장으로 일할 때, 노조 임원들과 함께 외 청, 사업소를 순회하며 '찾아가는 인사상담'을 했습니다. 직원들의 고충을 듣고 해결했는데 인사운용에 큰 도움이 됐지요.

각 실과 대항 족구대회도 열었습니다. 두 달 동안, 일과시간 후에 도청과 북부청사 운동장에서 펼쳐진 족구대회는 직원들의 한마당 축제였지요. 경기 후에는 승패에 관계없이 잔디운동장에 둘러앉아 막걸리와 음료수를 마시며 웃음꽃을 피웠습니다. 북부청사에서 펼쳐진 도 본청과 북부

청사 우승팀이 겨루는 왕 중 왕전은 도지사와 실, 국장들도 참관했지요. 일을 하면서 이런 보람을 느낄 수 있는 경우가 흔치 않은 일인데 복 받았다는 생각이 들었습니다. 소통하면서 협업하면 좋은 일이 생긴다는 걸 깨달았지요. 그해 경기도는 정부의 '노사문화혁신대상'을 받았습니다.

'정문'이 '정무부지사'로 바뀐 이유

"자치행정국장인데요. 갑자기 소리가 너무 커졌네요? 소리 좀 줄이라고 하세요." "그러게 말예요. 그걸 어디에 말해야 되나요?"

전화 받은 사람은 당연히 청원경찰일 텐데 느낌이 이상했습니다.

"누구세요?" "정무부지사입니다. 국장님!"

경기도청 자치행정국장으로 일할 때입니다. 청사관리와 방호담당 부서장이었는데 며칠 동안 도청정문 앞에서 전국철거민연합의 집회가 이어졌지요. 확성기를 이용해 목청을 높이고 심지어 장송곡(葬送曲)까지 틀어대는 통에 신경이 곤두서 있었습니다. 그런데 갑자기 책상이 흔들릴 정도로 소리가 커져 여비서에게 정문을 대라고 했는데 뜬금없이 정무부지사가 연결된 것이지요. 시끄러운 소음 때문에 성문을 정무부지사로 들은 듯했습니다. 황급히 전화를 끊고 2층 부지사실로 뛰어 내려갔지요.

"부지사님! 죄송합니다. 여비서가 시끄러워 정문을 대라고 했는데 잘못 알아들은 듯합니다." "아! 그렇게 된 일이네요. 저도 홍국장님이 소리를 줄이라고 해서 뭔 소린가 했는데 그럴 수도 있지요. 오신 김에 차나 한 잔하고 가세요."
유연한 생각을 지닌 KBS보도본부장 출신의 유연채 부지사가 이해해주는 바람에 이 해프닝은 웃음으로 마무리되었습니다. 한마디 들을 줄 알았는데 잘 넘어가 다행이라는 생각이 들었지요.

"양덕이 좀 대줘요"

며칠 후, 국(局) 서무 일을 하는 박양덕 주무관을 연결하라고 한 건데 여비서가 후다닥 뛰어 나갔습니다. 전화연결을 부탁했는데 갑자기 뛰어 나가니 의아했지요. 하는 수 없이 직접 전화를 연결해 용건을 끝냈는데 잠시 후, 여비서가 양동이를 들고 헐레벌떡 들어왔습니다.

"웬 양동이?" "국장님이 양동이 찾으신 거 아네요?" "양동이? 양덕이 전화 대라고 한 건데..." "그래요? 죄송합니다." "아니야! 내가 미안하지! 잘 알아듣게 말을 해야 되는데..."

양동이를 구하러 별관 지하에 있는 구내식당을 뛰어갔다 온 여비서는 황당한 표정으로 다시 구내식당으로 내려갔습니다. 그 후로 전화연결은 명확하게 조심해서 했고 될 수 있으면 직접 할 때가 많았지요.

이재창 지사 시절, 며칠이나 노총회장 전화연결이 안되다가 여비서가 노총회장 전화를 연결시켜 드렸습니다. 그런데 통화를 마친 지사가 비서 실장과 저를 부르더니 "여직원 전화교육 좀 똑바로 시키라"고 호통을 쳤 지요. 알고 보니 전화주신 분이 노총회장이 아니라 '노재봉 전, 총리'였던 것입니다. 여직원이 한동안 노총회장 전화를 기다리다가 '노 총리'라는 말을 노총회장으로 듣고 연결시켜 드린 것이지요. 그날이 오전 근무를 하 는 토요일이었으니 망정이지 평일이면 온종일 불편할 뻔 했습니다.

저는 친한 친구나 아랫사람에겐 말을 놓지만 전화나 문자메시지는 높 임말을 쓰고 있지요. 그게 낯선지 "갑자기 웬 존댓말이냐?"며 불편해하거 나 "저에게 화난 일이 있느냐?"는 사람도 있습니다. 그렇지만 높임말을 쓰 는 게 마음이 편하고 나름 예의를 갖추는 일이라는 생각을 하고 있지요.

옛날, "별일 없지? 건강하게 잘 지내라!" 타향살이하는 저를 격려해주던 부모님의 목소리는 고마운 일이고 힘이 되었습니다. 가끔 전화에 얽힌 기억들이 떠오르지요. 전화는 잘 쓰면 보물이고 잘 못쓰면 고물이 됩니다.

인사는 자신이 하는 것

"국장님! 기술 감사계장으로 가고 싶습니다."

경기도청에서 인사담당국장으로 일할 때, 정기인사를 앞두고 어느 사무관이 찾아와 뜬금없이 부탁을 해왔지요.

"그래? 거길 왜 가려고 하는데?"

순간, 눈동자가 흔들리더니 아무 대답도 못 하고 엉거주춤 서 있었습니다.

"왜 그 자리를 가고 싶은지 뚜렷한 목적이나 소신이 있어야지, 어떤 마음으로 어떻게 일하겠다는 철학도 없이 가겠다고 하는 건 안 되지."

돌아서는 그의 뒤태가 안쓰러워보였지만 어쩔 수 없는 일이었지요.

광주군청에서 일하면서 군수로 모셨던 분이 세월이 지나 행정부지사로 일할 때입니다.

"홍 계장! 조사계장을 맡아 일해 보는 게 어때?"

"저는 사회복지나 지역정책업무를 하고 싶습니다."

"왜? 서로 가고 싶어 하는 곳을 안 가겠다니 무슨 생각을 하는 거야?…."

조사계는 지사나 부지사의 특명을 받아 비위 혐의가 있는 공무원을 조사하는 부서로, 소위 힘 있는 권력부서이지요. 하지만 저는 잘 잘못을 떠나 동료 공무원을 조사한다는 게 너무 싫었습니다.

"부시장님! 우리 구청 건축과장 좀 바꿔주세요. 민원(民怨)이 쌓여 난리입니다."

용인에서 일할 때, 처인 구청장이 찾아와 건축과장을 바꿔달라고 했지요. 전후사정을 들어보니 민원처리에 너무 소극적이라서 바꿔줘야겠다는 생각이 들었습니다. 인사부서는 물론 기술직 국장의 의견을 듣고 적임자를 찾아냈는데 사무관 승진 6개월 된 신참, 시청과장이었지요. 그를 불러 정황을 이야기하고 양해를 구했더니 흔쾌히 수락했습니다. 시장께 보고 드린 후, 인사위원회에서 전보제한을 풀고 구청으로 발령을 냈지요. 채 두 달이 안돼서 민원이 사라졌습니다. 그 후, 그는 시 본청으로 들어와 국장과 3급 실장을 거쳐 처인 구청장으로 일하게 되었지요. 그의 전임자는 아직도 사무관입니다.

　저는 30년 넘게 경기도청에서 일하면서 두 차례의 인사계 주무관을 거쳐 인사과장, 인사국장으로 일해 나름대로 인사 전문가로 통했지요. 훗날 전국의 지방공무원을 대표해 2년 6개월간의 '공무원 직종개편위원회' 6인 소위원회위원으로 활동한 바탕입니다. 하지만 인사는 아무리 잘해도 뒷말이 나오기 마련이지요. 무엇보다 승진하는 사람보다 못하는 사람이 많으니 불만이 있을 수밖에 없습니다. 저 나름대로 인사원칙이 있었는데, 인사 · 감사 · 예산 등 이른바 권력부서에 가겠다는 사람은 배제했지요. 객관적이고 공정한 인사를 위해 부서장과 노조의견을 듣고 남녀별 · 직렬별 균형도 고려했습니다.

　가끔 '나 아니면 안 된다'고 자만하는 공무원이 있지만, 가당치않은 일이지요. '내가 누구보다 잘할 수 있다'는 자신감으로 일하는 건 좋지만, '나 아니면 안 된다'는 건 오만(傲慢)입니다. 동료들과 어우러져 함께 열심히 일하는 공무원이 참 공직자이지요. 저는 늘 '상품이 좋으면 찾는 사람이 많아지니 스스로 상품가치를 높여야 한다.'는 말을 했습니다. 일 잘하면 가고 싶은 부서를 선택할 범위도 넓어지지요. '인사가 만사'라는 말이 있습니다. 누구나 좋은 부서에서 일하고 빨리 승진하고 싶지요. 분명한 건, 스스로 상품가치를 높이면 어디든 갈 수 있으니 인사는 결국 자기 자신이 하는 것입니다.

별명도 잘 붙이면 신바람

"소주병 과장! 양잠(養蠶)분야는 별 지장이 없지요?"
"네! 별 이상 없습니다. 그런데 저는 소주병이 아니고 소병주입니다."

경기도청에서 임사빈 지사수행비서로 일할 때입니다. 오랜 가뭄에 따른 대책을 보고받던 지사가 과장이름을 잘못 불러 폭소가 터졌지요.
"소병주나 소주병이나…."
지사가 멋쩍어하며 뱉은 말에 회의장은 또 한 번 웃음바다가 됐고 이후 잠업 특작(蠶業特作)과장 별칭은 소주병이 됐습니다.

그 당시, 회식을 즐겨하는 과장이 있었는데, 직원들은 그 자리를 피하고 싶어 했지요. 한잔하면서 허심탄회하게 이야기하자 해놓고 혼자만 이야기하니 회식이 반가울 리 없었던 것입니다. 어느 회식 자리에서 한 직원이 술김에 '우리 과장은 연산군 같다.'고 했는데, 과장이 어떻게 그걸 알게 되었지요. 미운털이 박혀 같이 일하는 동안 그 직원이 참 힘들어해 안타까웠습니다.

총무과장일 때, 매월 열리는 직원조회에선 '공무원의 신조'를 낭독했지요. 형식적이고 식상한 관례라서 지사께 건의해 '직원 5분 자유발언 시간'으로 바꾸었습니다. 발언신청을 받았는데 의외로 신청자가 많았지요. 부서가 다르고 주제도 다른 데다 마땅한 선정기준을 마련하기가 쉽지 않아 노조와 협의해서 발언자를 정했습니다. 직원 후생·복지 문제부터 상사의 폭언이나 일방적 지시에 대한 시정요구 등 다양한 발언이 쏟아졌지요. 직원들로부터 폭발적인 관심과 호응을 받았고 비판도 칭찬도 뒤따랐습니다. 어느 날, 제가 별명을 지어준 한 직원이 발언자로 나섰지요.

"제가 모셨던 과장님은 인간적으로 좋은 분이었습니다. 직원들과 소통하고 일을 잘할 수 있도록 도와주었지요. 도의원들과 업무협의도 잘해줘 일하는 게 힘들지 않았습니다. 무엇보다 기억에 남는 건 제게 없던 별명을 지어준 것이었지요. 저에게 '대제학'이라는 별명을 붙여주었는데 지금도 기분이 좋습니다. 높은 자리에 오른 것도 아닌데 신나서 열심히 일했던 기억이 납니다. 그 덕분인지는 몰라도 이번에 사무관 승진 예정자로 선발됐지요. 윗분은 이렇게 아랫사람의 사기를 올려줄 줄 알아야 한다고 생각합니다. 따뜻한 포용력이 필요한 것이지요."

그는 말미에 "지금 과장님도 훌륭한 분이라는 걸 말씀드리고 싶다."고 사족(蛇足)을 달아 박수와 함성이 터졌습니다.

경기도청에서 일하면서 많은 공무원을 만났지요. 비서실이나 인사, 홍보부서에 오래 근무해 다른 사람들보다 훨씬 많은 선후배와 교류할 수 있었습니다. 저는 직원들과 회식할 때면 친근감의 표현으로 별명을 부르곤 했지요. 이름을 따서 '대제학', '의리의 사나이 돌쇠', '강가의 돌멩이', '강도'라고 불렀습니다. 얼굴이나 몸짓을 보고 '둘리' '거봉' '하이에나' '촌닭' 등 다양한 별명을 붙여주었지요. 돌쇠팀장은 성실의 아이콘으로, 강가의 돌멩이 팀장은 발군의 글 솜씨와 친화력으로 승진을 거듭해 두 사람 모두 고위직에 올랐습니다. 별명도 잘 붙이면 신바람 나는 일이라는 생각이 들었지요.

누구나 한두 가지 별명을 갖게 됩니다. 어머니는 말수가 적은 저를 '곰'으로 불렀지요. 군 시절, 군사령관의 부대순시 날, 모두 바삐 움직이는데 뭘 할지 몰라 엉거주춤했습니다. 그때 선임 병이 "야! 넌 왜 두꺼비처럼 눈만 껌뻑거리고 있냐?"고 고함쳤지요. 그 후, 저는 '두꺼비'가 됐습니다. 나중엔 술을 잘 마신다는 의미로 와전됐지만….

오랜만에 만난친구가 이름이 생각나지 않을 때가 있지요. 할 수 없이 별명을 부르는데 기분나빠하는 친구는 없습니다. 별명이 친근하게 느껴지는 거지요. 저 역시 '곰'이나 '두꺼비'로 불릴 때가 좋았는데, 이젠 별명을 부르는 사람이 없습니다. 인생이 노을 속에 있는 탓이겠지요.

남을 부각하는 게, 나를 더 부각하는 것

"저보다 선배 사무관이 많습니다. 제가 가면 지사님도, 저도 욕먹습니다."

"모두 그 자리는 가기 싫다고 해서 국장에게 일임했더니 홍 비서관을 지목했습니다. 욕먹을 일 없어요."

이인재 경기도 문화관광 국장은 일 욕심이 많고 추진력이 상당해 그가 관장하는 부서에 가기를 꺼렸습니다. 공석이었던 문화정책과장 자리에 후임을 물색하기가 쉽지 않자 임창열 지사가 국장에게 일임했고, 국장이 저를 지명한 것이지요. 등 떠밀려갔지만 열심히 일했고, 저보다 나이가 어린 국장은 저를 따거(大哥:형)라 부르며 예우해 주었습니다. 제가 그 부서로 가게 됐을 때 걱정 어린 시선이 적지 않았지만, 차츰 인식이 달라졌지요. 이 국장은 장점이 많았는데 특히, 성과와 칭찬을 직원에게 돌릴 줄 알았습니다.

"홍 과장! 문화재단 전용 건물을 마련해 줍시다."

1회 추경 때, 국장이 스페인 출장 중이라 지사가 저에게 지시한 것이지요. 급한 게 아니니 나중에 하자고 했지만, 지사는 추경 재원에 여유가 있다며 자신이 책임질 테니 건물을 사주자고 했습니다. 기본 방침을 결재받아 건물을 사들였는데, 이듬해 행정자치부 정기 감사에서 지적을 받았지요. '재단 기금으로 건물을 사야 하는 걸 일반예산으로 지원한 게 잘못'이라는 것이었습니다. 저는 "제가 주도한 일이니 모든 책임을 지겠다."고 했지요. 지사는 이미 퇴임한 뒤였고 실무책임과장은 저였으니 직원을 보호해야겠다는 생각이었습니다. 결국 저만 징계를 받았으니 그나마 다행한 일이었지요.

"이춘표 주택과장 참석했나요?" "하계휴가 중입니다."

남경필 지사는 월례조회 중에 자리에 없는 이 과장을 칭찬하기 시작했습니다. "공공주택 필로티를 입주민이 독서실이나 휴식공간으로 쓸 수 있게 관련 규정을 바꾸었다."면서, "국토부 등을 찾아다니며 도민편익 증진을 위해 큰일을 해준 이 과장에게 박수를 보낸다."고 했지요. 이런 성과가 있으면 자신이 한 일인 양 자랑하는 이가 많은데 남 지사는 달랐습니다. 휴가 중이었던 이 과장에게 한동안 축하 전화와 메시지가 쏟아졌는데, 이 덕분이었는지 이 과장은 이후 인사에서 일약 광명시 부시장으로 발탁됐지요. '나도 열심히 하면 인정받고 인사 특전을 누릴 수 있다.'는 희망을 심어준 일이었습니다.

남 지사는 이 일 말고도 새로운 창안이나 모범적인 사업 실적을 거두면 해당 부서와 당사자 이름을 일일이 거명하며 격려하곤 했지요. 특별한 성과가 없어도 마찬가지였습니다. 각종 행사가 끝나면 으레 주관 부서 직원을 불러내 많은 사람들에게 박수를 유도했지요. 매월 열리는 도 단위 기관·사회단체상 모임인 기우회(畿友會) 조찬행사에서는 모범 도민과 기업인을 초청해 표창하고 감사의 말을 아끼지 않았습니다. 도민을 받들고 공을 다른 사람에게 돌리면 그만큼 활력이 더 생긴다는 걸 잘 아는 지사였지요. 유연한 생각과 순발력을 바탕으로 한 행보는 도민들의 지지와 호응이 뒤 따랐습니다.

칭찬받을 일에는 자기가 나서고 곤란한 일은 다른 이에게 떠넘기는 공직자가 적지 않지요. 특히, 새 단체장이 전임 단체장의 잘못을 들추어 경찰에 고발하거나 감찰기관에 감사를 의뢰하는 사례도 있습니다. 전임자와 다르다는 것을 과시하고 싶어선지 모르지만, 이럴 때 특별한 잘못이 없는 공직자까지 애꿎게 곤욕을 치르게 된다는 걸 알았으면 좋겠다는 생각이지요.

공(功)은 직원에게 돌리고 책임은 자신이 지는 게 지도자의 덕목입니다. 단체장이 이런 모습을 보일 때, 직원들이 믿고 열심히 일하기 마련이지요. 남을 부각하는 게 자신을 더 부각시키는 거라는 걸 알았으면 좋겠습니다.

'왕 실장'이라는 별칭

용인시 부시장을 끝으로 명퇴 후 쉬고 있다가 경기도 비서실장으로 공직에 복귀했습니다. 비서실장으로 일해 달라는 요청을 받고 당황했지요. 1급 관리관으로 명예 퇴직했는데 4급 비서실장은 격에 맞지 않았기 때문입니다. 그뿐 아니라 연금전액이 중지되고 명예퇴직 수당마저 반납해야 돼 받아들이기가 쉽지 않았지요. 그런데 많은 후배들이 '도청을 잘 아는 분이니 비서실장으로 일해 달라'고 요청했습니다. 고민 끝에 비서실장으로 일하겠다고 했지요. '지사가 도정을 펼치는 데 도움이 되고, 후배들에게도 의지할 사람이 될 수 있겠다.'는 생각 때문이었습니다.

하지만 제가 비서실장이 되자 공무원들 사이에 갑론을박이 벌어졌지요. 1급으로 명퇴한 지 6개월 만에 4급 도지사 비서실장으로 일하게 되자, 비서실 권력의 비대화를 우려하는 이도 있었고, 인사 · 조직 · 홍보 전문가이니 도움이 될 거라는 이도 있었습니다. 이 같은 갑론을박에 대해 도청을 출입하는 중부일보 김만구 기자가 이런 칼럼을 올렸지요.

〈세간은 두 실장을 일컬어 '왕(王)실장'이라고 한다. 김기춘 대통령 비서실장과 홍승표 남경필 경기도지사 당선인 비서실장이다. 비교 대상이 될 수 없는 두 실장에게는 두 가지 공통점이 있다. 격은 다르지만, 비서실장이란 공식 직함이 하나요, 왕실장이란 달갑지 않은 비공식 직함이 둘이다. 비슷해 보인다고 '초록은 동색'이라고 우기는 것은 네거티브다.

그는 9급 면서기에서 2급 이사관에 오른 경험 많은 퇴직공무원이다. 남

지사는 5선 국회의원출신이지만 복잡한 도정에 대한 이해도는 부족하다. 홍 실장의 40년 행정경험이 필요했을 게다. 비서실장이 문고리권력이 될 수도 있지만 경기도 공무원들이 전직공무원 한명에게 휘둘릴 정도로 허약하지 않다. 그에게 '왕 실장'이란 꼬리표를 붙이는 저의가 궁금하다.'〉

비록 6개월의 짧은 기간이었지만 많은 우여곡절을 겪었습니다. 관선시절 다섯 분의 지사를 모셨지만, 민선지사의 영역은 관선지사와는 차원이 달랐지요. 평생 들은 것보다 더 많은 욕을 먹었습니다. 특히, 선거를 도운 이른바 측근들의 자리요구는 상상을 초월했지요. 단호하게 거절했습니다. 비서실장은 도지사와 도정을 보좌하는 자리이지 취업을 알선하는 보직이 아니라고 선을 그었습니다. 그러자 그들이 온갖 험담을 하며 저를 욕한다는 소문이 날아들었지요. 그래도 묵묵히 지사를 보좌하고 도정이 잘 돌아갈 수 있도록 공들여 정성을 다해 일했습니다.

각종자료는 물론 여론동향을 가감 없이 보고하면서 필요한 경우 조언을 해드렸지요. '안 되는 건, 안 된다.'고 단호하게 말씀드렸습니다. 관선시절, 비서실에서 다섯 분의 도지사를 보좌할 때도 바른 소릴 많이 했는데 그게 오히려 신임을 받는 디딤돌이 되었지요. 이런 경험을 바탕으로 남 지사 비서실장 땐 큰 부담 없이 직언을 할 수 있었습니다. 다행히 남 지사는 발 빠른 판단력과 순발력으로 문제들을 직시하고 해결했지요. 40년 동안 배우지 못한 것을 많이 배울 수 있었습니다. 그것이 훗날 경기관광공사 대표사원으로 일할 때, 좋은 보약이 되었지요.

잃은 것도 있습니다. '1급으로 명퇴한 사람이 4급으로 오면 후배들은 뭐가 되느냐?' '연금 받으면서 편히 살지 무슨 짓이냐'는 비난이 그것이지요. 퇴직을 할 무렵, 연금전액을 못 받고 명퇴수당도 반납하는 등 매월 수백만 원 손해를 감수한 게 알려졌습니다. 오해는 면할 수 있었지만, 경기도정을 위해 선택한 순수한 마음이 먹칠당하니 환멸감이 들었지요. 한동안 마음이 편치 않았지만 '도정의 흐름에 도움이 됐으면 그걸로 됐다.'고 스스로를 위로하며 저 자신을 다독였습니다. 지금은 마음의 상처가 아물었지요. 이젠 왕 실장 꼬리표도 추억의 한 컷일 뿐입니다.

지족불욕 지지불태 (知足不辱, 知止不殆)

짙은 코발트 빛 하늘이 눈 시리게 푸르른 날, 고양시 이춘표 제2부시장
으로부터 문자가 날아들었습니다. 아직 임기가 1년 6개월 이상 남아 있지
만 '새 술은 새 부대에 담아야 한다.'며 시장께 사의를 표명했다는 메시지
였지요. 이동환 고양시장은 이 부시장이 경기도 도시주택실장으로 일할
때, 도시계획위원으로 함께 한 인연이 있습니다. 그의 선택은 의외였고
무슨 일이 생겼나 궁금했지요.

'욕심을 내려놓으면 모든 게 평안하고 고요합니다. 마음이 가볍고 넉
넉하지요. 그동안 수고 많으셨습니다. 마음 편히 지내시기를 바랍니다.'

메시지를 날리고 나서 한동안 멍 때리고 있는데, 그가 전화를 걸어와
밝은 목소리로 "그동안 여러 가지 현안과 인수위 활동 결과 등에 대한 일
들을 마무리했으니 물러나도 좋겠다."는 생각을 했다고 말했습니다.

말은 그리 했지만 결코 쉬운 결정은 아니었을 테지요. 고등학교 졸업
전부터 공직에 몸담은 그는 고양시 제1부시장으로 일하다 명예퇴임 후,
다시 고양시 제2부시장으로 임명을 받았습니다. 전임 시장이 일 잘하는
그를 공석이던 제2부시장으로 임명한 것이지요. 그리고 2년 임기가 지나
자 다시 임기를 연장 시켰습니다. 능력 있고 정성을 다해 일하는 걸 인정
받은 것이지요.

자치단체장이 바뀌면 특별한 경우를 제외하곤 부단체장을 바꾸는 게

관례입니다. 특히 정당이 다른 경우는 거의 100% 교체를 원하지요. 부단체장 입장에서도 직업공무원이긴 하지만, 서로 다른 단체장과 일하는 건 떨떠름한 일입니다. 일반직 직업공무원이 아닌 인구 100만이 넘는 특례시의 임기제 계약직 공무원인 제2부시장은 더더욱 그러하지요.

소속 정당이 다른 시장이 취임하자 임기가 남았지만 용인시 정규수 제2부시장이 용퇴한 이유일 겁니다. 임기가 많이 남았지만 이춘표 제2부시장도 같은 생각을 했을 것입니다. 그 정도 근량은 되어야지요.

새로 출범한 이천시의회는 '공공기관장의 임기를 2년으로 하되, 재임 중, 시장의 임기가 만료되면 기관장의 임기도 자동으로 종료된다.'는 개정조례안을 의결했습니다. 시장과 공공기관장의 임기를 일치시켜 공공기관장의 거취 문제와 관련해 발생하는 소모적인 인사 갈등을 제도적으로 해소하려는 것이지요. 전국의 지방자치단체 중, 첫 사례입니다.

정부가 2012년부터 공무원직종개편관련법을 개정할 때, 저는 지방공무원을 대표해 2년 6개월 동안 6인소위원회 위원으로 활동했지요. 그 때, 단세장을 보좌하는 별정직 어공들을 단체장 퇴임 시, 동반 퇴직하도록 했습니다. 단체장과 연결된 인연으로 특별 채용된 '어공'이 그만두지 않아 생기는 갈등요소를 원천봉쇄하기 위한 사전적 조치였지요.

어느 정부에서나 공공기관이 정부의 정책과 철학을 실현할 주요 창구 역할을 합니다. '정부와 기관장 미스매치'일 경우, 정책 혼선과 갈등 우려가 생겨나는 게 당연하지요. 기관장과 임기를 함께 하는 이천시의 조례가 명분 있고 설득력을 얻는 이유입니다. '만족할 줄 알면 치욕을 당하지 않고 멈출 줄 알면 위험한 일을 당하지 않는다.(知足不辱 知止不殆))'는 가르침이 있지요.

한국토지주택공사사장과 도로공사 사장이 용퇴했습니다. 임기는 남았지만 '새 정부와 코드가 맞는 사람과 일하는 게 맞다'는 이유지요. 정권교체 6개월이 지났는데도 물러나지 않는 지난 정부 공기관장들의 처신은 특례시의 부시장보다 못하고 어떤 이유든 좋게 보이지 않습니다. 도와 시, 군 공공기관장들도 다를 게 없지요. 물러날 때를 아는 공직자가 참 공직자입니다.

자식은 부모 소유물이 아닙니다.

"저 부모는 지옥으로 떨어지고... 아이는 좋은 부모 만나 다시 태어나 길..."

"빚 못 갚는다고 누가 죽이냐? 약해 빠져서 열심히 일 하면 좀 못 먹고 못 입어도 세 식구 굶어 죽나, 무슨 자격으로 애까지 데려 가냐? 나쁜 사람들아. 가서도 벌 받을 거다."

"애 낳을 용기는 있으면서 애 키울 용기는 없었나? 아이만 불쌍하다."

"이런 거 보면 애들만 불쌍하지, 부모 없는 세상에 사는 것도 물론 힘들 겠지만 살아갈 기회자체를 부모가 뭔데 가져가나"

온 국민의 관심과 걱정을 모았던 일가족 실종 사건이 끝내 주검으로 끝이 났습니다. 한 달 살기 체험학습을 떠난 줄 알았던 아이가 부모와 함께 주검으로 발견된 것이지요. 집 우편함엔 카드 대금 독촉장이 수북이 쌓여 있었고, 아이의 부모는 자영업을 하다 폐업한 뒤 빚을 갚지 못했다고 합니다. 안타깝게도 열 살 아이는 부모의 손에 이끌려 생을 마감했지요. 가상화폐 투자로 돈 잃고 사업은 실패하고 빚 독촉에 생활고로 부모는 극단적 선택을 했다지만 아이는 아무 죄 없이 부모 잘못만나 짧은 생을 마감했으니 비통한 일입니다.

사람들은 이 사건을 두고 '생활고 동반자살'이라는 프레임에 가려진 '

아이의 주검'을 가슴 아프고 안타깝게 생각하고 있지요. 그동안 생활고를 비관한 가족의 동반 자살사건이 한두 번 일어난 게 아닙니다. 더구나 이런 참혹한 비극이 다시 일어나지 않는다고 그 누구도 담보할 수 없는 일이지요. 기막힌 일이 아닐 수 없습니다. 어쩌면 돈만을 최고의 가치로 치부하는 사람이 많아진 세태가 가져다준 산물일 수도 있겠다는 생각이 듭니다. 세상이 내 맘대로 살아지는 게 아니지요. 힘들지만 더 나은 내일을 위해 참고 살아가는 게 인생입니다.

지난 10년간 최고의 사진 중, 하나로 평가된다는 사진이 떠올랐습니다. 〈치타가 어린 새끼들과 놀고 있는 사슴을 공격했다. 어미사슴은 탈출할 기회가 있었지만 도망가지 않았다. 어린 새끼들에게 도망갈 기회를 주려고 그런 것이다. 자신이 먼저 도망가면 어린 새끼들이 쉽게 잡혀 먹힐거라는 생각을 했기 때문이다. 결국 어미 사슴은 두 마리의 치타에게 목덜미를 물어 뜯기게 됐지만 어미사슴은 어린 새끼들이 무사히 도망가는지 끝까지 바라보고 있었다.〉 죽는 순간이지만 어미사슴의 눈망울은 평온해보였습니다.

누구나 한 번쯤 죽고 싶다는 생각을 해보았을 겁니다. 저 역시 어려운 일도, 죽고 싶은 순간도 있었지요. 그 게 인생이라는 생각입니다. 힘든 고비를 넘어설 때마다 대나무가 높이 자랄 수 있도록 지탱해주는 매듭처럼 새로운 매듭이 생겨났고 삶을 단단히 해주는 변곡점이 되었지요. 부모는 자식을 위해 아낌없이 목숨을 바칠 수 있는 사람입니다. 그래서 부모자식이 지켜야할 도리를 천륜(天倫)이라고 하는 것이지요. 죽을 결심을 살아야겠다는 마음으로 돌리고 죽을힘을 다했어도 이런 비극이 생겼을까? 가슴 아프고 안타까운 일입니다.

사람의 주검 앞에서 비난을 하는 것은 온당치 않은 일이지요. 그러나

본인들의 잘못은 온전히 자신들이 지는 게 마땅하다는 생각입니다. 열 살 밖에 안된 철모르는 자식이 무슨 죄가 있다고... 자식은 결코 부모의 소유물이 아닙니다. 신성하게 태어난 소중한 생명체이고 세상 무엇과도 바꿀 수 없는 가치를 지닌 인격체인 것이지요. 열 살 나이에 부모 없이 사는 게 힘들겠지만 나름의 꿈과 희망의 나래를 펼치며 살 수 있었을 텐데 하는 아쉬운 마음을 감출길이 없습니다. 이유 불문, 고인들의 명복을 빌며 다시는 이런 비극이 없기를 소망합니다.

우리 치킨이 세계적인 브랜드가 되길...

　고향의 면사무소에서 면서기로 회계와 새마을 업무 담당으로 일할 때, 토요일은 오전 근무였습니다. 어느 토요일 오후, 계장이 서울에 가자고 해 따라나섰지요. 서울의 마장동 시외버스 터미널에 계장친구 한분이 기다리고 있었습니다. 그의 자가용에 타고 종로로 향하던 중 계장이 뭘 먹고 싶으냐고 묻더군요. 주저 없이 통닭이라고 답하니 좋은 게 많은데 왜 하필 통닭이냐고 반문했습니다. 여름방학 때, 우리 집에 놀러 온 이종사촌 형이 왜 이곳엔 통닭집이 없느냐고 물은 적이 있는데, 그때는 본 적이 없으니 통닭이 뭔지도 몰랐지요. 아무튼 제 의견대로 통닭집으로 갔습니다.

　닭을 통째로 기름에 튀긴 통닭은 정말 꿀맛이었지요. 시원한 '소맥' 한 잔을 곁들여 먹으니 환상적이었습니다. 저녁을 먹어야 하니 그만 먹자 했지만, 저는 저녁을 안 먹을 테니 한 마리 더 시켜달라고 졸랐지요. 추가로 시킨 통닭을 거의 혼자 다 먹어 치웠습니다. 잘 먹는 게 좋아 보였는지 계장 친구는 통닭 정도는 얼마든지 사줄 수 있다고 하더군요. 청계천 상가에서 공구 가게를 해 돈을 벌었다고 했습니다. 통닭 맛을 잊을 수 없던 저는 이후 두어 달에 한 번씩 서울에 가곤 했지요. 계장친구 분을 만나면 굳이 누가 말하지 않아도 언제나 발걸음은 통닭집을 향하곤 했습니다.

　군 생활 때, 아버지가 혼자 첫 면회를 오셨지요. 외출 허락을 받아 나갔는데 뭘 먹고 싶으냐고 해 망설임 없이 통닭을 사달라고 했습니다. 한 마리를 거의 혼자 먹어 치우고, 다른 식당으로 자리를 옮겨 고기를 굽고 김치찌개까지 먹었지요. 아버지 지갑이 헐렁해졌을 겁니다. 그래서는 아니었겠지만, 그 후 아버지 면회는 없었지요. 농사가 바빠 못 오셨을 겁니다. 가끔 외출했던 선후배가 통닭을 사 들고 왔지만, 계장 친구나 아버지가 사 주었던 맛이 아니었지요. 통닭은 튀기자마자 그 자리에서 바로 먹어야 제 맛입니다. 군 제대 후에야 동네에도 통닭집이 생겼는데, 얼마나 기뻤는지….

아들도 통닭을 좋아했습니다. 다만, 명칭이 좀 달라졌지요. 1980년대 초 수원으로 이사했을 때만 해도 튀긴 닭은 통칭 '통닭'이라 했는데, 1990년대 들어 '치킨'이란 명칭이 대세였습니다. 통닭의 본래 뜻은 '자르지 않은 통째로 튀긴 닭'이지요. 치킨도 본래 해석이라면 그냥 닭이지만 통닭과 다른 건 닭을 조각 내 튀긴 것입니다. 요즘에는 통닭이든 치킨이든 다 치킨으로 통하지요. 아들 덕에 저도 통닭에서 치킨으로 입맛이 길들었고 맥주까지 곁들이면 풍미가 더했습니다. 아들입대 후, '치 맥'(치킨+맥주) 얘기를 꺼냈다가 "아들은 군(軍)에서 고생하는데 그게 먹고 싶으냐?" 핀잔을 듣기도 했지요.

TV드라마《별에서 온 그대》로 중국과 동남아에 '치 맥' 열풍이 일었고 '치 맥 세험'이 인기관광 상품이 됐습니다. 경기관광공사 사장시절, 중국 시안(西安)에 갔을 때, 현지인들이 '치 맥'을 먹자고 해 놀랐지요. 수원의 통닭 거리는 관광명소가 되었고, 매년 열리는 대구 '치 맥' 페스티벌엔 100만의 관광객이 찾아듭니다. 대구는 치킨의 성지(聖地)가 됐지요. 세계최초로 양념치킨을 개발한 주인공도 윤종계라는 대구사람입니다. 코로나 종식이후, 닷새간, 대구 두류공원 일원에서 열린 '치 맥' 페스티벌엔 120만이 넘는 내, 외국인이 찾아드는 대성황을 이루었지요. 우리나라 치킨브랜드가 세계적인 브랜드로 자리매김하는 날이 오기를 기대해봅니다.

바다 화장실을 아시나요?

살다 보면 예상치 못한 일을 겪을 때가 있습니다. 해결할 수단이 있으면 좋을 텐데….

물고기나 전복을 키우는 양식장에서 일할 때가 그렇습니다. 화장실이 없으면 난감하지요. 더러 그냥 방뇨해도 바닷물이 정화해주지 않을까 생각하는 이도 있겠지만, 바다 환경보호 차원에서는 안 될 일입니다. 바다가 오염되면 그 피해가 고스란히 어민에게 돌아오니까요.

십 수 년 전, 남해안 양식 굴에서 식중독을 일으키는 '노로 바이러스'가 검출돼 파장이 컸습니다. 대미(對美) 수출이 전면 금지되고, 어민은 판로가 막혀 큰 손해를 입었지요. 조사 결과, 주원인이 바다오염이었습니다. 해양환경에 관한 관심과 지원 부족이 가장 큰 해양 오염 이유였는데, 무단방뇨도 포함됐지요.

이 사태 후, 경남도청은 바다 한가운데에 공중화장실을 만들었습니다. 육지에서 사용하는 것과 같은 화장실을 뗏목 위에 초소처럼 설치하고, 배에서 사용한 이동식 화장실은 처리장을 갖춰 세척할 수 있게 했지요.

이 공중화장실은 바다라는 특수한 곳에 세우는 것이니 만큼 큰 비용이 들었습니다. 시설 설치 작업 자체는 간단하지만, 부서지거나 침몰하지 않도록 튼튼한 뗏목을 준비하는 일이 쉽지 않았다지요. 뗏목 비용 5천만 원을 포함해 많은 예산이 들어가는 일입니다. 이렇게 적지 않은 비용이 들지만, 경남도청은 해양오염관리와 시민의식함양 차원에서 '바다 화장실' 설치했지요.

2012년 처음 설치를 시작한 이 공중화장실은, 지금은 남해군에서 거제시까지의 일대 17곳에 이릅니다. 이용객이 급증하고 있는데 실제로 하루에 보통 수십 명, 많게는 100여 명이 출입합니다. 바다공중화장실의 쾌적한 상태를 유지하기 위해 해양오염 감시 인력이 일주일에 3번 화장실을 찾아 청소·정리하고 있지요. 태풍 등으로 해상이 좋지 않을 때는 이 인력이 모든 화장실을 육상으로 끌어와 대피시킵니다. 자체 정화시스템을 갖춰 운영비 부담도 크지 않은데 운영만 잘하면 10년은 거뜬히 사용할 수 있지요. 무조건 바다에 배설물을 버리지 말라는 건 한계가 있습니다.

　　경남도청 사례에서 보듯 대안을 마련하는 게 행정 차원에서 할 일이지요. 경상남도는 바다 공중화장실을 통한 해상 오염원 방지 외에 공공하수처리시설 설치·확충을 통한 육상 오염원의 해양유입 방지에도 중점을 두고 있습니다. 전문가들은 '처리되지 않는 배설물이 바다로 유입돼 해산물이 노로 바이러스에 오염되는 상황을 예방하기 위해서는 육상·해상에서 발생하는 오염원을 적극적으로 관리해야 한다.'고 강조하지만, 너무 당연한 말인지라 수없이 듣고도 그냥 지나치기 쉬운 게 사실이지요. 이런 의미에서 경남도청의 바다 공중화장실 설치는 참 잘한 일이고, 그 노력이 바다 오염축소와 어민 소득 증대에 한몫했다고 봅니다.

　　유럽 여행 경험이 있다면 공감하겠지만, 공중화장실 부족으로 난감할 때가 많지요. 그조차 돈을 내야 볼일(?) 볼 수 있는 곳이 대부분입니다. 이에 익숙하지 않은 우리 한국인으로서는 황당하고 씁쓸하지요.
　　우리나라의 화장실 문화는 세계 최고수준으로 평가받고 있습니다. 어느 곳에서나 청결한 화장실을 자유롭게 이용할 수 있으니 칭찬받을 만하지요. 여기에 바다 화장실까지 마련돼 있으니 '엄지 척' 아니겠습니까.
　　국민 삶 하나하나에 관심을 두고 어려움을 해결해주는 일, 그게 행정의 본분이지요. 그것이 바다 화장실을 만들게 된 것이고 이러한 노력으로 나라의 품격도 높아지는 법입니다.

김밥 한 줄, 컵 라면 하나

"야! 너는 매일 점심시간에 어디로 사라졌다가 오는 거냐? 뭐 다른 짓하는 건 아니지?"

"무슨... 우리 집이 바로 옆이니 집에 가서 점심 먹고 오는 거지."

"그래? 내일은 나하고 학교에서 같이 먹자."

너른 고을(廣州)에서 고등학교를 졸업할 때까지 저는 한 번도 도시락을 싸간 날이 없었습니다. 쪽문으로 담장을 지나면 바로 중, 고등학교였으니 점심을 집에서 해결했지요. 6남매나 되는 자식들 도시락을 싸는 건 불가능한 일이었고 그럴만한 여력도 없었기 때문이었습니다. 집으로 들어가서 있는 것 대충 꺼내먹고 먹을 게 마땅치 않으면 잠시 쉬다가 학교로 돌아오곤 했지요. 가끔 친구들이 함께 먹자고 하면 못이기는 척 나눠먹었는데 다양한 반찬을 먹을 수 있어서 행복했습니다. 결혼 후, 아들의 학생시절, 도시락은 아내가 가장 힘들어하는 것 중의 하나였지요. 매일 반찬을 바꿔야하는 게 힘들었을 것입니다.

IMF 당시, 경기도청 구내식당 가격이 1,500원으로 저렴했지요. 삶이 어렵고 힘드니 도청 구내식당을 찾아와 점심을 해결하는 인근 시민들이 많았습니다. 나이 지긋한 어르신들이 많았지만 젊은 사람들이 모자를 눌러쓰고 허겁지겁 밥을 먹고 나가는 모습도 흔히 볼 수 있었지요. 그 후에도 도청 구내식당은 제법 많은 어르신들이 도청주변 수원화성을 산책하고 애용하는 점심장소로 사랑받았습니다. 그런데 도청에서 직영하던 구내식당을 외부전문 업체에서 위탁받아 운영하면서 외부인 이용이 어려워졌지요. 그나마 이제는 경기도청이 광교청사로 이전 후, 출입이 자유롭지 않아 전혀 불가능해지고 말았습니다.

역대 최악의 고물가 · 고금리 · 고환율의 3고(高)현상으로 실물경제가 어렵고 힘들어지면서 직장인들의 점심문화도 크게 바뀌고 있지요. 점심한 끼를 해결하는데 최소 만원 넘게 들어가는 게 큰 부담이 되고 있기 때문입니다. 분식집에서 '라면에 김밥'으로 간단하게 해결하는 것도 최소 7,000원 이상 들어갈 정도로 외식물가가 천정부지로 치솟았지요. 이렇다보니 편의점에서 꼬마김밥이나 컵라면으로 끼니를 때우는 사람들이 즐비합니다. '그렇게 먹고 힘내서 일할 수 있을까? 건강을 해치는 건 아닐까?' 걱정이 들지요. 단순한 문제가 아니라는 생각이 듭니다. 그들의 건강과 열정이 우리의 미래이기 때문이지요.

엊그제 함께 일했던 공직 후배들과 점심을 먹었는데 오랜만에 외식을 해본다며 좋아했습니다. 가격이 3,500원인 구내식당에서 밖에서 한 끼 먹는 비용으로 세끼를 해결하기 때문이라는 것이지요. 과거 하루 500명 미만이던 이용자가 1,000명을 넘어선지 오래돼 구내식당을 이용하는 게 전쟁(?)인데 그조차도 행복하다는 것입니다. 아들도 점심도시락을 싸들고 다니기 시작했지요. 옹기종기 모여 도시락을 나눠먹는 재미가 쏠쏠하다고도 했습니다. 다시 등장한 도시락이 그리 달갑지만 않은 건 무슨 까닭일까요? 이러다 삼삼오오 어울려 점심을 먹는 정겨운 모습들이 아련한 옛 추억으로 사라질지도 모를 일이지요.

도시락은 학부모들의 영원한 숙제였습니다. 그런데 이른바 무상급식이 전격 시행되면서 도시락 고민은 일거에 해결됐지요. 무상급식은 국민들이 보편적 복지에 대한 이해가 깊어지고 넓어지는 계기가 되었습니다. 가끔 컵라면이나 김밥이 생각날 때, 찾아먹는 일은 행복한 일이지요. 하지만 주머니 사정이 넉넉지 않아 김밥 한 줄이나 컵라면으로 끼니를 때우는 건, 눈물 나는 일입니다. 그런데 우리 현실은 암울하고 세상 돌아가는 게 어둡기만 하지요. 밥 한 끼 마음 놓고 사먹지 못하는 세상살이는 참 가슴 아픈 일입니다. 지체 높은 분들은 김밥 한 줄, 컵라면으로 끼니를 때우는 사람이 많다는 걸 아는지 모르는지...

수원의 명물, 화성어차(華城御車)

"과장님! 수원화성을 돌아보는 열차를 만들려고 합니다. 도와주십시오."

2001년, 경기도청에서 문화정책과장으로 일할 때, 수원시청의 김충영 과장이 찾아왔습니다. 2002년 한일월드컵에 맞춰 국내외 방문객이 열차를 타고 수원화성을 돌아볼 수 있게 하자는 것이었지요. 그의 말에 따르면, "관광과에 갔더니 수원화성은 문화유산이니 문화정책과 소관이라고 발뺌하더라!"는 것이었습니다.

"열차 2대를 만들고 노선을 정비하는데 15억 원 정도가 소요됩니다. 절반만 도와주시면 감사하겠습니다."

저는 "수원에는 수원화성과 행궁 외엔 특별한 관광 콘텐츠가 없으니 화성열차를 통해 관광 수요를 창출해야 한다."는 그의 말에 공감, 의기투합했지요. 그를 만난 지 사흘 후, 두 명의 직원과 여수엘 갔습니다. 오동도를 운행하는 '동백열차'를 타보고 전반적인 운영 실태를 알아보았지요.

"이 계장! 어떻게 생각해?"

돌아오는 길에 의견을 정리하려고 한마디 던졌습니다.

"좋은 명물이 될 것 같습니다. 그런데 이건 관광과 소관 같은데요?"

"그건 걱정하지 마! 부담 안 줄 테니"

여수에서 돌아온 후, 임창열 지사께 화성열차 필요성을 보고했더니, 임 지사도 좋은 생각이라고 했지요. 다만, "화성일대를 돌아보는 열차를 만드는 일을 왜 도에서 추진하려는 것이냐?"며 반문했습니다. 그래서 "당연히 수원시가 추진하지만 수원시 내년 예산으론 시기가 촉박하므로 경기도가 특별예산으로 지원하는 방식이 좋겠다."고 말씀드렸지요.

"얼마를 주면 되나요?" "7억 원만 주십시오."
지사는 두말없이 결재했습니다.
김충영 과장에게 지원결정 사실을 전화했더니 몇 차례나 고맙다는 말을 반복했지요. 그를 만난 지 일주일 만에 성사된 일이었습니다.

수원시는 곧바로 차량 제작과 화성열차의 노선설계용역에 착수했는데, 열차의 머리는 임금을 상징하는 용머리로 형상화했지요. 객차는 정조대왕의 어가(御駕, 임금이 타는 가마)를 상징하는 모습이었습니다. 화성열차를 타는 손님을 임금님 모시듯 대접하겠다는 뜻이었지요. 이런 과정을 거쳐 화성열차는 2002년 월드컵개막과 함께 달리기 시작했습니다. 첫 반응은 그다지 좋지 않았지요. 황금빛 용머리와 빨간색 객차를 두고 중국 냄새가 풍긴다는 이유였습니다. 하지만 우리 축구선수들의 선전으로 수많은 국민들이 '붉은 악마'가 되어 응원하자 빨간색 거부감도 사라졌지요.

2016년, 수원시는 수원화성축성 220주년을 맞아 '수원화성방문의 해'로 선포하고 다양한 관광콘텐츠를 마련했습니다. '화성열차'를 '화성어차'로 이름을 바꾸고 새로운 모습으로 재탄생 시켰지요 특히, 앞부분에 큰 변화를 주었습니다. 조선의 마지막 임금인 순종의 전용차량 앞모습을 재현시켰지요. 3.2km의 노선을 5.8km로 늘리고, 운행방식도 순환 형으로 바꿨습니다. 화성어차를 타고 세계문화유산인 수원화성과 대표적 먹거리인 수원왕갈비, 지동순대시장, 통닭거리를 돌아볼 수 있게 된 것이지요.

화성열차는 수원시의 한 공직자의 소신으로 탄생한 결과물입니다. 기꺼이 사업을 지원한 지사의 결단도 한 몫을 했지요. 공직자가 새로운 일을 벌이지 않는 건 이유가 있습니다. 의회와 시민단체의 벽을 넘기 어렵고 감사를 의식할 수밖에 없기 때문이지요. 다행히 화성열차는 경기도의 시책추진비와 공모사업 선정에 따른 정부지원으로 행정감사나 시민저항을 피할 수 있었습니다. 한 공직자의 아이디어가 블루오션이 될 수 있다는 걸 보여준 대표적인 사례, 그게 수원의 관광명물이 된 화성어차입니다.

보훈은 국격(國格)의 바로미터

"정 병장! 이 친구 누구야?" "이번에 새로 전입 왔는데 홍 병장님이 현역일 때, 후임병사들을 한 번도 안 때리고 제대한 선임이 있다는 말을 듣고는 꼭 뵙고 싶다고 해서 함께 나왔습니다."

전역 후, 직속 후임병사 면회를 간 날, 처음 보는 병사가 나왔습니다. 구타전성시대(?)에 후임병사를 한 번도 안 때렸다는 저를 보고 싶다고 해 함께 나왔다는 것이었지요. 실제로 저는 34개월 넘는 군 생활동안 한 번도 손찌검을 안 했습니다. "부대원들은 생사(生死)를 함께하는 형제들이니 존중해주고 절대 때리지 마라!"는 아버지 말씀이 가슴 속 깊이 새겨졌기 때문이지요. 세 곳의 부시장으로 일하며 보훈수당을 조금이라도 더 올려보려고 애쓴 것도 아버지생각 때문입니다. 하지만 재정여건상 보훈수당을 넉넉하게 편성할 수 없었던 것은 아쉬운 일이었지요. 그마저도 지자체마다 차이가 많이 납니다.

1930년생인 제 아버지는 6·25 참전용사지요. 황해도 구월산 전투를 치루며 전우들이 죽어가는 절체절명 속에서도 국군의 승리를 위해 목숨을 내걸고 싸웠습니다. 우리 4형제는 아버지에게서 6,25 전쟁을 치루며 죽을 고비를 넘나들던 무용담을 수없이 들었지요. 제가 열 서너 살 무렵, 아버지가 저의 손을 잡고 간 가설극장에서 영화 〈피어린 구월산〉을 보며 어깨를 들먹이며 우시는 바람에 덩달아 저도 울었던 기억이 납니다. 아버지가 우는 이유를 어렴풋이 알 수 있었으니 창피한 일은 아니었지요. 아버지는 참전용사수당을 한 번도 받아보지 못하고 예순 둘 아까운 나이에 하늘나라로 떠났습니다.

여의도는 날씨와 상관없이 늘 진흙탕 다툼이 벌어지는 시끄러운 곳이지요. 그런데 국가보훈처를 '부'로 승격시키는 정부조직법 개정안은 반대하는 의원이 전혀 없었습니다. '군사 원'으로 출발해 원호처를 거쳐 국가보훈처가 된 후, 차관급 처장이 장관급으로 격상되었으나 국무위원은 아니었지요. 오랜 세월 '부'승격문제가 수차례 제기되었지만 실현되지 못했습니다. 여야 합의로 만장일치로 통과시킨 건 참 잘한 일이지요. 군인이나 경찰, 소방공무원 희생 없으면 국가와 국민의 생명과 안전을 담보할 수 없습니다. 국민의 생명과 재산을 지키다 순직했거나 부상을 입은 사람들을 존중해야하는 이유이지요.

우리나라는 지정학적으로 중국과 러시아, 일본에 둘러싸여 수많은 외침을 받아왔고 근세에도 청일전쟁과 러일전쟁이 우리 땅에서 벌어졌습니다. 일본의 침략과 일제강점기동안 얼마나 많은 독립투사들과 무고한 사람들이 희생되었는지 헤아릴 수 없을 지경이지요. 또한 6.25 한국전쟁 때는 한 핏줄을 이어온 형제들이 총부리를 겨누고 죽이고 죽는 역사상 최악의 비극을 겪었습니다. 수많은 장병들과 학도의용군, 민간인이 고귀한 생명을 잃었지요. 그런데 국가와 민족을 위해 고귀한 목숨을 던진 선열들과 보훈가족에 대한 예우는 그리 만족스럽지 않지요. '국가보훈 부' 승격이 박수 받은 이유입니다.

6 · 25 희생자 외에도 전사한 장병이 많지요. 2002년 월드컵 때 발발한 연평해전, 북한의 천안 함 피격이나 연평도 포격 등으로 많은 장병이 순직했거나 다쳤습니다. 목숨을 걸고 나라를 지킨 이분들의 숭고한 희생을 잊어서는 안 되지요. 이른바 민주화유공자에 비해 보훈대상자들에 대한 예우는 초라한 수준입니다. 국가보훈 부 출범과 함께 보훈대상자들의 희

생에 걸 맞는 후속조치가 뒤따라야하고 그게 '국가가 책임져야할 보훈'이고 국가보훈부가 승격출범한 대의명분이지요. 보훈은 '책임과 존중, 기억이라는 소중한 가치이자 국격(國格)의 수준을 저울질하는 바로미터'라는 걸 결코 잊어서는 안 됩니다.

세상엔 고수가 많습니다.

"홍 부시장님! 저하고 일본에 함께 다녀오시지요."

과천에서 일할 때, 최종수 문화원장이 제안을 했습니다. 3천점이 넘는 추사 관련 자료를 과천시에 기증한 후지츠카 아키나오(藤塚明直) 선생의 기일에 가자는 것이었지요. 당시 과천시는 추사 선생이 말년을 보낸 '과지초당(瓜地草堂)'을 복원하고 '추사박물관' 건립을 준비했는데, 그 중심에 최 원장이 있었습니다. 치열한 삶으로 대업을 이룬 추사, 그를 기리는 최 원장의 열정과 가치 있는 삶을 존경해온 터라 쾌히 응했지요. 당일치기로 일본으로 날아가 묘역을 찾아 꽃과 술 한 잔 곁들여 절을 올리고 돌아왔습니다. 추사 선생은 말년 4년 동안 과천에 머물면서 달관한 인생을 보내다가 세상을 떠났지요.

추사가 귀양지인 제주도로 건너가기 전, 오랜 벗 초의선사를 만나기 위해 해남 대흥사에 들렀습니다. 그런데 함께 경내를 돌아보다 대웅전 현판을 본 추사가 갑자기 버럭 화를 냈지요.

"이보게 초의, 조선의 글씨를 다 망친 게 이광사라는 걸 알만 한 사람은 다 아는데, 어찌 저런 현판을 내걸 수 있나? 당장 태워버리게. 차라리 내가 하나 써줌세."

현판은 '동국진체(東國眞體)'를 정립한 원교 이광사의 글씨였습니다. 느닷없는 추사의 말을 듣고 초의선사는 말없이 웃었지요. 초의선사가 이 현판을 뒤뜰 창고에 넣어두고 대신 추사가 쓴 '무량수각(无量壽閣)' 현판을 건 배경입니다.

"초의, 내가 버리라던 이광사 글씨 어떻게 했는가?"
"없애기는 아까워 창고에 넣어두었네."
"그래? 잘했네! 내가 쓴 현판은 태워버리고 이광사 글씨를 다시 걸게!"

오랜 유배생활을 마친 추사가 다시 초의선사를 찾아 말하곤 다음 날 홀연히 떠나버렸습니다. 초의는 대웅전 현판을 다시 이광사 글씨로 바꿔 달았고 왼편 백설당(白雪堂)에 추사가 쓴 '무량수각(無量壽閣)' 현판을 걸었지요. 원교나 추사의 글씨 모두 일가(一家)를 이룬 경지라는 걸 잘 알고 있었기 때문입니다.

추사는 유배 생활 동안 수많은 책을 읽고 글을 쓰면서 삶을 다시 성찰

하는 시간을 가졌지요. 일찍이 서체확립과 학문적 성과가 세상최고라고 칭송받았으나 세월이 지날수록 자신의 역량이 많이 부족했다는 걸 절감하며 정진했습니다. 유배가 끝난 후, 초의선사를 만나 현판 교체를 요구한 것도 이런 깨달음의 결과물이지요. 지난날 철없이 기고만장했던 게 후회스러웠던 겁니다.

추사에겐 초의선사만큼 좋은 벗이 또 있었지요. 유배 중인 사람을 돕다가는 불똥이 어떻게 튈지 모를 판에 구하기 어려운 귀한 책을 120권이나 보내준 역관 이상적이었습니다. 한 권이 집 한 채 가격인 것도 있었으니 대단한 일이었지요. 그 정성에 보답할 길이 없던 추사가 그림을 그려주었는데, 그것이 바로 '세한도(歲寒圖)'이지요. 청나라 학자들의 극찬을 받았고, 오늘날 우리회화 역사상 최고의 작품으로 손꼽히는 국보입니다. 추사가 혹독한 유배 생활을 겪지 않았다면 세한도와 추사체는 탄생하지 못했을지도 모르지요.

세상엔 나 잘났다고 설치는 사람이 많지만, 연륜이 쌓이면 설익고 어설펐던 시절을 후회하게 될 것입니다. 내가 최고라는 자부심도 좋지만 서로 다름을 인정하고 상대를 존중해주는 자세도 필요하지요. 세상엔 고수가 많습니다. 당대, 대가였던 추사도 그러했는데 어쩌다 완장을 찼다고 그저 그런 이가 잘났다고 설쳐대는 걸 보면 절로 헛웃음이 나옵니다.

글씨를 잘 쓴다는 것

"홍 일병! 너는 각개전투장 가지 말고 대기해"
"네! 알겠습니다."

군 입대 후, 논산 훈련소 훈련병 때 일입니다. 중대본부 서무계 일을 보는 김 상병이 차트 보고서 쓰는 일을 하자고 했지요. 종합각개전투장 훈련은 모두들 힘들어하는 시간이었으니 잘됐다 싶었습니다. 그런데 하루 종일 글씨를 쓰는 일도 만만치 않았지요. 차라리 동료들과 훈련받는 게 더 좋겠다는 생각이 들었습니다. 훈련 기간 중 몇 차례 더 차출돼 글 쓰는 일을 도왔지요. 자대배치 후에도 차트 보고서 쓰는 일을 거의 전담했고, 심지어 선임 상병의 '펜팔 편지'를 대필해줄 때도 있었습니다. 속칭 가리방(등사판의 일본어) 글씨도 전담했지요.

가리 방은 철필(鉄筆)로 기름종이를 긁어 잉크를 묻혀 같은 내용을 여러 장 만드는 인쇄술입니다. 미세한 쇠줄판 위에 기름종이를 올려놓고 철필(鉄筆)로 글씨를 쓴 뒤 등사판에 올려 롤러에 잉크를 묻혀 문지르면 글씨가 인쇄되는 것이지요. 글씨가 선명하게 인쇄되도록 힘주어 쓰면서도 기름종이가 찢어지지 않도록 해야 하는 나름의 요령이 필요합니다. 손목에 일률적으로 힘을 줘야하고 집중력도 필요했지만, 쏟아지는 칭찬에 힘든 줄 몰랐지요. 입대 전, 면서기로 일할 때도 철필 글씨를 도맡았고 덤으로 술도 얻어먹었습니다. 그러니 선임들이 놀라는 건 당연했고 군 생활 내내 글씨를 쓰며 지냈지요.

제대 후, 복직하고 경기도청으로 자리를 옮겼는데 얼마 지나지 않아 글씨 잘 쓰는 놈으로 소문이 났습니다. 그 덕분에 모두가 선호하는 인사계로 배치 받을 수 있었지요. 그 때는 거의 모든 서류를 국, 한문 혼용했는데 며칠씩 글씨만 쓸 때도 있었습니다. 가끔 내무부에 올라가 며칠씩 글씨를 써주기도 했는데, 내무부로 올라오라는 권유를 받았을 정도였지요. 공직 생활을 하면서 글씨 잘 쓰는 덕을 많이 보았습니다. 다른 부서의 차트(Chart) 보고서를 써주기도 하면서 많은 교분을 쌓을 수 있었지요. 실력 이상으로 인정을 받으며 다시 인사부서로 배치 받아 일하고 비서실로 간 것도 글씨 덕분이었습니다.

"대표님, 명필이십니다. 너무 글씨를 잘 쓰셔서 제가 위압감을 느낍니다." 신임 이준석 국민의 힘 대표가 송영길 민주당 대표를 만났을 때 선물 받은 책, '둥근 것이 강한 것을 이긴다.' 에 적힌 송 대표의 친필을 보고 그렇게 말해 옆에 있던 사람들이 함께 웃었다고 전해집니다. 이 대표가 국립대전현충원 방명록에 쓴 글씨체가 '악필'이라는 지적도 있었지요. 국회의원을 지낸 어느 분이 "신언서판(身言書判)"이라며 이 대표의 필체를 폄훼했습니다. 그러자 "MZ세대를 모르는 '꼰대문화'라는 비판이 뒤따랐지요.

이 대표의 손 글씨가 불러온 파장은 적지 않았고, 한 동안 잊고 살았던 손 글씨가 세상에 다시 소환되는 계기가 되었습니다. 키보드 시대에 접어들면서 사라진 손 글씨가 세상의 화두로 떠올랐지요. 글씨체 하나를 두고 세대 간, 이념 간 의견이 상충되고 해석이 갈라진 겁니다. 글씨는 마음의 본바탕을 보여주는 것이지만, 이제 손 글씨에 대한 편견은 사라졌지요. 글씨 잘 쓴다고 공부 잘하는 것도, 일 잘하는 것도 아니기 때문입니다.

글씨보다 생각의 깊이와 넓이, 사람의 인성이 중요한 것이지요. 생일날 이나 어버이날에 아들, 며느리나 손주들의 손 편지를 받으면 다른 어느 선물보다 기쁘고 행복합니다. 그건 돈보다 가치 있는 정성이 담겨 있다는 생각 때문이지요. 글씨는 겉모양보다 마음과 정성이 얼마나 담겨 있느냐가 중요합니다만 그 깊이와 넓이를 가늠하기 힘들다는 게 난제인 듯합니다.

박수 받은 거장의 품격

'띠 라라라 라...'

지난 봄, 예술의 전당에서 열린 마에스트로(maestro) 정명훈 공연 도중, 난데없이 휴대전화 벨소리가 울렸습니다. 1부를 마친 후, 잠시 호흡을 가다듬고 2부를 시작하려던 순간이었지요. 모두 집중하던 시간에 울린 벨소리에 객석이 술렁였습니다. 놀란 청중들도 당황하고 화나는 상황이 벌어진 것이지요. 그런데 2부를 시작하면서 그는 "여보세요?"라고 통화하는 모습을 선보인 뒤, 금방 울렸던 휴대폰 벨소리를 그대로 피아노 건반으로 재현했습니다. 누구도 예상치 못한 일이었고 그에게 환호하며 박수로 화답했지요. 거장(巨匠)다운 면모를 보여준 그에게 박수갈채가 쏟아진 건 당연한 일이었습니다.

세계적인 성악가 조수미는 2006년 파리독창회를 앞두고 아버지가 돌아가셨지요. 부음(訃音)을 들은 그는 곧바로 귀국하려 했지만 어머니가 '관객과의 약속을 지켜라'고 만류해 장례식에 참석하지 않고 공연을 했습니다. 그는 공연 후, 청중들로부터 앙코르가 쏟아지자

"지금 서울에서는 아버지의 장례식이 열리고 있습니다. 아버지도 제 노래를 잘 듣고 계시리라 믿습니다."라고 말한 뒤, 아버지를 위해 슈베르트의 '아베 마리아'를 열창했지요. 혼신을 다해부른 노래가 끝난 후 청중들은 모두 일어나 기립박수를 보내며 그녀를 위로했습니다. 찢어지는 아픔을 감추고 노래한 그녀에 대한 존경의 뜻이었지요.

아카데미 감독상으로 우리나라 100년 영화사에 전무후무한 금자탑을 이룩한 봉준호 감독은 일약 세계적인 거장(巨匠)으로 떠올랐습니다. 그는 아카데미 시상식에서 영화 공부할 때 "가장 개인적인 것은 가장 창의적인 것이다."라는 말을 늘 가슴에 새겼는데 "그 분이 마틴 스콜세지 감독이고 감독님의 영화로 공부했던 사람인데 같이 후보에 오른 것만으로도 영광"이라고 말했습니다. 마틴 스콜세지 감독은 감격한 표정으로 봉 감독에게 손을 흔들었고 감동을 받은 영화인들은 기립박수로 화답을 했지요. 그의 겸손한 모습은 거장이란 수식어가 전혀 부끄럽지 않은 품격을 갖췄다는 생각이 들었습니다.

한국인 최초로 아카데미 여우조연상을 수상한 윤여정도 많은 사람들을 매료시켰지요. 그녀는 수상소감에서 "진심이 통하는 걸 보여주고 싶었다. 요즘 세상은 진심이 안 통하는 세상"이라며 "조연상을 수상한 건 조금 더 운이 좋았을 뿐"이라고 겸손함을 잃지 않았습니다. "먹고 살기 위해 절실하게 연기했다. 대본이 곧 성경 같았다"는 말은 묵직한 감동과 울림을 주었지요. 그녀의 넉넉한 몸짓과 유머는 우리 모두에게 힘이 되었고, 한국인에 대한 호감도 커졌을 것입니다. 그녀는 "운이 좀 더 좋아서 이 자리에 있는 것"이라며 50년 넘은 연기인생과 일흔 넘은 세월의 연륜이 담긴 품격을 보여주었지요.

세상엔 내로라하는 수많은 사람이 있지만 드러나지 않는 숨은 고수가 정말 많이 있습니다. '나 잘났다'는 사람치고 괜찮은 사람은 별로 없지요. 살다보면 '아! 이런 사람도 있구나!'하는 대가(大家)를 만날 때가 있습니다. 이런 분을 만나면 스스로 겸손하게 낮추며 살아야겠다는 새로운 다짐을 하게 되지요. 거장들이 보여준 품격은 그 자체로 감동이고 교훈입니다. 우리나라를 빛내는 예술가나 스포츠인, 기업가들이 많이 있지요. 많은 사람들에게 존경받고 박수 받는 거장은 비온 뒤 끝, 대나무 순(筍)이 솟아오르듯 하루아침에 생겨나는 건 아닙니다.

　오랜 세월을 살아온 인생 경험을 통해 쌓여진 내공이 있어야 가능한 일이고 아무나 되는 것이 아니지요. 우리 삶의 곁에 존경받고 사랑받는 거장이 많이 생겨나면 좋겠습니다.

1등만 알아주는 세상

  넷플릭스(Netflix)가 자체 제작한 드라마 '오징어 게임'의 가치가 약 1조
원으로 추산되는 것으로 알려졌습니다. 시청한 사람은 작품 공개 23일 만
에 1억 3천명이 넘었지요. '오징어 게임'의 제작비는 253억으로 투자액 대
비 40배를 기록한 것입니다. 그러나 이 천문학적 수익은 설계자인 넷플릭
스의 몫이지요. 연출자인 우리나라 감독이나 배우들이 러닝 캐런티가 아
닌 약정 캐런티로 계약을 맺었기 때문입니다. 설계자이자 승자인 넷플릭
스가 독식하게 되는 구조인 것이지요.

  '오징어 게임' 원로배우 오영수는 유재석이 진행하는 한 예능프로에
출연해 진한 울림을 주는 인터뷰로 위로와 진심을 전했습니다. 그는 "우
리 사회가 1등 아니면 안 될 것처럼 흘러갈 때가 있다. 그러나 진정한 승
자는 최선을 다하는 사람"이라며 치열한 경쟁사회를 살아가는 사람들에
게 위로를 전했지요.
  '오징어 게임'은 자본주의 사회의 벼랑 끝에 몰린 456명이 데스 매치를
벌여 최후 1인이 456억의 상금을 독식하는 서바이벌 게임입니다. 1등만
이 대접받는 사회현상과 궤를 같이하고 있지요. 설계자이자 승자인 넷플
릭스가 수익을 독식하는 것과 같은 상황입니다.

  오징어 게임은 참가자들에게 '공정한 게임'을 약속하지만 그 희망은
무참히 깨지지요. 첫 번째 게임 '무궁화 꽃이 피었습니다.'에서 탈락한 사
람의 벌칙은 목숨이었고, 절반 이상이 첫 게임에서 무참하게 살해당합니
다. 돈이 거의 모든 것을 지배하는 자본주의 사회현상을 보여주고 있지

요. 누군가 설계한 공정의 법칙이 과연 공정한 것인가에 대한 의문은 자본주의 사회의 가장 큰 화두이기 때문입니다. 456억을 차지할 한 사람을 위해 455명이 죽어야 하는 게임의 법칙이 공정한가? 현실이라면 있을 수 없는 일이지요. 무엇보다 탈락의 대가가 목숨이라는 사실을 첫 게임 이후 공개한 것은 공정한가? 게임 설계가 불공정하니 공정의 의미가 퇴색될 수밖에 없습니다.

빚을 지고 처절한 삶을 사는 사람들에게 456억은 신기루지요. 모두들 가슴 저린 사연을 간직한 사람들이니 한 번쯤 목숨을 걸어볼 만하다는 생각을 했을 것입니다. 세상에 그런 사람들이 있다면 불행한 사회지요. 그리고 그게 '공정한 게임'인지는 생각해볼 일입니다. 456억을 차지하려는 참가자들은 이미 이성을 잃어버리고 서로를 속기고 죽이는 일을 서슴지 않으니 지옥이나 다름없는 난장판이지요. 이런 오징어 게임을 본 각 나라의 청소년들이 이를 흉내 내고 있다는 소식도 들립니다. 여성혐오 논란도 벌어지고 있지요. 여성을 학대하거나 폭력에 노출시키는 장면이 여러 번 등장하기 때문입니다. 일부에서 '오징어 게임 보이콧' 운동까지 벌어진 이유지요.

'오징어 게임'처럼 1등만 알아주고 승자가 독식하는 세상입니다. 대선도 그러하지요. 대통령이 되면 모든 권력을 독식하니 죽기 살기로 선거를 치루는 것입니다. 권력을 독식하면 부작용이 따르게 마련이지요. 장·차관 같은 고관대작은 물론 정부산하 공기업이나 사회단체의 임원을 모두 독식하는 게 그것입니다. 1등만 알아주는 세상살이는 가슴 아픈 일이지요.

독일의 메르켈 총리는 16년 동안 권력을 나눴습니다. 이른바 연정(聯政)을 실천한 것이지요. 우리에겐 꿈같은 일입니다. 권력은 물론 방송 경연프로에서조차 모든 상금을 1등이 독식하기 때문이지요. 1등과 2등 차이는 그리 크지 않습니다. 그런데 모든 건 1등이 누리는 세상이지요. 승자만의 독식, 약일까, 독일까요? 승자만이 웃는 세상에 '오징어 게임' 배우 오영수의 한마디가 묵직한 울림을 안겨주고 있습니다.

"진정한 승자는 하고 싶은 일을 최선을 다해서 어떤 경지에 이르려고 하는 사람이다. 그런 사람이 승자이고 그렇게 살면 좋겠다."

흉물이 된 '정치현수막'

"부시장님! 행정안전부 인사담당입니다. 다른 게 아니라 파주시의 옥외 광고물 노하우를 전국에 확산시키려합니다. 6급 직원을 1년간 파견해 주면 감사하겠습니다."

파주시 부시장으로 일할 때, 시 공무원을 내무부에 파견했습니다. 파주시는 2010년 정부의 옥외광고물 평가에서 전국최우수 기관으로 선정돼 대통령기관표창을 받았지요. 2006년, 2008년에 이어 3번째 대통령기관표창을 받은 것입니다. 파주시는 전국에서 가장 깨끗한 도시로 유명해졌고 선진견학을 오는 발길이 끊이지 않았지요. 이런 전통은 계속돼 2020년에도 대통령기관표창을 받았을 정도입니다. 불법광고물 근절을 위해 전담부서와 옥외광고물 관리조례를 만들었지요. 특히 전국최초로 드론을 활용한 옥외광고물 안전점검사례는 호평을 받고 있지요. 365일 불법광고물을 단속과 정비, '간판이 아름다운 거리', '간판문화학교'를 운영하고 있습니다. 특히 전국최초로 드론을 활용한 옥외광고물 안전점검사례는 호평을 받고 있지요.

파주시는 공동현수막 게시대외에 게시된 현수막은 가차 없이 철거했습니다. 2009년 여름 김대중 대통령 서거(逝去)때도 다른 지자체와 달리 전철역에 마련된 합동분향소와 관공서 등을 제외하곤 추모현수막을 게시하지 못하게 했지요. 정당관계자와 정치인 항의가 빗발쳤습니다. 그래도 류화선 시장은 흔들리지 않고 단호했지요. 'TV나 언론에서 조문상황을 포함한 추모특집을 실시간으로 생중계하는데 굳이 현수막을 내걸 필요가 없다.'는 게 이유였습니다. 파주는 공동현수막 게시대외엔 그 어느 곳에서도 현수막을 찾아볼 수 없었지요. 그러다보니 고양, 연천, 포천 등 시계(市界)에 파주업소를 홍보하는 현수막이 내걸리는 웃지 못 할 상황이 벌어졌습니다.

　최근 들어 거리에 수없이 내걸린 현수막들로 혼란스럽다는 하소연이 늘고 있지요. 사람들이 많이 지나다니는 교차로에는 현수막이 서로 엉켜 볼썽사납습니다. 지정된 공동현수막 게시대가 아닌, 나무나 가로등 지주 등에 무분별하게 내건 현수막이 즐비하지요. 현수막 때문에 가게 간판이나 교통 이정표가 보이지 않고 횡단보도 신호등의 시야를 가려 보행자와 차량 등의 안전사고도 우려됩니다. 주범은 바로 거리를 점령한 '정치 현수막' 이지요. 우후죽순 내걸린 정치 현수막은 정당과 지역 국회의원, 당원협의회장 이름도 있습니다. 그런데 정책보다 상대방을 비방·폄훼하는 내용이 대부분이라 즉각 철거하면 좋겠다는 시민원성이 높아지고 있습니다.

　정치현수막이 난무하는 건, 지난해 옥외광고물법 개정으로 정당 정책이나 정치현안에 대한 현수막은 지자체의 별도 허가나 신고 없이 15일간 게시할 수 있기 때문이지요. 난립한 정치현수막철거 민원이 자치단체로 쏟아지고 있습니다. 디지털 시대에 꼭 현수막으로 정당 홍보를 해야 하는 건 아니지요. 정책을 알리고 정당을 홍보하기보다 정치적인 '혐오현수막'이 많아 더욱 그러합니다. 이를 지켜보는 시민들도 부정적이지요. "장사도 안 되는데 현수막이 간판을 가려 화가 난다."는 상인, "현수막 내용이 저질스러워 아이들 보기 부끄럽다."는 학부모, "정치후원금 거둬 쓰레기 같은 현수막을 내거는 데 써야 하냐?"는 등 일반 시민들의 시선은 싸늘합니다.

도시 미관을 해쳐 흉물스럽고, 상대를 욕하는 내용이 불쾌하고, 민생은 외면한 채 정쟁만 일삼으며 '그들만의 리그'에 빠져 있는 정치인들이 비난을 넘어 혐오감을 부추기고 있지요. 인천에서는 전동킥보드를 타던 한 여대생이 정당현수막 끈에 목이 걸려 넘어지는 사고가 발생했습니다. 현수막 끈이 성인 목 높이로 낮게 설치돼 있었는데, 밤이라 끈을 보지 못한 것이지요. 그 후, 인천의 한 국회의원은 지역구에 걸었던 현수막을 스스로 철거했습니다. 도시미관 저해와 영업 피해 등 시민 불편을 끼치는 이 법의 개정이 필요한 이유지요. 정치인이라고 우월한 지위를 이용해 그들만의 법을 만들고 특혜를 받는 건 있을 수도 없고 있어서도 안 될 일입니다.

이놈들아! 너희만 처먹니?

"야! 이놈들아! 너희들만 처먹니? 그만 먹고 가!"

경기도청 공보실에서 언론에 도정 홍보자료를 작성하는 일을 할 때입니다. 당시 차트 보고가 많았는데 홍보팀에 있던 제가 다른 직원보다는 글씨를 좀 잘 쓰는 편이었지요. 가끔 옆 부서인 문화재계 일을 도왔습니다. 매직펜으로 한자(漢字)를 섞어 쓰는 차트 보고서 일을 끝내면 으레 '꽁술'이 따라왔지요.

처음으로 일을 도와준 후 도청 앞 네거리 건너편에 있는 '소골 집'엘 갔습니다. 한참 맛있게 먹고, 추가로 고기와 술을 주문했는데 느닷없이 주인 할머니가 큰소리로 욕을 섞어가며 "그만 먹고 가!"라고 소리쳤지요. 할머니의 호통에 다들 주눅이 든 듯 "알았어요. 갑니다. 가요"라고 해 어리둥절했습니다.

"엄 차관님! 어제 그 '소골 집' 머리 하얀 할머니가 그만 먹고 나가라며 욕을 하던데…." 다음날 궁금해서 물었지요.

"그 할머니가 원래 그래! 입에 욕을 달고 사는데, 모두 그냥 웃으면서 받아들여. 그 욕쟁이 할머니는 한 사람당 고기 1인분과 소주 한 병 이상 안 팔아! 다른 사람 먹을 거도 있어야 한다는 거지!"

이후엔 저도 그러려니 하고 드나들었습니다. 자꾸 들으니 친근함마저 느껴졌지요. 아무튼, 그 집에는 도청 공무원들이 꽤 드나들었는데, 인사는 나누어도 금세 소주 한 병이 사라지니 권주(勸酒)는 자제하는 분위기였습니다. 그런데 그 소골집이 '도로가각(街角)정리사업'으로 사라지고 말았지요. 이후 할머니를 본 사람이 없습니다.

경기도지사 수행비서로 일할 때, 서울올림픽을 앞두고 공무원은 꽃길과 공원 조성, 옥외간판 정리 등으로 휴일 없이 일했지요. 어느 날, 임사빈 지사도 현장점검을 하다 성남에서 저녁을 하게 됐습니다. 성남시장이 한식당으로 안내했지요. 나이 지긋한 여성 주인장이 뜨락을 서성이고 있었습니다.

"사장님! 지사님 오셨으니 잘 부탁합니다."
시장이 이렇게 말하자, 주인장이 대뜸 한마딜 던졌습니다.
"지랄하고 자빠졌네. 지사가 미쳤다고 일요일에 여길 오냐?"
그러곤, 이내 당황한 기색이 역력했지요.
"어라! 진짜 지사네, 지사는 쉬는 날도 없나?"
그리곤 좀 무안했는지 얼른 주방으로 들어갔습니다. 지사도 빙그레 웃으며 방으로 들어섰지요.

"지사님! 이 집 사장이 원래 저렇습니다. 욕쟁이지만 음식이 맛있어서 찾는 손님이 많습니다."
"괜찮아! 음식만 맛있으면 되지 뭐"
막걸리를 곁들인 저녁을 마치고 뜨락으로 나서니 주인장이 서 있었지요.
"지사님, 제 입이 걸어 죄송했어요."
"하하! 욕으로 양념해서인지 꼬리곰탕 맛이 아주 좋았습니다. 미친놈이 와서 맛있게 잘 먹고 갑니다."

한동안 웃음소리가 이어졌습니다.
"야! 우리 지사 멋쟁이네, 고마워요."
"이 미친놈, 또 오리다, 욕쟁이 사장님!"

이후, 지사는 성남에 출장가면 으레 그 집을 찾아 사장과 농담을 주고받으며 친(?)하게 지냈지요.

殷汕 金 良坪
Eunsan

요즘은 두 욕쟁이 할머니 같은 분이 안 보입니다. 그런 배짱을 가진 식당 주인도, 풍류와 여유가 있는 도백(道伯)도 찾아보기 어렵지요. 경제 사정이 안 좋아진 탓인지 갈수록 세상이 삭막해지고 사람들도 신경이 곤두서있습니다. 요새 누가 '그만 처먹으라든지, 지랄한다.'고 욕하면 어떤 반응을 보일까요? 저는 저를 대신해 큰소리 쳐 주는 것 같아서인지 그런 욕쟁이 할머니가 정겹고 그립기만 합니다.

'서울 항'과 수도권 관광

　아라 뱃길에 희망의 무지개가 떠올랐습니다. 아라 뱃길이 새로운 모습으로 거듭날 수 있는 '서울 항 프로젝트'가 나온 것이지요. 서울시가 오는 2026년까지 여의도 선착장에 1천 톤급 이상의 유람선이 정박할 수 있는 '서울 항'을 건립하겠다고 나섰습니다. 인천항에 정박하는 대형 크루즈 승객들이 유람선을 타고 여의도에서 내려 서울을 관광할 수 있도록 한다는 것이지요. 또 여의도에서 크루즈를 타고 서해뱃길을 통해 외국여행을 떠나는 '세계로 향하는 서해뱃길' 사업을 추진한다는 것입니다. 서해와 한강을 잇는 경인 아라 뱃길 항로가 새롭게 주목받는 이유지요.

　서울시는 한강~경인 아라 뱃길 유람선 정기운항이 이뤄질 수 있도록 할 계획입니다. 또한 1천 톤급 이상의 유람선이 여의도 선착장에 정박할 수 있도록 65m인 여의도 선착장도 95m로 확장할 계획이지요. 여의도 선착장에 세관 검사, 출입국 관리, 검역기능을 도입하는 방안도 검토하고 있습니다. 이러한 서울시의 계획이 현실화되면 그동안 수운 기능을 상실한 경인 아라 뱃길에 유람선이 활발히 오가게 될 것으로 기대하고 있지요. 이에 발맞추어 인천시도 서울 여의나루~김포터미널~아라 터미널~덕적도까지의 '경인 아라 뱃길 서해 섬 관광'을 추진한다고 밝혔습니다.

　2012년 개통한 경인 아라 뱃길은 2조 6천억 넘는 예산을 투자한 국책사업으로 인천~김포~한강을 연결하는 길이 18㎞, 너비 80m에 이르는 인공 물길이지요. 그러나 물류와 해운기능을 제대로 수행하지 못해 애물단지로 전락했습니다. 통계에 따르면 아라 뱃길 개통이후, 홍수조절 기능은 당초 목표를 달성했지요. 그러나 항만물류 실적은 당초 계획 대비 20%미만 수준에 그치는 등 제 기능을 하지 못한 게 현실입니다. 실제로 아라 뱃길과 한강을 오가는 '현대유람선'도 서울에 정박시설이 없어 김포로 회항해 정박해야만 했지요. 기대에 못 미치는 골칫거리가 된 이유입니다.

이 때문에 서울, 인천, 경기도는 경인 아라 뱃길을 관광자원으로 활용하기 위한 방안을 모색해왔지요. 제가 경기관광공사 대표사원으로 일할 때, 서울, 인천관광공사와 함께 수도권광협의체를 만들고 매 분기 정례회의를 통해 수도권 관광발전을 위해 다양한 방안을 마련해왔습니다. 실제로 해외공동마케팅이나 해외관광객 분산유치 등을 추진했지요. 특히 경인 아라 뱃길의 관광활성화를 위해 여의도에 유람선이 정박할 수 있는 시설을 수차례 건의했습니다. 경인 아라 뱃길의 주요 기능이 화물 물류중심에서 유람선 여객중심으로 재편되는 건 다행한 일이지요.

'서울 항 프로젝트'를 계기로 경인 아라 뱃길 유람선이 정기적으로 운영하면 아라 뱃길이 지나는 인천일대에 다양한 시설이 들어설 것입니다. 인천시는 구체적으로 덕적도 자전거 항로, 인천상륙작전과 연계한 팔미도, 이삭노 노선 등을 개발하는 방안을 구상하고 있지요. 제주도와 중국, 일본의 크루즈 관광객도 끌어들일 수 있는 기반이 조성되는 것입니다. 이로 인해 관광객이 늘어나면 지역경제가 살아날 것은 당연한 일이지요. 그런데 경인 아라 뱃길 주변 일대는 개발제한구역이 많아 관광활성화를 위한 각종사업이 차질을 빚을 수 있다는 우려가 나오고 있습니다.

아라 뱃길은 환경부 업무소관이지만 개발제한구역관리는 국토교통부와 별도 협의가 필요하지요. 정부가 '경인 아라 뱃길 기능 재정립연구용역' 결과 보고회를 열고, 경인 아라 뱃길의 활성화 계획을 공개한다고 밝혔습니다. 이때, 국토교통부, 문화체육관광부, 한국수자원공사, 서울, 인천, 경기도가 공동으로 참여해 폭넓은 협의를 통해 최상의 방안이 마련돼야겠지요. '서울 항 프로젝트'가 서울만을 위한 사업에 그쳐선 안 됩니다. 서울, 인천, 경기 수도권관광은 물론 나라경제에 도움을 줄 수 있도록 해야지요. '백지장도 맞들면 낫다'고 정부와 지자체가 힘을 모아야 합니다.

매일 라면만 먹었다는데

"이게 다 라면 먹고 이룬 거야. 뭐 복싱뿐만이 아니야. 그 누구야. 현정
화, 현정화 걔도 라면만 먹고, 음! 금메달 3개씩 따버렸어."

"임춘애 입니다. 형님!" "모두들 나가 있어!"

영화 '넘버 3'의 한 장면으로 형님으로 불린 조폭은 임춘애라 한 부하
를 두들겨 팹니다.

"라면만 먹고 뛰었어요. 우유 마시는 친구들이 부러웠고요."

많은 국민들을 울리고 눈물 흘리게 한 1986 서울 아시안 게임에서 3관
왕을 차지한 임춘애 선수의 이야기지요. 임 선수는 1986 아시안게임에서
'신데렐라'로 떠올랐습니다. 여자 육상 800m, 1500m, 3000m에서 모두 금
메달을 획득하며 아시안 게임 3관왕이라는 대업을 달성했지요. 그는 지
금 대한육상경기연맹 여성위원회 위원으로 활동하고 있습니다. 국가대
표로 우리나라의 국위선양을 위해 뛰었던 마음으로 살아가고 있는 것이
지요.

"매일 라면만 먹어요. 진짜 아끼고, 편의점에서 아이스크림 하나 안 사
먹고…만약 조금이라도 후원해주시면 정말 더 좋은 정치로 보답하겠습
니다."

어느 젊은 국회의원이 한 유튜브 채널에서 소개팅 콘셉트로 촬영을 하면서 좋아하는 음식을 묻는 상대 여성의 질문에 "매일 라면만 먹는다."며 자신이 파스타 종류를 모르는 이유에 대해 설명했지요. 그는 이 영상에서 "그렇게 먹은 지 7~8년 된 것 같다."며 "거의 하루 한 끼 못 먹을 때가 많다."고 말했습니다. 그는 이처럼 유튜브 등에 출연해 자신의 궁핍한 처지를 호소하는 모습을 보여 왔고 이를 본 많은 사람들이 그를 후원했지요.

2021년엔 TBS '짤짤이 쇼'에 출연해선 구멍 난 운동화를 보여주며 자신의 곤궁한 처지를 호소하기도 했습니다. 또 2022년에는 "돈이 없어서 호텔 대신 모텔 생활을 한다."며 후원모금을 요구하는 글을 올리기도 했지요. 그는 "국회의원이라고 호텔에 가서 잔 적이 없다. 지난해 지방선거 부산지원유세 때는 모텔 방 하나에서 보좌진이랑 셋이서 잤다"고도 했습니다.

그런 그가 대선이 있던 해 1~2월, 위믹스 코인을 최대 60억 원어치 보유하고 있었다는 사실이 드러났지요. 그는 보유 중이던 그 약 80만개의 위믹스 코인을 대선과 가상자산전송 송수신인의 정보를 제공하는 제도 시행을 앞두고 전량 인출했습니다. 국민을 위해 일해야 할 시간에 코인으로 돈 버는 일에 전념한 것이지요. 그런 그를 괜찮은 젊은 정치인으로 알았던 사람들은 허탈감을 넘어 분노를 넘어 분개했습니다.

그는 스스로 가난하고 집도 없고 차도 없다고 했지요. 이미 큰 성취를 이룬 사람들이 '흙 수저' 타령하며 서민행세 하는 건 식상합니다. 그런데 그는 아예 거짓말이었고 돈은 코인으로 벌고 있었던 것이지요. '서민행세'를 일삼을 때 이미 60억 부자였던 겁니다. 신고도 하지 않았지요. 세금도 내지 않았고 과세유예법안발의로 본인이 과세를 막았습니다. 자신을 위한 셀프법안 이었으니 상식을 넘어서는 인물이지요.

국민들, 특히 청년들이 분노했습니다. 절약한다며 서민행세를 해서 표 먹고, 코인으로 돈 먹는 두 얼굴로 살아온 걸 알았기 때문이지요. 세상에 영원한 비밀은 없습니다. 백로인 척 위장하고 살았지만 까마귀인 게 만천하에 드러난 셈이지요. 사람은 누구나 '가면'을 쓰고 살아갑니다. 평생 거짓말 한 번 안 하고 사는 사람은 없지요. 그러나 거짓말도 상도(常道)가 있고 넘어서는 안 될 선이 있다는 걸 알아야 합니다.

"홍 과장! 보약 한 잔 더 마셔!"

너른 고을(廣州) 면사무소에서 일할 때입니다. 1970년대만 해도 농사 행정이 큰 비중을 차지했지요. 모내기와 벼 베기는 특히 중요한 일이었습니다. 모내기를 끝내고 직원, 마을 이장, 남녀 새마을 지도자를 합해 70여 명이 야유회를 가졌지요. 회식이 절정으로 치달을 때입니다. 면장이 작은 수박을 반으로 잘라 속을 파낸 뒤 소주를 따르고 10분 정도 덕담을 하곤 단숨에 '수박 술'을 벌컥벌컥 들이켰지요. 그리곤 왼쪽으로 돌아가며 한 명씩 간단히 건배를 제의하고 '원 샷' 해달라고 제의했습니다. 순간, 많은 사람들이 슬그머니 사라졌지요.

술이나 음료 따위의 한 잔을 단박에 모두 마셔서 비우는 걸 '원 샷(one-shot)'이라 합니다. 그런데 원(one)을 원(願)으로 바꿔 원하는 만큼만 마신다는 뜻으로 해석하는 이가 생겨났지요. 아마 원(one)을 부담스러워한 이가 새롭게 해석한 말이 아닐까 싶습니다. 원래 뜻이 왜곡되는 것을 그냥 지나치지 않은 이도 있었을 터, '완(完) 샷'이라는 말이 등장했을 테지요. 사실, 건배(乾杯)의 건이 '마를 건'이니 건배는 단숨에 마신다는 뜻입니다. '원 샷'이 아닌 '완 샷'이라고 하는 이유이기도 하지요.

회식 날 이후, 며칠 동안 나이가 회갑 가까운 면장이 소주 한 병을 '원 샷(one-shot)'한 게 궁금했습니다. 어느 날, 면장께 그렇게 드시고도 괜찮았는지 물으니 껄껄 웃으며 말했지요.
"홍 서기! 내가 수박에 술을 부어놓고 좀 길게 인사말과 건배사를 했잖아. 그동안 과육(果肉)에 알코올이 스며들어 희석됐으니 거의 맹물을 마신 거나 다름없었지."

경기도청 총무과장으로 일할 때입니다. 손학규 지사가 연말 시장·군수 회의 후, 송년회자리를 마련했지요. 분위기가 무르익자 손 지사가 속칭 폭탄주를 직접 만들어 '한 해 수고와 새해 건승 취지'의 건배사 후 원샷을 주문했습니다. 비교적 무난하게 한 순배 돌았고, 제가 마지막으로 건배사를 했지요. 이미 많은 건배사가 나왔기 때문에 마땅히 떠오르는 게 없었습니다. 순간적으로 "술과 보약은 장복(長服)해야 효과를 봅니다. 저는 월급이 적어 보약대신 술을 마십니다. 좋은 연말 보내세요."라고 외친 후 원 샷을 했는데, 그 사이 손 지사가 새로 만든 폭탄주 한잔을 다시 건넸습니다.

"홍 과장! 보약 한 잔 더 마셔!"
박수와 폭소가 한동안 이어졌지요. 그 후, 저의 저작권 동의(?)없이 같은 건배사를 많은 술자리에서 들을 수 있었는데 기분이 나쁘진 않았습니다.

경기관광공사 대표사원으로 일했지요. 첫 해외마케팅을 중국 상하이에서 가졌습니다. 현지 여행사와 항공사 관계자, 언론인 등을 초청한 경기관광설명회였지요. 본 행사 후 만찬 자리에서 제가 주최 측을 대표해 건배를 제의했는데, 그때 '백 취하'라고 하면 참석자는 '당 취평'을 외치도록 했습니다. '백주(白酒)에 취하면 하루가 즐겁고, 당신에게 취하면 평생이 즐겁다.'는 뜻이었지요. 뜻이 좋아서인지 그 후에 다시 갔을 땐, 상하이 사람들이 저작권 허락(?)도 없이 이 건배사를 외치는 걸 들었습니다. 건배사를 할 때면 이때 생각이 나 백주를 소주로 바꿔 '소 취하, 당 취평'을 즐겨 외치지요.

살면서 이러저러한 이유로 많은 회식을 했습니다. 그때마다 건배사를 피할 수 없어 미리 몇 가지를 준비했지요. 건배의 유래는 '술잔을 부딪치는 소리로 서로 마음을 통하게 한다.'는 의미라고 합니다. 맹숭맹숭한 분위기를 웃음소리 넘치게 하는 건배사는 하는 사람이나 함께 외치는 사람이나 기분 좋게 만들지요. 그런데 한동안 코로나19로 이런 풍경을 보기 어려웠습니다. 어쩔 수 없는 일이었지만 3년 넘게 계속된 거리두기로 마음마저 멀어진 건 아쉬운 일이지요. 코로나19가 종식됐으니 넉넉한 덕담이 담긴 건배사가 오가는 자리가 많아지면 좋겠습니다.

서른아홉 청춘들에게

"신랑·신부가 신부 부모님께 인사 올리겠습니다. 부모님께서는 믿음 직한 아들이 새로 생겼다는 기쁜 마음으로 받아주시기를 바랍니다."

신부 부모님이 큰 절을 올린 신랑을 보듬어 안아주고 등을 두드리며 함박웃음을 지었지요. 신랑 부모님도 마찬가지였습니다. 인사를 마친 신 부를 따뜻하게 포옹해주며 싱그러운 웃음을 날렸지요. 결혼은 살아가는 동안 가장 기쁘고 행복한 인생의 변곡점이 되는 축복의 순간입니다. 양가 부모님과 가족, 하객의 웃음소리 가득한 결혼식장에서 모처럼 넉넉하고 푸근한 마음으로 보낼 수 있었지요.

그날, 결혼식장에서 양가 부모님께 인사를 드리고 결혼식을 진행했는 데, 좀 특별한 인상을 받았습니다. 경험상 신부 부모님이 눈물을 보이는 일이 많은데 그게 아니었지요. 이들은 제가 주례를 맡았던 중 가장 나이 가 많았습니다. 두 사람 다 서른아홉이었습니다. 요즘 추세로 보면 결혼 이 많이 늦었다고 할 수는 없겠지만, 그렇다고 적은 나이도 아니라는 생 각이 들었지요. 그 순간 문득 이런 생각을 했습니다. 서른아홉 살 자식을 결혼시키는 일이 어쩌면 '홀가분하고 기쁜 일일 수 있겠다'싶은 그런 느 낌말입니다. 그게 양가부모님의 웃음으로 투영된 것이었겠지요.

어느 때는 신랑신부가 부모님께 인사할 때, 신부 어머니가 눈물을 흘 려 당황했던 기억도 있습니다. 펑펑 울지는 않더라도 예식장의 신부 부 모님이 섭섭한 표정을 짓는 일이 많았지요. 고이 기른 딸을 떠나보낸다는 생각 때문일 겁니다. 그러나 요즘 결혼식장의 부모님은 다르지요. 아들이든 딸이든 자식이 하나밖에 없는 집안이 대부분이라선지 모르나 자식이하나 더 생겼다는 기쁜 마음이 큰 듯합니다. 결혼식도 함께 즐기는 축제분위기지요. 주례 없는 결혼식도 많습니다. 양가 부모가 인사말하고 가족이 축가를 부르는 결혼식이 많아졌지요.

지난날, 대한민국 남성이면 대부분 그랬듯 저 역시 제대 후 예비군에편입돼 매년 한 차례 군부대에 들어가 동원훈련을 받았습니다. 며칠 직장에서 벗어나는 만큼 해방감을 느끼는 사람도 있었겠지만, 저로썬 해야 할일이 쌓인다는 생각에 달갑지 않았지요. 예비군이 끝나는 순간, '아! 이제내 청춘도 끝났구나!'라는 생각에 기분이 묘했습니다. 특히, 어영부영하다가 맞이한 서른아홉 살 언저리는 참 공허했지요. 40대에 접어든다는 걸실감할 수 없었습니다. '제대로 이룬 게 없는데 어떻게 살아야하나?'라는두려움이 몰려들었지요.

서른아홉 살 저는 수원에서 고양시청으로 출퇴근했습니다. 술 마시는일이 늘어날까 봐 자취생활을 포기했지요. 왕복 여덟 차례 차를 갈아타고5시간이 걸리는 출퇴근은 힘겨웠습니다. 어둠의 꼬리가 사라지는 여명(黎明)에 집을 나와 어둠이 짙어지는 늦은 저녁에 퇴근하는 일상은 참 고단했지요. 장시간의 출퇴근은 물론 마흔을 앞둔 서른아홉의 무게감이 온몸을 짓눌렀습니다. '유혹에 휘둘리지 않고 자기 얼굴에 책임져야 한다.'는 불혹(不惑)을 눈앞에 두고 혼란스러웠던 거지요. 서른아홉 신랑ㆍ신부를 보면서 새삼 그 시절이 떠올랐습니다.

'100세 시대'에 서른아홉은 그야말로 풋풋한 청춘이지요. 누구나 아홉수를 넘겨야 새로운 세대를 맞이합니다. 인생은 기억하고 싶은 일과 잊고 싶지만 기억되는 일이 있지요. 그 모두가 인성과 삶의 바탕이 되는 것입니다. 살아보니 40대가 가장 역동적이고 50대에 세상을 보는 여유가 생기고 60대에 삶이 무르익는다는 걸 깨달았지요. 또 다른 인생이 시작되는 빛나는 삶의 가치를 느꼈습니다. 서른아홉 청춘들이여! 미혹(迷惑)에 흔들리지 말고 치열하게 살아가기를, 살아온 날보다 훨씬 농익어갈 인생을 응원하고 또 응원합니다.

소 맥에 젖은 우승컵 리본

현역시절, 해마다 가을이 되면 내무부가 주최, 주관하는 전국시도대항 공무원체육대회가 열렸습니다. 2004년 관광과장으로 일할 때, 우연히 등 떠밀려 축구선수로 대회에 참가하게 됐지요. 총무과장이 단장으로 가야 되는데 의회업무 등이 겹쳐 도저히 갈 수 없게 되자 저를 지목한 것입니다. 축구동호회에 가입해 매주 토요일 아침, 도청운동장에서 공을 찬 것도 한몫했지요. 더욱이 20~40대 연령별, 사무관, 서기관 직급별로 선수가 고루 참가토록 되어 있는 게 결정적 이유였습니다. 특히 서기관 급은 저밖에 없어서 도의회 노재영 보사환경위원장이 동행을 했지요. 그것도 체력안배 차원에서 전, 후반을 교대로 나눠서 출전을 했습니다.

첫날 두 경기를 이기고 4강에 오른 둘째 날, 준결승에서 승리해 결승전에 올랐지요. 그런데 오후부터 비가 쏟아지기 시작했습니다. 가뜩이나 체력이 많이 떨어진데다 비까지 내리니 선수들은 그야말로 기진맥진 했지요. 그래도 8년 만에 결승까지 오른 선수들은 우승을 위해 죽을힘을 다해 달리고 또 달렸습니다. 상대편도 마찬가지였지요. 악전고투 끝에 승리를 거두고 우승이 확정된 순간, 누가 먼저랄 것도 없이 울기 시작했습니다. 감격의 눈물이었지요. 눈물인지 빗물이 알 수 없었습니다. 그저 부둥켜 얼싸안고 울고 또 울었지요. 운동장 밖에서 묵묵히 지켜보던 유장렬 선배도 끝내 울음을 터트리며 달려와 얼싸안고 함께 울었습니다.

"주장 나와! 정말 고생 많았다. 8년 만에 선배들의 한을 풀어줘서 고맙고 눈물이 난다. 오늘저녁 회식비에 보태라!"

시상식이 끝나고 축구동호회 활동을 하다 퇴직한 유장렬 선배가 눈물을 글썽이며 봉투를 전달했지요. "와!" 주장이 봉투에서 꺼낸 돈을 보고 선수들이 동시에 환호성을 질렀습니다. 띠지를 풀지 않은 신권 한 묶음, 100만원이었기 때문이지요. 모두 환호성을 지르며 감격해한 건 당연한 일이었습니다. 수원 '천하 주물 럭'에 저녁예약을 하고 대회가 열린 광주광역시에서 출발했지요. 처음엔 올라오는 버스 안이 시끌벅적했습니다만 이내 잠잠해졌지요. 선수들도 응원하던 직원들도 피곤해 잠들었기 때문이지요. 올라오는 길에 축구동호회 고문, 황준기 실장께 전화를 해 '저녁장소에 와 주십사' 했더니 이미 소식을 들었는지 흔쾌히 승낙했습니다.

기분 좋은 술잔이 날아다니고 얼굴이 불그레한 노을빛으로 물들어갈 무렵, 황 실장이 우승컵을 찾았지요. 그리곤 우승컵에 소주와 맥주를 가득 채우고 덕담을 한 후, 몇 차례 벌컥벌컥 들이키더니 우승컵을 돌렸습니다. 모두 소리 높여 건배사를 하고 주량 것 들이키곤 컵을 넘겼지요. 젊은 패기와 우승을 차지했다는 기쁨으로 술을 들이켜 몇 번이나 우승컵에 술을 보충해야만 했습니다. 그 즐겁고 흥겨운 저녁자리는 달이 불그레하게 취할 때까지 이어졌지요. 무려 8년 만에 이룬 우승이니 모두가 기쁜 나머지 시간가는 줄 모르고 화기애애한 시간을 가진 건 당연한 일이었습니다. 그렇게 화려한 회식이 끝난 다음날, 황당한 일이 생겨나 당황했지요.

지사께 우승컵을 봉납해야하는데 우승리본이 소 맥에 찌들었다가 말라비틀어진 겁니다. 강순하 선수가 급히 우승컵을 들고 나가 리본을 다림질해 갖고 왔는데 지사접견 5분전이었지요. 그해 고등학교 축구선수 출신 2명이 새로 들어와 전력이 크게 좋아졌습니다. 그 후, 저도 출전한 2005~2006년 창원, 울산대회까지 연속 우승을 차지해 우승기를 경기도청에 영구적으로 보관할 수 있게 되었지요. 어쩌다 만나는 축구동호회 후배들은 옛 이야기를 현란하게 드리블(dribble)합니다. 드리블 중, 백미(白眉)는 소 맥에 젖은 우승컵 리본 사건이지요. 가끔 공차는 꿈을 꿉니다. 싱그러운 시절이었기 때문이지요. 다시 한 번 우승컵에 소 맥을 담아 마시고 싶습니다.

포장마차에서 만나는 술 한 잔

"닭똥집 누가 먹었어?"

70년대, 고향 면서기로 일할 때, 가끔 회식을 했는데 두부 곁들인 김치찌개가 최고의 안주였지요. 어느 날, 닭볶음탕이 술안주로 나왔습니다. 보기 어려운 특식이었으니 눈이 번쩍 뜨였지요. 술자리가 무르익어갈 무렵, 좌장인 계장이 갑자기 닭똥집을 누가 먹었느냐고 소리쳤습니다. 순간 분위기가 싸늘해졌지요. 제가 먹었다고 했더니 "물어보고 먹어야지, 그걸 날름 먹어버리면 어떡해?"라며 언짢아하더군요. '그걸 물어보고 먹어야 하는 건지….'했는데 선배로부터 "계장이 가장 좋아하는 안주"라는 말을 듣고 나서 '아차! 실수했구나!' 후회했지만 참 어이없는 일이었습니다.

그 후 계장과 닭볶음탕을 먹을 때 닭똥집은 입에 대지 않았지만, 아무리 계급사회지만 너무하다는 생각이 들었지요. 그해 입대를 했고, 제대 후에는 군청에서 병사업무를 맡았습니다. 입대를 앞둔 장정들의 신체검사와 입영관련 업무라 병무청 있는 수원엘 자주 드나들었지요. 그런데 그때는 교통편이 좋지 않아 출퇴근이 어려웠습니다. 당연히 숙소를 정해 머무를 수밖에 없었지요. 매년 몇 차례 사나흘씩 병무청에서 신체검사와 장정들의 명부를 작성, 점검하는 일을 했습니다. 병사업무 중, 가장 중요한 일이었고 일을 마치면 함께 일한 동료들과 함께 회식을 했지요.

첫 출장 때입니다. 수원역인근에 숙소를 정하고 포장마차에 들어갔다가 깜짝 놀랐지요. 닭똥집이 수북하게 쌓여있었습니다. 문득, 면서기시절, 닭똥집 먹었다고 꾸중 듣던 회식자리가 떠올랐지요. 알고 보니 그곳 뿐 아니라 수원역 부근의 포장마차마다 닭똥집이 지천으로 널려있었습니다. 이렇게 흔한 음식인데 '그걸 먹고 곤혹을 당했다니' 헛웃음이 나왔지요. 술안주로 제격인 데다가 생각보다 비싸지도 않아 면서기 시절, '닭똥집 사건'도 떠올라 배 터지도록 먹었습니다. 그날 이후 병무청 출장을 손꼽아 기다렸고, 수원 출장 때마다 포장마차를 제 집처럼 드나들었지요.

살다 보면 홀로 있고 싶을 때가 있습니다. 그럴 때면 책을 읽거나 무작정 길을 걷곤 하지요. 저녁 무렵, 어둠이 내리는 시간엔 포장마차에 들어 술잔을 기울이는 건, 홀로 지낼 수 있는 최고의 순간입니다. 그것도 혼자 마시는 '혼 술'은 포장마차가 더 할 나위 없이 제격이지요. 식당에서의 혼 술은 처량해 보일 수도 있는데다가 주인도 반가워하지 않는 일이기 때문입니다. 또한 포장마차는 환경이나 먹을거리가 다양한 편은 아니지만 식당분위기를 뛰어넘는 색다른 매력이 넘쳐나기 때문이지요.

어둠이 짙어질수록 깊이 스며드는 달빛을 등에 지고, 더러는 추적추적 내리는 빗소리를 들으며 술잔을 기울이는 운치는 세상 최고입니다. 특히, 눈 내리는 날, 어둠을 비집고 들어오는 달빛 그윽한 포장마차에서 기울이는 술 한 잔은 세상 부러울 게 없는 행복, 그 자체지요. 일상의 고락을 술잔에 담아 뜨거운 눈물 한 방울 섞어 마시는 시간, '혼 술의 맛'을 아는 이라면 인생의 멋을 아는 사람입니다. 어둠이 스며들 무렵, 백열등이 밝아지면 붉어진 볼 위로 달빛이 은은하게 젖어들곤 하지요.

비워도 비워지지 않고 끝없이 이어지는 술잔처럼 허허한 삶의 굴레가 돌고 또 돌아갑니다. 그 허허한 마음으로 포장마차에 들어 술 한 잔 기울이면 찌든 삶의 더께가 말끔히 씻겨 내리지요. 가슴속 저린 한구석, 마음의 상처가 위로받는 시간입니다. 그런 연유로 가끔 혼 술을 만나고 때로

낮술을 기울일 때도 있지요. 요즘엔 혼 술이나 혼 밥할 수 있는 식당이 늘어나고 있습니다. 누구에게나 전혀 낯설지 않은 새로운 트렌드로 자리 잡았지요. 마음이 허허할 때 깊이 들이키는 술 한 잔, 비록 쓰디쓸지라도 그것마저 내 것이 되고 다시 살맛나는 살가운 세상이 되곤 합니다.

나에겐 냉정하게 남에겐 따뜻하게

"대나무가 높이 자랄 수 있는 것은, 속을 비운 데다 중간 중간 생겨난 매듭이 지탱해주기 때문이지요. 튼튼한 매듭이 하나 새로 생겼다고 생각하면 앞으로의 행보에 좋은 보약이 될 것입니다."

공직명퇴 후, 다시 경기도 비서실장으로 일하게 되었지요. 그때 모시던 지사가 어려운 일을 겪고 있을 때, 조심스럽게 전해드린 말입니다.

살다보면 돌발변수가 생겨날 때가 있지요. 길을 걷다가 갑자기 마주치는 회오리처럼 살다보면 날벼락을 맞을 때가 있습니다. 예기치 못한 당황스럽고 황당한 일 앞에선 한없이 초라해질 때가 있지요. 세상이 내 마음대로 살아지는 게 아닙니다. 잘 한다고 한 일이 곡해(曲解) 받을 때도 있지요. 그래도 그 순간을 모면하기 위해 거짓을 말한다고 그것을 관철시킬 수는 없습니다. 거짓은 깃털처럼 가벼워 진실을 마주하면 사라지기 때문이지요. 그 어려운 일도 오롯이 스스로 치열하게 극복해내면 가치 있는 추억으로 남게 되는 것입니다. 삶의 자양분이 되는 것이지요.

어려운 순간이나 난감한 일을 극복하는 건 자신의 몫입니다. 마음을 정리하고 내려놓는다는 것이 쉽진 않지요. 시간이 필요하고 고통이 뒤따릅니다. 하지만 매듭이 있어야 내공도 깊어지고 사는 맛이 진해지지요. 살면서 길을 가다가 넘어져 보지 않은 사람이 있겠는지요. 넘어질 수는 있지만, 그렇다고 마냥 엎어져 있지는 말아야 합니다. 넘어져 봐야 다시 일어서는 방법도 터득하는 게 아니겠는지요. 실패를 경험하지 못한 사람이 성공의 참 기쁨이 무언지 깨닫는 건 간단치 않은 일입니다.

경기도청에서 언론 홍보자료를 작성하는 일을 했지요. 각 부서에서 일하는 과정에서 도민들이 알아야할 시책이나 사업을 홍보자료로 작성해 언론사에 제공하는 일이었습니다. 어느 해 연말에 감당하기 어려운 일이 생겨났지요. 보통은 제가 작성한 것을 그대로 타이핑해 복사해서 제공하는 게 관례였습니다. 어느 날, 상사의 지시로 작성한 홍보자료에 상사가 직접 첨삭한 게 문제였습니다. 도정홍보의 선을 넘은 것이지요. 신문, 방송 언론사가 앞 다투어 문제가 심각한 걸로 보도했습니다.

도청이 발칵 뒤집혔지요. 그러나 아무도 책임지는 사람이 없었습니다. 재하자 유구무언(在下者 有口無言)이란 말이 있지만 '아닌 건 아니라'고 말을 못한 저에게 책임이 있다는 생각을 했지요. 눈물 나는 일이었지만 사표를 던지고 정처 없이 방황했습니다. 사흘이 지난 저녁, 다음 날 출근하라는 통보를 받았지요. 첨삭한 글씨의 당사자가 밝혀진 것입니다. 그 후엔 저 스스로 냉철하게 일을 하고 '안 되는 건 안 된다.'고 바른 말을 했지요. 그게 올곧게 공직을 마무리한 디딤돌이 되었습니다.

사는 게 그런 거지요. 자신에게는 한없이 엄격해야 합니다. 생각은 냉정하게 몸짓은 시열해야지요. 하지만 삶의 매듭이 인생의 궁극(窮極)은 아닙니다. 다른 사람이 볼 때는 별것 아니게 보일지 몰라도 자신에겐 큰일로 느껴질 때가 있지요. 내가 볼 때는 별것 아니어도 다른 이에겐 무척 큰일일 수 있습니다. 내가 큰일 앞에서 누군가의 손길을 그리워했듯 남의 큰일에 내가 손을 내밀어주어야 하는 게 사람 사는 도리이지요. 사람이 사람답게 산다는 것은 삶의 가치기준이 바로미터일 것입니다.

대나무가 매듭을 맺는 것은 자신을 튼실하게 하는 데만 있지는 않지요. 키 큰 숲이 되어 따뜻한 울타리가 돼주고 시원하게 그늘을 드리워주는 주는 데에도 있습니다. 인생의 매듭이 그러한 것이지요. 매듭이 있는 사람이 자신에게는 냉정하지만 다른 이에게는 관대하고 따뜻하게 배려할 줄 압니다. 그런 사람이 우리 사회를 넉넉하고 살만하게 해주는 든든한 울타리가 되곤 하지요. 그게 사람 사는 세상의 상도(常道)이고 순리입니다. 사람답게 사는 길이지요. 그게 가치 있는 삶의 여정입니다.

그림의 떡이 된, 수원왕갈비

"홍 서기! 갈비 맛이 어때?"

촌놈 갈비구경 시켜준다고 저를 이끌고 간 계장이 허겁지겁 갈비를 뜯는 모습을 보고 한마디 던진 겁니다.

"네! 이렇게 맛있는 고기는 생전 처음입니다." "그래! 많이 먹어"

흐뭇한 표정으로 바라보는 시선을 느끼며 저는 다시 정신없이 고기를 먹기 시작했습니다.

1982년 너른 고을(廣州)촌놈이 청운의 뜻을 품고 수원으로 거처를 옮겼지요. 군청에서 함께 일하던 형이 도청전입시험을 권유해 시험을 치루고 경기도청으로 자리를 옮겼기 때문이었습니다. 수원에 와서 어쩌다 처음 먹어본 게 수원 왕갈비였지요. 사업소에서 도 본청으로 들어왔는데 계장이 마련해준 환영식 저녁자리가 소갈비 집이었습니다. 그날 저는 새로운 맛의 신세계를 경험했지요. 한 번도 먹어보지 못한 소갈비의 맛은 환상적이었습니다. 눈치를 살필 겨를도 없이 먹어대니 계장은 내심 지갑을 만지작거렸을 테지요. 스물일곱 청춘인 저는 수원갈비를 처음 만나 깊은 사랑(?)에 빠져들고 말았습니다.

어쩌다 한 번 갈비를 먹을 수 있었고 먹을 기회가 많지는 않았지요. 더구나 박봉에 외벌이었던 터라 갈비로 외식을 한다는 게 부담이기 때문이었습니다. 아들이 초등학교에 들어간 이후에도 외식메뉴는 돼지갈비가 대세였지요. 어쩌다 회식자리에서 소갈비를 먹을 때면 저도 '아들에게 소갈비를 사줄 수 있는 날이 오겠지'라는 생각을 했습니다. 승진을 하고 조금씩 여유가 생기면서 생일 같은 기념일엔 세 식구가 외식으로 소갈비를 먹을 수 있었지요. 속칭 왕갈비로 불리는 수원의 소갈비는 정말 다른 지역의 갈비보다 뼈대가 크고 살도 많습니다. 독특하고 맛깔 난 양념갈비 맛은 타의 추종을 불허하지요.

수원갈비의 원조는 자타가 공인하는 '화춘옥'입니다. 한국전쟁이 끝나고 영동시장에서 영업을 시작했는데 늘 줄서서 기다려야 했다지요. 갈비 외에 갈비탕과 설렁탕을 함께 팔았습니다. 제3공화국 시절, 박정희 대통령이 경기도청 순시나 지방 출장길에 화춘옥을 찾으면서 전국적인 명성을 얻었지요. 그러다 1980년대 우시장이 폐장된 후, 한우고기 조달이 어렵게 되자 점차 수입 소고기로 대체됐습니다. 수입 산으로 갈빗대가 커지고 고기 량이 늘어나 왕갈비로 불리게 된 것이지요. B 갈비 집은 1인분이 450g으로 어른도 배부르게 먹을 수 있었습니다. 그런데 얼마 전부터 수원 왕갈비를 먹기가 어려워졌지요.

K식당의 한우갈비가 10만2천원, 수입소갈비 6만9천원, S갈비는 8만7천원, B식당 수입소갈비도 6만5천원을 받습니다. 재료와 인건비가 워낙 올라 어쩔 수 없다고는 하지만 1인당 최소 10만원 넘는 비용이 적지 않게 부담이 되는 게 사실이지요. 일부 업소는 식사시간까지 제한하고 있습니다. 테이블 당 이용시간을 1시간 40분에서 2시간을 넘지 못하도록 한 것이지요. 평일 저녁뿐만 아니라 주말도 동일합니다. 한 팀이라도 더 받으려고 손님들에게 '카운트다운'을 강요한다는 볼멘소리가 나오는 이유지요. 양도 많고 맛도 좋아서 입 꼬리가 올라간다던 수원 왕갈비가 서민들에겐 그림의 떡이 되고 말았습니다.

40년 넘게 수원에서 살고 경기도청에서만 30년 넘게 일했지요. 집이든 도청이든 오는 손님에게 수원 왕갈비를 사드리면 대접받은 손님이 엄지손가락을 치켜드니 기분이 좋아졌지요. 그런데 이젠 수원왕갈비를 대접하거나 사먹는 게 어려워졌습니다. 먹고 싶어도 사먹기 힘든 음식이 된 것이지요. '장사는 돈이 아니라 사람을 남기는 것'이라는 말이 있습니다. 수원에서 가장 오래된 일미순대 집처럼 한 결 같이 진하고 넉넉한 인심이 넘쳐흐르면 좋겠지요. '안가면 된다.'고 위안을 삼기엔 40년 지난날의 추억이 짠한 아쉬움으로 남습니다. 비싸지고 시간제한까지 하는 수원왕갈비, 오래 사랑받을 수 있을까요?

.

股汕 金 良枰

배운다는 건 자신을 뛰어넘는 일

"승표야! 공무원 시험 한번 봐보는 게 어때?"

고3 여름방학을 앞두고 공무원 시험을 준비하던 사촌 형이 불쑥 던진 말입니다. 시험이 얼마 남지 않았지만, 어차피 대학에 갈 수 있는 형편이 안 되니 한번 해보자는 생각이 들었지요. 그런데 마땅히 공부할 수 있는 공간이 없었습니다. 작은 방에 두 명의 동생과 함께 지내고 있었기 때문이지요. 이런 사정은 저뿐만이 아니었습니다. 이런 사정을 알게 된 담임이 고맙게도 교실하나를 밤 12시까지 개방해주었지요. 공부할 수 있는 공간이 생기자 시험 준비생이 이곳에 몰려들었습니다.

망설인 것도 사실이지요. 2학기 수업이 남아 있기도 했고, 실업계라서 인문계 학생보다 더 공부해야했고, 또 군필자에게 부여되는 가점도 없었으니 쉽지 않겠다고 생각했기 때문입니다. 아버지도 졸업 후에 시험을 보는 게 좋겠다고 하셨지요. 하지만 어머니는 생각이 달랐습니다. 대학에 못 갈 형편이니 공무원이 되면 좋겠다며 연습 삼아 한번 도전해 보라는 것이었지요. 이 말에 용기백배, 시험을 치기로 했습니다.

사실, 모든 게 불리한 조건이고 여러 가지로 녹록치 않은 상황이었지요. 어금니를 질끈 물고 매진했습니다. 그야말로 죽을힘을 다해 공부했지요. 시험 전날 밤도 꼬박 새워 눈이 퉁퉁 부어오른 채로 시험을 봐야 했습니다. 무사히 마치기는 했으나 제대로 시험을 보긴 본 건지 아무 생각이 나질 않았지요. 돌아오는 버스 안에서 내내 잠만 잤습니다. 어머니는 수고했다고 하셨지만, 아버지는 쓸데없이 고생하게 했다고 한마디 던지셨지요.

개학을 맞아 학교에 다니면서 여전히 집안일을 도우며 지냈습니다. 시험을 본 것은 까마득히 잊고 있었지요. 그런데 기적 같은 일이 생겼습니다. 합격통지가 날아든 것이지요. 지성이면 감천이라지만 어머니가 더할 수 없으리만치 좋아하셨습니다. 아버지도 좋으신지 빙그레 웃으셨지요. 학교에서는 교장 선생님이 조회에서 저를 단상으로 불러 합격사실을 알렸고 전교생이 축하의 박수를 보냈습니다. 믿기지 않는 일이었지요.

졸업을 한 달여 앞두고 고향 면사무소로 발령을 받았습니다. 짧은 머리에 아버지가 사준 옷을 입고 출근했지요. 열여덟 어린 나이에 공무원이 된 것입니다. 졸업식 날, 면장이 축사 도중 갑자기 저를 일으켜 세워놓고 우리 면 직원이라고 소개해 얼떨결에 박수를 받았습니다. 2년 가까이 일하다가 입대했고 면서기 경력덕분에 행정병으로 뽑혔지요. 34개월 넘게 복무하고 전역해 군청에서 형과 같은 부서에서 일하게 됐습니다. 좋은 점도 있었지만, 여러 가지로 불편했지요. 고민 끝에 벼락치기로 공부해 전입시험을 치르고, 경기도청으로 자리를 옮겼습니다.

도청엔 고시 출신과 대졸출신이 많아 한동안 기죽어 지냈지요. 하지만 좌절하고 있을 수만은 없는 노릇, 정성을 다해 일했습니다. 그래도 가슴 한구석, 대학에 가지 못한 한이 사라졌던 건 아니었지요. 서기관으로 승진해 도청과장이 되었을 때, 야간대학에 입학했지요. 졸업 후에는 경기대학교 행정대학원에 들어가 공부를 계속했습니다. 지천명이었지만, 젊은 학생에게 뒤처질 수 없다는 생각으로 죽어라 공부했습니다. 졸업 논문은 대학원장이 직접 지도교수를 자청해 까다롭게 하는 통에 두 번이나 수정하는 아픔(?)을 겪었지요. 학점은 잘 받아서 졸업식 때 '최우수 학업 상'도 받았습니다.

많이 배운 사람이 일을 잘할 수 있는 기본 바탕을 갖추게 된다는 게 일반적인 상식이지만, 학력이 높다고 반드시 일을 잘하는 건 아닙니다. 하지만 공부는 중요하지요. 제게 늦깎이 공부는 보람이 있었고, 자신을 다시 곧추세우며 채찍질하는 기회였습니다. 치열하게 산다는 것이 삶의 원천이 된다는 것을 절감했지요. 나이에 관계없이 배운다는 건 현재의 자신을 뛰어넘는 변곡점이고 가치 있는 일입니다.

산에 들면 산을 볼 수 없습니다.

1997년 12월, '경기방송' 개국으로 이 업무를 담당했던 '경기방송국 설립추진단'이 해체됐습니다. 18개월 동안 단장으로 일했던 저는 졸지에 보직 없는 사무관이 되고 말았지요. 김문규 공보관은 "그동안 수고했으니 인사발령 때까지 하고 싶은 거 해"라고 했지만 인사일정상 오랜 기간을 그냥 쉬기는 지루할거라는 생각이 들었습니다. 도청에서 매주 20만 부를 발행하는 《주간경기》팀을 돕기로 했지요. 3년 남짓 홍보자료를 작성했던 경험을 살리면 도움이 되겠다싶어 석 달 정도 일을 도운 것입니다.

"1면을 풍경 사진처럼 부담 없는 것으로 채우면 어떻겠습니까?"
일을 거든 지 두 달쯤 지났을 때, 편집회의를 주관하는 최경선 정무부지사께 제 생각을 말했지요. 그동안 1면에 도청의 주요 시책을 사진과 함께 실었는데 그보다는 아름다운 풍경이 나을 거라는 생각했기 때문이었습니다.
"반응이 어떨지 모르지만 한번 시도해봅시다."

잠시 고민하던 부지사가 제 아이디어를 받아들였는데 반응이 좋았지요. 3월 첫 주 발행한 주간경기의 1면이 달라진 것을 두고 '신선하다', '새로운 시도가 좋다'는 호평이 뒤따랐습니다. 얼음이 녹아 흐르기 시작하는 '한국 민속촌의 물레방아' 모습을 담았으니 신선해보인 거지요.
"앞으로 1면은 이렇게 정겹고 부드러운 풍경사진을 올리도록 합시다."
이후 사진작가와 저는 곳곳을 찾아 멋진 풍광을 앵글에 담았고 도민들로부터 좋은 평가를 받았습니다.

3개월여 함께 일하며 느낀 게 적지 않았지요. 주간신문 발행도 이렇게 힘든데 매일 발행하는 일간지는 얼마나 힘들고 버거울까, 매의 눈으로 기삿거리를 찾는 기자들의 고충을 조금은 이해할 수 있었습니다. 또, 짧은 기간이나마 쉬지 않고 일하기를 잘했다는 생각, 덤으로 많은 기자들과도 친분도 쌓았으니 이때의 석 달여 체험은 값진 소득이었지요.

"홍 계장! 조사계장으로 일해 보는 게 어때?"
부지사의 제안을 받은 저는 정중히 사양했습니다. 조사계는 말 그대로 특명사항을 조사하는 직책인데, 동료를 조사하고 싶지는 않았기 때문이지요. 세정과 계장으로 새로 보직을 받게 된 배경이기도 합니다. 세정과는 세외수입 처리·세원 발굴·도 금고 관리를 맡는 부서인데, 제가 가자마자 도 금고위탁기간이 만료돼 새로 금융기관을 선정하는 일을 했지요. 금융기관의 경쟁이 치열해 말 한마디 언행 하나하나가 조심스러웠습니다. 새삼 보직 없이 주간경기 일을 하던 때가 부담 없는 기간이었다는 걸 절감했지요. 그 여백의 시간이 차분하게 일할 수 있는 자양분이 되었고, 도 금고 선정 작업을 이상 없이 수행할 수 있었습니다.

과천시 부시장으로 일할 때는 행정부지사로부터 '장기연수' 제안을 받았는데 흔쾌히 응했지요. 일상을 벗어나 좋은 강의를 듣고 책도 읽으면서 생각의 깊이와 넓이를 더할 수 있다는 생각에 망설일 이유가 없었습니다. 전국에서 온 공직자들과 함께 10개월 동안 공부하면서 토론하고, 어울려 현장학습도 다니면서 많은 것을 배울 수 있었지요. 특히, 관청 밖에서 객관적으로 행정을 들여다볼 수 있었던 것은 미처 깨닫지 못한 소중한 경험이었습니다.

산에 들어가면 산이 보이지 않는 법이지요. 산속의 나무 몇 그루, 바위 몇 개를 산이라고 할 수는 없습니다. 매사가 그렇고 세상이치가 그러하지요. 출세나 눈앞의 이득에만 매달리면 더 큰 것을 놓치는 일이 생겨나는 법입니다. 보직 없이 도정신문 주간경기를 만들며 일한 것, 교육과 교류로 충전한 연수기간은 행정집행 등의 현장실무에 파묻혀선 얻기 어려운 귀중한 여백의 시간이었지요. 잠시 한 걸음 뒤에서 걷는 것, 뒤에서 바라보며 생각하는 것, 그게 멀리 내다보는 지혜이고 앞서가는 길입니다.

소통의 첫걸음

　3천명이 넘는 위암 환자의 수술을 집도한 어느 교수의 인생 2막이 화제입니다. 위암은 우리 국민의 사망원인 3위에 속하는 질환이지요. 이 '위암외과' 분야는 우리나라 의료진이 세계 최고수준이라고 합니다. 이 중에서도 '대한위암학회' 회장과 한양대학병원 원장을 지낸 이분이 국내 최고 권위자로 손꼽히는 명의이지요. 정년을 앞둔 그에게 대형 종합병원 등의 초청이 쇄도했습니다. 어느 직장이든 마음대로 선택해서 갈 수 있는 상황이었지요.

　그러나 그는 좋은 조건을 마다하고 시골지역의 4급 공무원인 강원도 군청의 보건소장직을 택했습니다. 많은 사람이 의아해하고 궁금해 했지만, 그는 아무 말도 하지 않았지요. 그래도 사람들은 그 뜻은 짐작할 수 있었습니다. 그는 '의사 수급보다 지역별 의료 불균형이 더 큰 문제'라고 했으니까요. '아하! 그래서 그랬구나!' 그러니까 강원 행은 그의 평소 철학을 실행에 옮긴 것뿐입니다. 굳이 말하지 않아도, 아니 말하지 않음으로써 말 이상의 울림을 주는 행동이었던 것이지요.

　"큰 역할을 맡아 수백 번 연습했지만, 실수할까 봐 마음을 졸였는데 무사히 끝내고 칭찬도 받으니 긴장이 풀어져서…"

　경기관광공사에서 일할 때입니다. 대만에서 경기도 관광 관련 홍보마케팅을 하던 날, 걱정이었습니다. 입사한 지 4개월밖에 안 된 대만 출신 '똰띵위(段亭羽)' 주재원이 경기관광을 소개할 때, 내심 조마조마했지요.

하지만 그는 20분에 걸친 프레젠테이션을 완벽하게 해냈습니다. 참석자들의 박수와 환호성이 드높았지요. 행사를 마친 후, 뒤풀이 자리에서 칭찬과 격려가 오가던 그때, 그가 갑자기 소리 내어 울기 시작했습니다. 무슨 일이냐고 물었더니 마음고생한 날들이 떠올라 자신도 모르게 눈물이 쏟아졌다는 거지요. '아하! 그래서 울음을 터트렸구나!' 순간, 저도 모르게 덩달아 울컥했습니다.

대학 졸업 후 입사시험을 치르고 온 아들이 완전 풀이 죽어 있었지요. 최종 면접 때, 영어질문을 이해는 했지만, 회화 능력이 부족해 답변을 못 했다는 것이었습니다. 달빛이 스며드는 선술집에서 아들과 술자리를 가졌지요. 좀 더 공부할 수 있게 뒷바라지 못 해 미안하다고도 했습니다. 기자가 꿈이었던 아들은 신문방송학전공에 부전공으로 국문학을 공부했지요. 이런저런 얘기를 나누다가 꼭 '그 길만 능사가 아니다.' 싶어 진로를 바꿔보는 게 어떻겠냐고 했습니다. 논의 끝에 어떤 일을 하던 어학연수가 필요하다는 데에 공감하고, 호주로 어학연수를 떠나보냈지요. 이런 과정을 거쳐 1년 만에 귀국한 아들은 단번에 취업에 성공했습니다. 이 또한 마음을 열고 나눈 소통의 결실이었지요.

소통을 잘하면 만사형통이라는 말처럼 소통이 중요하다 하지만 그 출발은 잘 듣는 것에 있고, 공감해주는 데 있습니다. '내가 듣고 있으면 내가 이득을 얻고 내가 말하고 있으면 남이 이득을 얻는다.'는 말이 있지요. '아하!'와 '아차!'는 자음 하나 차이지만, 그 결과는 천양지차로 달라집니다. 소통은 끝까지 듣고 '아하! 그렇구나!' 하고 진심으로 공감해주는 데서 시작되지요. 이것을 못 견디고 끼어들면 실수로 이어지고 '아차'하는 사이 벽이 생깁니다. 편이 갈리고, 갈수록 자기논리에 갇히게 되는 것으로 문제가 확대되곤 하지요.

산다는 건 시작도 끝도 없고, 한계도 경계도 없는 길입니다. 언제 시작했는지도 모르는 사이 이미 그것을 하고 있고, 이젠 끝났다 싶은데 계속 이어지는 게 인생이지요. 이순을 넘긴 나이에도 가끔 저도 모르게 감정이 욱하고 치밀어 올라 일순간 벌컥 화를 낼 때가 있습니다. 아직도 삶의 지혜가 무르익지 않았다는 반증이겠지요. 남은 삶의 여정이라도 '아차!' 하는 일보다 '아하! 그렇구나!' 하는 일이 많아지면 좋겠습니다.

의정부 부대찌개

"행사 끝나고 저녁시간에 뭘 드시고 싶으세요?" "의정부는 부대찌개죠! 부대찌개가 좋을 듯합니다."

민주평화통일 의정부시 협의회 출범식을 앞두고 조금석 회장이 행사가 끝나면 저녁시간이니 자문위원들과 저녁을 함께 하자며 뭘 먹는 게 좋겠냐고 물었습니다. 저는 일초의 망설임도 없이 '부대찌개'가 좋겠다고 했지요. 민주 평화통일 자문회의에서 경기지역을 대표하는 부의장으로 시군 자문위원들께 인사드리고 위촉장을 전수하는 일을 했습니다. 출범식이 끝나면 자체회의도 있는데다 민폐를 끼치지 않겠다는 생각에 별도로 밥을 먹곤 했지요. 그런데 의정부시는 부대찌개에 대한 진한 옛 추억이 떠올라 함께 저녁을 먹었습니다. 부대찌개에 어울리는 소주잔을 기울이며 웃음소리 가득한 이야기들을 함께 나누는 저녁시간이 화기애애하게 이어졌지요.

"홍 일병! 같이 외출 나가자! 날도 추운데 뜨끈한 부대고기나 먹고 오자!" "네! 알겠습니다. 그런데 부대고기가 뭐예요?" "따라와 보면 알아!"

76년 10월 군 입대를 해 논산훈련소 교육을 마치고 그해 12월 말, 자대 배치를 받은 곳이 의정부 천보산 아래 자리한 군부대였습니다. 전입 한 달 남짓 지났을 때, 내무반장이 전입신병 셋을 이끌고 외출을 한 것이지요. 양일식당이라는 곳이었습니다. '부대고기'를 먹자고 해 정말 궁금했는데 잘게 썰어진 고기와 햄, 소시지, 당면이 들어간 생전 처음 보는 음식이었지요. 김치찌개를 닮았는데 진하지만 텁텁하지 않고 잠자던 미각을 일깨우는 '맛의 신세계' 그 자체였습니다. 그 후, 외출을 나가거나 휴가를 나갈 때면 부대고기를 먹는 게 쏠쏠한 낙이었지요. 제대기념 회식을 한 것도 부대고기일 정도로 그 당시, 제 인생최애 음식으로 자리 잡았습니다.

'부대찌개'는 70여 년 전 미군 부대 주변에서 시작됐지요. 6·25 한국전쟁이 끝난 뒤, 미군이 주둔한 몇몇 도시에서 이 음식이 팔렸지만 그중에서도 '의정부 부대찌개'가 유명했습니다. 당시 캠프 레드클라우드, 캠프 스탠리, 캠프 잭슨 등 미군부대가 많았기 때문이지요. 제가 단골로 드나들던 양일식당도 유명했지만 1960년 포장마차로 장사를 시작한 '오뎅식당'이 원조로 손꼽히는 곳입니다. 어묵과 술을 파는 포장마차로 시작해 어묵의 일본말인 '오뎅(おでん)' 식당으로 3대째 이어지고 있지요. 그 당시, 의정부에는 미군 부대에 근무하는 군무원이 포장마차 손님 대부분을 차지했습니다. 그들이 부대에서 가지고 나온 자투리 고기와 햄, 소시지, 베이컨, 통조림 등으로 요리한 게 부대찌개의 원조이지요.

처음에는 식재료들을 한꺼번에 볶아낸 메뉴로 만들어 '부대고기'나 '부대볶음'으로 불렸습니다. 그 후, 부대볶음에 김치·고추장 등을 넣어 찌개로 끓여 냈는데 그 때부터 부대찌개로 불리기 시작한 것이지요. 미군 부대에서 나온 식재료에 김치, 고추장 등이 만난 우리나라 최초의 한식·양식 퓨전요리입니다. 제가 처음 접했을 때는 자투리고기, 햄, 소시지 등을 섞은 잡탕찌개였지요. 1966년 존슨 대통령이 미군주둔지를 방문했다가 우연히 부대찌개를 맛보고 최고의 맛이라 호평했다고 합니다. 부대찌개가 '존슨 탕'이란 별칭으로 불리게 된 연유이지요. 이제 부대찌개는 국어사전에 등재된 고유명사로 자리매김했습니다.

의정부에선 2006년부터 매년 '부대찌개'축제가 열리는데 '2023년 경기관광축제'로 선정될 만큼 유명해졌지요. 맛은 조금씩 다르지만 동두천과 송탄 등에서도 부대찌개 식당들이 많은 사람들의 사랑을 받고 있습니다. 동장군이 기승을 부리는 날엔 한국전쟁직후 먹고 사는 게 힘들었던 시절, 허기진 배를 채워준 최초의 동서양 퓨전요리 부대찌개를 만나보세요. 혹한의 겨울이 따뜻하고 넉넉해질 것입니다.

잘 하면 보약, 잘 못 하면 독약

"승표야! 죽기 살기로 공부해 봐! 붙을 수도 있지 않겠니?"

어머니의 이 한마디가 얼마나 큰 위로와 힘이 됐는지 모릅니다. 고3 여름방학을 앞두고 공무원 시험 공고가 나붙었지요. 어차피 대학은 못 갈 형편이니 연습 삼아 공부를 시작했는데 아버지는 시큰둥한 반응이었습니다. 2학기 학교 공부가 남아 있고, 군필(軍畢) 가점이 있는 것도 아니니 합격은 불가능하다는 생각이었겠지요. 풀죽어 있는 저에게 어머니가 한 말씀 거든 것인데, 그 한마디가 큰 울림을 안겨주었습니다.

용기백배 죽어라 공부했지요. 다만, 어린 두 명의 동생과 한방을 쓰려니 늦게까지 공부하는 게 불편했습니다. 다행히 담임선생님이 자정까지 공부할 수 있게 교실 하나를 마련해 주셨지요. 한 달 남짓 자정까지 공부하고 돌아와 집에서 쪽잠을 자고, 일찍 일어나 다시 공부했습니다. 그래도 합격은 쉽지 않을 거라고 반쯤 포기했는데 9월이 저물어갈 무렵, 합격 통지서를 받았지요. 어머니가 기뻐하시는 걸 보고 울컥했습니다.

"일환아! 틈틈이 공무원 시험공부를 해라! 청원경찰도 괜찮지만, 평생할 건 아니지 않느냐."

"아닙니다. 우리 집 부자입니다. 저도 빌딩이 있고 먹고사는 데는 지장이 없습니다."

"그래도 일반 공무원이 되면 승진도 하고 나처럼 과장도 되고 좋잖아?"

고양시청 지역경제과장으로 일할 때, 청원경찰로 함께 일하던 젊은 직

원이 있었습니다. 일산신도시 개발로 보상을 받아 잘사는 그에게 청원경
찰은 생계수단이 아니라 소일거리에 불과했지요. 하지만 저는 계속 설득
했고 결국 그는 공무원 시험에 도전하기 위해 학원에 등록하고 공부를 시
작했습니다. 만날 때마다 열심히 공부하라고 용기를 북돋아주었지요. 그
는 이듬해 합격했고, 지금 6급 팀장으로 일하고 있습니다.

"배 국장! 술은 씹어 먹는 게 아니잖아! 그냥 마셔."
"네, 알겠습니다. 마시겠습니다."
용인시 부시장으로 일할 때였지요. 배명곤 도시국장이 이(齒)가 아파
술을 안마시겠다고 해 농담 삼아 한마디 던졌는데, 그는 진담으로 듣고
술을 마셨습니다. 미안한 생각이 들었지만 덕분에 분위기는 화기애애했
지요. 나중 제가 명예퇴직 후 경기관광공사 대표사원으로 일할 때, 어느
저녁자리에서 그를 다시 만났습니다.
"부시장님! 술을 씹어 드십니까? 어서 드세요."
공교롭게도 하루전날 제가 이(齒)를 뽑아 술을 사양했는데, 배 국장에
게 했던 말이 고스란히 되돌아온 것이지요.

미리가 좋다고 인성이 좋은 선 아닌 듯합니다. 아무개 변호사가 김형석
교수의 문재인 정부 비판에 '이래서 오래 사는 것이 위험하다는 옛말이 생
겨난 것일 게다. 어째서 지난 100년 동안 멀쩡한 정신으로 안 하던 짓을 탁
해진 후에 시작하는 것인지 노화현상이라면 딱한 일'이라고 해 논란이 일
었지요. 그는 '적정한 나이는 80세 정도'라는 말도 했습니다. 아무리 진영
이 다르고 생각이 다르다고 자기보다 50살이나 많은 어른에게 해서는 안
될 말이지요. 그 자신도 80세가 되면 위험한 사람이 되는 것인지….

'말은 해야 맛이고 고기는 씹어야 맛'이라는 말이 있지요. '말은 사람의
인격'입니다. 말은 위로와 격려가 되고 용기와 희망을 안겨주지만, 때로

날카로운 비수(匕首)가 되어 지워지지 않는 마음의 상처로 남기도 합니다. 돌이켜보면 저도 다른 사람에게 용기와 희망을 주는 말을 많이 하려 애썼지만, 부족한 게 많았지요. 인성이 부족한 탓이고 부끄러운 일입니다. 늘 한 번쯤 더 생각하고 말하리라 되새겨보지만 쉬운 일이 아니라는 걸 실감하게 되지요. 말은 잘 하면 보약이지만, 잘 못하면 독약이 됩니다.

함께해야 멀리 간다.

경기도청에서 일할 때 인문학 동아리 '다산사랑'과 축구동호회 회원으로 참여했습니다. 그 때, 배운 '목민심서'는 공직자로 사는 동안 삶의 나침판이 되었지요. 시골에서 자랄 때, 마땅히 즐길 거리가 없으니 공차는 게 유일한 낙이었습니다. 집에서 도청 운동장까지 걸어서 20분이면 충분하다는 것도 축구동호회에 가입하는 계기가 되었지요. 말단 직원일 때는 워낙 바빠 자주 참여 못하다가 사무관승진이후, 조금 여유가 생겨 매주 토요일 아침에 회원들과 함께 공을 찼습니다. 축구를 해본 지 오래돼 처음에는 헤맸지만, 차츰 나아지기 시작했지요. 5년 정도 지났을 때는 '전국시 · 도 공무원 체육대회'에 출전도 했습니다.

매년 행정자치부가 주관하는 공무원 체육대회는 축구, 탁구, 테니스등의 종목이 있었지요. 축구의 경우에는 직급별로 선수가 정해졌는데, 대회 규정상 서기관급과 도의회 상임위원장급 1명 이상 출전해야만 했습니다. 2004년 대회는 도의회가 열리던 회기 중이라 관광과장이었던 제가 얼떨결에 단장 겸 선수로 참여했지요. 환경노동위원회 노재영위원장과 전 · 후반 나누어 출전했는데, 그 짧은 시간도 입에서 단내가 나고 땀이 비 오듯 쏟아졌습니다. 후배들에게 실망을 줄 수 없다는 생각에 이를 악물고 뛰었는데 운 좋게도 8년 만에 우승컵을 안았지요. 수원에 도착해 축배를 들며 땀 흘린 보람을 실감했습니다.

2012년, 용인에서 일할 때, 화성에서 경기도지사 배 공무원 축구대회가 열렸지요. 8년 전 기억이 떠올라 시청축구동호회 모임에 나가기 시작했습니다. 함께 공을 차고나면 두부김치에 막걸리를 곁들이면서 우승 한 번 해보자는 의지를 다졌지요. 출전하진 못했고 응원단장을 맡았는데 용인시청 팀이 결승에 올랐습니다.

"야! 이놈들아, 정신 차리고 집중해!"

결승전 후반이 끝나갈 무렵, 선수 중에 나이가 제일 많은 최희학 과장이 지친 선수들을 향해 소리쳤지요. 그리고 잠시 후, 보란 듯이 빨랫줄 같은 멋진 슛으로 결승 골을 넣곤 울먹이며 눈물을 닦아 저도 울컥했습니다.

도청에서도 그랬고, 용인, 과천, 파주시에서 일할 때도 직원들과 어울려 공을 찼지요. 한편으로는 산악회원과 함께 전국의 산을 찾아 등산을 함께 했습니다. 이렇게 밖에서 격의 없이 함께 지내다 보니 미처 몰랐던 일도 자연스럽게 알게 되었지요. 평소에는 듣기 어려웠던 고충은 행정을 펼치고 조직을 운영해나가는 데 큰 도움이 되었습니다.

각종 재해가 발생해서 봉사활동을 나갈 때, 어려운 이웃을 돕거나 사회복지시설을 찾아갈 때는 동호회원들이 앞장섰지요. 평소에 함께했기 때문인지 서로 앞 다투어 나서곤 했습니다. 이것이 조직의 힘이 되고 개인의 정서에도 좋은 기운을 주는 원동력이 되었지요. 시청 공무원이 많이 달라지고 좋아졌다는 호평이 쏟아지기 시작했는데, 동호회 활동이 밑바탕이 되었을 것입니다. 창의적인 시책이 많이 나오고 행정 수준도 높아져 상도 많이 받았지요. 경기도의 정기 감사에서는 지적사항이 크게 줄어들어 우리 스스로 놀랐던 기억이 납니다. 모두 한마음으로 함께한 산물이었지요.

퇴직 후에도 이런 인연을 맺고 있는데, 모셨던 지사가 나에게 "이미 퇴직했는데 왜 도청 일에 관심이 많으냐?"고 했습니다. "도청에서 30년 넘게 일한 사람이니 도청 직원의 잘한 점은 칭찬해주고 잘하지 못한 건 꾸짖어 바로잡아주고 싶어서"라고 대답했지요. 공직사회에 대한 애정은 지금도 변함이 없지만, 조직에 폐를 끼칠 생각은 추호도 없습니다. 그저 한결같은 마음으로 도민을 위해 함께 슬기와 지혜를 더하는 것이 좋겠다는 생각이지요. '혼자 가면 더 빨리 갈 수 있겠지만, 함께하면 더 멀리 갈 수 있다.'는 건 동서고금을 막론하고 변하지 않는 진리입니다.

주민자치회장은 완장이 아닙니다.

"부시장님! 청이 있습니다. 우리 동장 좀 바꿔주십시오" "그럴만한 이유가 있습니까?" "고집이 많고 저의 말을 듣지 않습니다." "무슨 일인지는 모르겠지만 동장은 시장이 임명한 공직자이고 주민자치회장은 주민자치회위원들이 선출한 봉사 직입니다. 그런데 동장을 회장 아래 직원쯤으로 여기는 건 있을 수 없는 일입니다. 주민자치회장이 무슨 벼슬입니까? 저는 못들은 것으로 하겠습니다. 나가주세요."

용인시의 부시장으로 일할 때였지요. 지역신문기자와 함께 들어온 주민자치회장이 동장을 바꿔달라고 했습니다. 기가 막히고 어처구니없는 일이었지요. 주민자치회장을 완장으로 생각하는 듯했습니다. 주민자치회는 주민자치센터에서 시행하는 일에 대한 검토와 조언역할을 하는 단체이지요. 자치위원들이 호선하는 회장은 말 그대로 위원회를 대표해 회의를 진행하고 동장이나 주민 센터직원들과 협업을 하는 사람입니다. 그런데 자신이 동장보다 높다는 착각을 한 것이지요. 놀라운 것은 지역신문기자가 주민자치회장 편을 든 것입니다. 한심하고 있을 수 없는 일이라는 생각이 들었지요.

"엊그제 어느 동의 주민자치회장이 모 지역신문기자와 함께와 동장을 바꿔달라는 말을 했습니다. 순간 얼굴이 후끈 달아올랐는데 정말 있을 수 없는 일이고 생겨나서는 안 되는 일이지요. 오죽 동장이 제 역할을 못하고 권위가 없으면 이런 일이 생깁니까? 읍면동장님들이 꼼꼼히 살피고 주민자치회위원들과 소통을 잘해서 다시는 이런 일이 없도록 해주시기 바랍니다."

매월 한차례 실국과장, 읍면동장 연석회의가 끝나면 시장이 나간 뒤, 부시장인 제가 마무리하는 시간이 있었습니다. 그 때, 목소리를 높여 이 이야기를 했지요. 동장을 바꿔달라는 것도 말이 안 되지만 동장도 제 역할을 못했다는 생각 때문이었습니다. 며칠 후, 당사자인 동장이 찾아왔지요. 자초지종을 들어보니 주민자치회장이 동장이 들어줄 수 없는 민원을 제기했다는 걸 알았습니다. 함께 왔던 기자를 만나 엄중항의를 했고 정중한 사과를 받았지요. 동장에게도 잘 소통하고 다독이라는 말을 덧붙였지만 미안한 마음도 들었습니다. 아무리 세상이 변했어도 주민자치회장이 동장을 졸(卒)로 생각하는 건 있을 수 없는 일이지요.

1999년부터 주민자치센터의 설립과 함께 읍면동에 주민자치회가 설치되었습니다. 주민의 대표기능과 주민자치의 매개기능을 수행하는 일을 하도록 한 것이지요. 주민자치센터에서 시행하는 문화, 복지프로그램의 운영과 관련한 심의를 하고 있습니다. 지역 특성마다 활성화 정도가 다른 데다 일부 주민자치회는 '그들만의 리그'로 전락해 주민갈등이 생겨나기도 합니다. 특별한 절차 없이 추천을 받아 위원을 위촉하기도 해 일부주민들이 위원의 대표성을 문제 삼는 일도 있지요. 주민자치위원은 봉사 직인네 그걸 완장으로 생각하는 사람도 있습니다. 주민 삶의 질 향상을 위해 봉사하는 자리라는 걸 잊어서는 안 될 일이지요.

코로나19가 기승을 부리고 고물가에 모두가 아우성인 시기에 부천의 한 주민자치회장이 70명을 초청해 호텔에서 취임행사를 하고 만찬을 했습니다. 주민자치센터에서 하면 되는데 완장을 과시하고 싶었을 테지요. '내 돈 내고 내가 했는데 뭔 참견이냐?'고 하면 할 말이 없습니다. 그러나 자신을 과시하고 싶은 욕망으로 가득 찬 사람이 주민자치회장이라면 봉사가 아니라 완장행세를 할까 걱정이 됩니다. 이런 생각을 가진 사람이 완장을 찼으니 그 또한 공무원들을 졸(卒)로 생각하지 않을까하는 것이

지요. 주민자치회는 주민들을 위해 봉사하는 단체입니다. 봉사가 아닌 완
장으로 행세하면 주민들만 고단하고 불행해집니다.

관광은 미리 협업하고 준비해야

"사장님! '메르스'때문에 손 놓고 있을 게 아니라 베이징에 한번 가시지요."

"메르스 종식 전에 사전 준비해서 끝나면 바로 갑시다."

경기관광공사 대표로 일한 지 5개월이 채 안 됐을 때, 메르스(MERS:중동호흡기증후군)가 창궐했습니다. 메르스는 온 국민을 공포에 떨게 한 호흡기 질환이었는데, 유언비어가 난무했지요. 급기야 정부가 "미확인된, 올바르지 않은 감염경로 · 치료법 · 예방법 등에 대한 정보가 떠돌고 있는데, 이는 사실과 관계없다. 유언비어를 의도적으로 유포하는 행위에 대해서는 수사를 통해 처벌하는 엄한 조치를 취하겠다."라고 밝혔습니다. 당시에는 예방백신이나 치료제가 개발되지 않아 국민적 불안감이 극에 달했지요. 여행업계는 졸지에 날벼락을 맞았고, 한순간에 황당한 사태를 맞은 경기관광공사와 관광업계도 넋이 나간 상태였습니다. 할 수 있는 일이 거의 없었거든요.

이때 강동한 해외마케팅처장 제안이 기발했습니다. 언젠가는 메르스가 끝날 것이니 그때를 대비해 미리 준비하자, 즉 한마디로 위기를 기회로 만들자는 얘기였지요. 우리는 한국관광공사 베이징지사와 협의, 박정하 지사장으로부터 중국 여행업계 관계자를 만날 기회를 마련하겠다는 약속을 받았지요. 실제로 메르스 종식 직후인 7월 말에 우리는 베이징으로 날아가 중국 관광회사대표 10여 명과 함께할 수 있었습니다. 그들은 '그동안 찾아오는 한국인이 없었는데 첫 번째로 찾아줘 고맙다'며 반가워

했지요. 2박 3일의 짧은 일정이었지만 의미 있는 시간이었습니다. '북경라디오'와 인터뷰를 통해 경기도를 알리는 성과도 있었지요.

그해 9월 중순, 3,000명의 중국 '인센티브 관광객'이 경기도를 찾았습니다. 남경필 지사와 염태영 수원시장은 이들을 위한 환영식과 축하공연 행사에 직접 참석, 큰 박수를 받았습니다. 수원실내체육관에서 열린 이날 행사에서는 특히 '라이브 드로잉'과 '페인터스 히어로(Painters Hero)', 그리고 신나는 춤을 결합해 퓨전예술의 진수를 선보인 한국고전무용 공연이 중국관광객을 열광하게 했지요. 덕분에 수원·안산·화성·오산·용인 등의 숙박시설, 백화점, 재래시장, 식당도 큰 호황을 누렸습니다. 베이징에 가서 중국 여행업계 대표들을 만난 게 좋은 결실로 이어진 셈입니다. '관시(关系)'를 중시하는 중국인 문화를 다시 한 번 실감한 소중한 경험이기도 했지요.

저는 경기관광공사 대표로 일할 때 인연을 맺은 분들과 지금도 교류합니다. 정창수 전, 한국관광공사 사장과 서울시 관광협회 양무승 회장, 중화·동남아여행업협회 추신강 회장 등이지요. 정창수 사장은 지난 2022년부터 KINTEX에서 열리는 대한민국 국제관광 박람회 조직위원장으로 활동하는데, 저도 조직위원으로 동참하고 있습니다. 봉사 직이지만, 경기도 관광과장과 경기관광공사 대표 경험이 도움이 될 수 있다는 생각이지요. 올해도 국제관광 박람회는 관광업계와 전문가들의 협업덕분에 성공적으로 개최됐습니다.

'코로나19'가 종식됐지만, 국민은 피로감을 넘어 박탈감까지 느끼게 되었고, 특히 관광업계는 말 그대로 초주검 상태지요. 관광시장 생태계가 거의 괴멸된 상황이지만, 코로나 종식을 대비해서 관련 업계 종사자가 마음을 모아 다시 일어서면 좋겠습니다. 다만, 관광은 관광인만의 산업이 아니라는 걸 명심해야겠지요. 중앙정부를 포함한 많은 기관이 공공재를 투입, 마케팅에 나서줘야 관광관련 산업에 도움이 될 것입니다. 한편으론 백화점·화장품·호텔·요식업계 등의 협업이 무엇보다 중요하지요. 협업을 통해 관광산업을 준비하고 멀리보고 가는 게 관광대국으로 가는 디딤돌이 될 것입니다.

공짜 좋아하면 대머리 된다는데

'국장님! 머리가 많이 빠졌네요. 가발을 권하고 싶습니다.' '모발 이식 추천합니다...'

과천과 파주 부시장을 거쳐 4년 만에 경기도청으로 돌아와 인사담당 국장으로 일할 때입니다. 인사작업으로 스트레스를 받다가 8월 월례 조회에 참석했지요. 조회 후, 노조 게시판엔 저에게 가발이나 모발 이식을 권하는 댓글이 올라왔습니다. 아마도 대강당 앞줄에 앉아 있던 뒷모습, 더 정확히 말하면 휑하니 머리털이 빠진 저의 뒤통수를 본 직원이 많았던 것이지요. 중요한 탈모 원인의 하나가 스트레스라고 합니다.

파주 부시장으로 일할 때 구제역이 창궐(猖獗)했지요. 그 추운 겨울에 살 처분 작업과 방역초소 근무가 석 달 넘게 이어지고 다치는 직원이 속출하는 등 그야말로 사투를 벌여야만 했습니다. 저도 파김치가 된 몸을 추스르기 위해 보건소에서 영양주사를 맞아야만 했지요. 이때 머리카락이 많이 빠졌습니다. 샤워한 후엔 욕조바닥에 수북하게 쌓일 정도였지요. 그 후, 경기도 인사담당국장으로 와 정기인사작업을 한 것입니다. 아무리 공정하게 한다고 해도 불만이 뒤따르는 게 인사인지라 스트레스에 머리털이 더 빠졌을 테지요.

우리나라의 탈모 인구가 남녀 가리지 않고 늘어나 이제 1천만 시대가 도래 했습니다. 이 때문일까요, 어느 정치인은 탈모와 모발이식 치료비의 건강보험적용을 공약했지요. 탈모 현상을 겪는 연령층이 갈수록 낮아져 마음 고생하는 청년들이 늘어나고 있습니다. 저도 탈모증상을 막기 위해 고생하다가 수소문 끝에 충남에 있는 병원을 찾아가 약 처방을 받았지요. 다행히 약을 복용하고 머리털이 새로 나는 것까지는 몰라도 탈모현상이 줄어들고 있습니다. 그게 약효 덕분인지 스트레스가 줄었기 때문인지는 잘 모르겠습니다.

사실, 머리숱이 많고 적은 건 문제가 아니지요. 그보다는 머릿속에 얼마나 다양한 지식과 경륜이 담겨 있느냐가 훨씬 소중한 가치입니다. 세월이 흐르면 머리카락이 빠지고 탈색이 되기도 하지만, 상대적으로 그만큼 경륜이 쌓였다고 생각하면 오히려 행복한 일일수도 있지요. 그래도 더 이상 머리카락이 빠지지 않으면 좋겠다는 생각이 없어지지는 않습니다. 어쩌면 이조차 너무 집착하면 스트레스가 되겠지요.

예부터 '공짜 좋아하면 대머리가 된다.'는 말이 전해지고 있습니다. 공짜를 안 좋아하는 사람이 없지만 공짜 좋아한다고 다 대머리가 되지는 않지요. '운칠기삼(運七技三)'이라는 말도 있습니다. 운이 7할, 재주가 3할을 차지한다는 뜻이지요. 일의 성패가 노력보다는 운에 달려 있다는 것이지만, 한글 '운'을 뒤집어 읽으면 '공'字가 됩니다. 공들여 정성을 다하면 운도 뒤집을 수 있고 행운을 잡을 수 있다는 해석이 가능한 일이지요. 세상일을 뒤집어보면 반드시 다른 면이 있기 마련입니다.

탈모나 모발이식 치료비용의 건강보험 적용문제도 해당자는 좋겠지만, 혜택 볼 게 없는데도 건강보험료를 더 내야하는 사람이 생기게 되지요. 건강보험 적립금이 머지않아 고갈되리라는 걱정스런 전망도 나오고 있습니다. 탈모인 치료를 위해 건강보험료를 더 내야 한다면 반발이 생겨날 테지요. 모든 걸 다 취할 수는 없는 일입니다. 무엇인가를 얻으려면 다른 무엇인가를 내주어야하고 받으면 그만큼 갚아야 하는 건 너무나 당연한 이치이지요. '세상에 공짜는 없다.'는 말이 귓가에 맴돕니다.

현장을 찾아가 시민과 소통하라!

2011년 경기도청 자치행정국장으로 일할 때, '언제나 어디든지 찾아가 무엇이든 도와 드리겠습니다.'라는 슬로건으로 찾아가는 도민안방을 운영했습니다. 전철 한 칸을 임대해, 전철을 이용하는 도민들의 민원을 해결해주는 공간이었지요. 관공서는 필요한 사람들이 찾아가야만 한다는 통념을 깬 발상이었습니다. 사람들은 움직이는 도민안방을 기발한 생각이라고 했지요. 도민안방을 찾은 도민들은 '공무원들이 정말 많이 변했다.'며 좋아했습니다.

그해 한 해 동안 찾아가는 도민안방은 수만 건에 달하는 민원을 접수하고 처리했지요. 더 중요한 것은 도민들이 도민안방을 통해 경기도청과 소통한다는 것이었습니다. '민원을 해결해 주어 고맙다'는 도민의 말보다 '경기도청이 전철까지 찾아와서 이야기를 들어줘서 고맙다.'라는 말이 가슴에 더 와 닿았지요. 삶의 마지막 끈을 놓아 버리려던 사람에게 용기와 희망을 주고 새로운 삶을 살아가게 한 소중한 일 등 보람 있는 일도 많았습니다.

48일간의 노력 끝에 노숙자의 누나를 만나게 해주고, 우리말을 못하는 중국 교포의 고모를 찾아주고, 취업 관계로 긴급하게 가족관계증명서가 필요한 미국교포를 도와주었지요. 얼어버린 시각장애인 집의 배관을 녹여 갈등을 풀어주고, 이민 생활을 접고 다시 고국을 찾은 장애인을 취업시켜 주었습니다. 긴급여권을 발급해줘 수출계약을 성사시킨 일 등 많은 도민들의 애환을 풀어주었고 지금은 '수원역 도청민원실'로 운영되고 있지요.

2014년 민선도지사로 취임한 남경필 경기지사는 '도지사 좀 만납시다.'라는 시간을 가졌습니다. 매주 금요일 오전일정을 비워놓고 도민들을 만난 것이지요. 비서실장이었던 저는 반신반의했지만 임기 내내 도민들을 만나 민원을 들어주었습니다. 실, 국장을 대동하고 시, 군을 돌아가며 '찾아가는 도지사실'도 운영해 큰 호응을 얻었습니다. 언론은 물론 중앙정부와 다른 자치단체에서도 큰 관심을 보였고 남 지사는 대권반열에 올랐지요.

그 당시, 경기도 행정2부지사였던 김동근 의정부 시장의 행보가 돋보입니다. 평일도 아니고 매주 토요일 날, 각 동지역을 돌아가며 '현장 시장실'을 운영하고 있는 것이지요. 시민들이 좋아하는 건 당연한 일입니다. 공직사회에선 '현장을 보면 답이 나온다.'는 말을 금과옥조로 여기고 있지요. 찾아가서 시민을 만나고 현장을 살펴보면 합리적이고 현명한 답이 나오는 게 당연합니다. 그게 시민들로부터 박수 받는 이유이지요.

그는 특히 미성년 연쇄 성범죄자인 김근식이 의정부로 주거지가 확정되자 시민들과 함께 현장을 지키며 결사반대를 외쳤습니다. 의정부시 역사상 유례없는 '도로폐쇄'를 결정하는 결기를 보였지요. 김근식은 다시 구속됐습니다. 그는 이날, 김근식에 대한 구속영장이 발부된 뒤, "흉악범 김근식의 출소가 막힌 것은, 의정부시민의 힘과 결기로 이룬 것"이라면서 "언제나 미래의 기둥, 어린이의 안전이 최우선"이라고 밝혀 시민들의 박수를 받았지요.

정조대왕은 아버지를 모신 화성으로 능 행차를 나설 때, 억울한 백성들의 민원을 받았습니다. 격쟁상언(擊錚上言)제도가 바로 그것이지요. 능행차는 물론 백성과 만나서 소통하기 위해 궁궐을 나섰던 것입니다. '찾아가는 도민안방'이나 '현장 시장실'도 정조대왕의 뜻과 궤(軌)를 함께 하고 있습니다. 시민을 찾아서 현장의 목소리를 듣고 시민과 소통하며 시민을 위한 행정을 펼치는 것이야말로 가장 큰 행정서비스이지요. 소통이 중요한 이유입니다.

행정은 한 명의 도민이라도 감동을 받고 새로운 삶의 희망을 찾는다면 그 자체로 의미가 있지요. '현장 시장실'이 존재하는 이유와 명분입니다. '공무원이 고달프면 국민이 편안해지고 공무원이 편하면 국민삶이 힘들어진다'는 말이 있지요. '현장 시장실' 때문에 수고하는 공무원들의 노고가 결코 헛되지 않을 것입니다. 소통을 잘하면 만사형통이라는 말이 빈말이 아니지요. 많은 시장 군수들이 시민을 찾아가 소통하고 민원을 해결해주면 좋겠습니다.

성남시 '솔로몬의 선택'

　'시대착오적 행사다.' '시선끌기용 이벤트 행사다.' '저 출산정책 번지수가 틀렸다.' '예산만 낭비하는 일이다.' '성남시가 무슨 결혼정보회사냐?'

　성남시가 '솔로몬의 선택'이라는 미혼남녀의 만남을 주선하는 행사를 추진하자 일부 시민단체와 시민들이 비판하고 나섰습니다. 시에서 관여할 문제가 아니라는 시각인 것이지요. 과연 그럴까요? 그게 단순히 시선끌기용이고 보여주기 식 행정행위일까요? 행정의 영역은 끝이 없습니다. 무한 영역이고 무한봉사의 길이지요. 결코 비판받을 일이 아니라 불요불급하고 낭비적인 일회성행사보다 훨씬 더 현실적인 행정이라는 생각입니다. 정부가 저 출산 극복을 위해 280조라는 천문학적 예산을 쏟아 부었지만 가시적인 효과는 없었지요. 그렇다고 손 놓고 지낼 수는 없는 일입니다. 성남시의 미혼 남녀 만남의 행사가 돋보이는 이유지요.

　"시청 여직원 중에 미혼 여성들이 많다고 들었습니다. 우리 LG 미혼 남성들과 만남의 자리를 마련해주면 어떨까요?"

　파주부시장으로 일할 때, LG노조위원장, 대외협력담당 상무와 저녁을 먹는 자리에서 뜬금없이 노조위원장이 화두를 띄웠습니다. LG에서 일하는 많은 미혼남성들이 '일이 바빠 이성을 만날 기회가 많지 않으니 시청의 미혼 여성들과 합동 미팅을 하면 좋겠다.'는 건의를 했다는 것이었지요. 불쑥 쏘아올린 예상치 못한 이야기를 듣고 "지금 당장은 판단이 어려우니 상의해보고 연락을 드리겠다."고 했습니다. 다음 날 여성국장을 만나 조심스럽게 LG노조위원장의 이야기를 전했더니 그 역시 "의견을 들어 봐야겠다."며 조심스러운 눈치였지요. 며칠 후, 국장이 찾아와 LG미혼 남 성들과 만남의 자리를 마련해 보자고 했습니다.

시장께 보고 드리고 LG와 협의를 통해 토요일 날 LG에서 만나는 것으로 하고 결혼정보회사에 위탁해 진행키로 했지요. 물론 개인의 신상보호를 위해 LG와 시청직원은 행사에 일체 관여하지도 나타나지도 않았습니다. 그 후 간접적으로 만남을 계속하는 커플이 생겼다는 후문을 들었지요. 몇 커플이 결혼을 했다는 소식도 들려왔습니다. 시청 미혼 남성들이 '우리도 LG 미혼 여성들과 만남의 자리를 마련해달라'고 했지만 성사되지 못했지요. LG 여성 직원연봉보다 남자공무원 연봉이 적은 게 주된 이유였습니다. 아쉬움이 남는 일이지만 어쩔 수 없는 일이었지요.

'솔로몬의 선택' 행사는 미혼 남녀 결혼장려시책의 하나로 성남시가 추진 중인 사업입니다. 성남시는 미혼 청춘 만남을 주선해주는 '솔로몬의 선택' 행사의 지난해 참가자 중 115쌍이 현재 연애 중인 것으로 조사됐다고 밝혔지요. 지난해 5차례 개최한 솔로몬의 선택 행사 참가자를 대상으로 1년간의 생활·인식 변화 등에 관한 온라인 설문 조사를 통해 밝혀진 것입니다. 지자체가 이런 일까지 나서는 게 맞느냐는 비판도 있지요. 그러나 벌써 결혼한 커플도 생겨났으니 무한봉사라는 행정특성상 결코 무리한 일은 아니라는 생각이 듭니다. 아예 손 놓고 있는 것보다 바람직한 일이지요. 도전 없는 성공은 절대 기대할 수 없는 환상일 뿐입니다.

지금 우리나라의 인구 증가율은 세계 최하위 수준이지요. 이번 일을 비판하는 사람들이 한번이라도 이런 고민을 해본 일이 있는지 되묻고 싶습니다. 미혼율과 저 출산이 국가의 존립자체를 위협하는 시대를 살고 있지요. 미혼 율이 급증하고 결혼을 해도 자식을 낳지 않는 저 출산 시대에 성남시의 노력은 당연히 박수 받아 마땅한 일입니다. 성남시의 선택이 저출산 시대에 도움이 되는 단초가 될 수 있는데 여주시도 올해 '청춘남녀 심쿵 만남 솔로엔딩'행사를 했지요. 많은 예산이 들어가는 축제들이 일회성으로 그칩니다. 지역경제에 도움이 되지 않는 축제가 많지요. 그보다는 이런 행사가 우리미래를 위한 '솔로몬의 선택'이 될 것입니다.

어느 골프장의 자선콘서트

"골퍼들의 로망이자 골프장의 황금기인 5월 주말, 이곳에서 아이들이 뛰어 놀고 시민들이 콘서트를 즐기는 일은 아주 특별한 일이지요. 특히 자선바자회를 통해 얻은 수익금을 기부하는 것은 노블리스 오블리제(noblesse oblige)의 좋은 본보기라고 생각합니다."

제가 2010년 파주시 부시장으로 일할 때, 신록이 검푸른 빛을 더해가는 5월의 끝자락에 걸린 주말을 골프장에서 보냈습니다. 서원 밸리 골프장에서 자선바자회를 겸한 그린콘서트가 열렸기 때문이지요. 서원 밸리 골프장에서 열린 그린콘서트 개막식 축하말의 일부분입니다. 그 당시 류화선 시장이 지방선거에 출마해 휴가 중이었기 때문에 제가 참석한 것이지요. 아이들은 잔디밭에서 뛰고 뒹굴며 그림도 그리고 5행시를 짓습니다. 배드민턴이나 축구를 하거나 줄넘기도 하고 마음껏 페어웨이를 달리기도 하지요. 어른들은 벙커를 모래판 삼아 씨름을 하거나 골프연습장에서 골프채를 휘둘렀습니다.

자선바자회에서는 회원들이 기증한 물품들을 싼 값으로 구입할 수도 있지요. 회원들이 기증한 애장품들을 팔아 얻은 수익금 전액은 모두 어려운 이웃을 돕는 성금이 됩니다. 어린이부터 어른까지 즐길 수 있는 다양한 먹을거리도 즐비하고 값도 전혀 비싸지 않지요. 공연 도중에는 추첨을 통해 다양한 경품이 주어집니다. 사실 잔디 관리가 생명인 골프장에서 큰 부담을 무릅쓰고 페어웨이를 주차장으로 개방한다는 건 큰 모험이지요. 골프장 잔디밭에선 아이 어른 할 것 없이 모두가 웃음이 떠나질 않았습니다. 공연 내내 박수와 환호성을 지르며 열광하는 걸 보니 세상근심걱정은 떨쳐 버린 듯 했지요.

싱그러운 신록의 계절에 열린 서원 밸리 그린콘서트는 수많은 사람들의 박수갈채 속에 막을 내렸습니다. 신록의 싱그러움이나 그윽한 풀꽃향기마저 그린콘서트의 열기와 진한 가슴으로 전해오는 진한 감동에 묻혀 버린 그런 밤이었지요. 서원 밸리 그린콘서트의 여운은 지금도 감동으로 남아 있습니다.

"2000년 서원 밸리 개장을 앞둔 주말 어느 날이었습니다. 골프장에 갔더니 직원 자녀들이 잔디에서 신나게 놀고 있었지요. 아이들에게 잔디와 벙커가 훌륭한 놀이터가 되겠구나 싶었습니다. 하루만이라도 아이들이 잔디에서 마음껏 놀 수 있게 하고 저녁엔 콘서트를 열자는 생각을 했습니다."

서원 밸리 골프장 최등규 회장이 밝힌 소감이지요. 이웃돕기 자선바자회와 무료콘서트는 물론 골프장을 결혼식장으로도 제공합니다. 2014년 '골프 여제 박인비'가 이곳에서 결혼해 유명세를 탔지요. 예전에는 골프장 건설을 둘러싸고 인근 주민들의 집단 민원이 있었지요. 파주시가 양측을 오가며 중재에 나서야만 했습니다. 통상 골프장 조성이 끝나면 대부분의 사업자는 지역이나 주민들을 나 몰라라 하지요. 서원 밸리는 달랐습니다. 15년간 사랑의 자선기금 5억 원을 파주보육원과 사랑의 휠체어 보내기 운동본부 등에 전달했지요. 나름의 지역사회 주민들과의 상생발전 해법을 보여준 셈입니다.

골프장 하루 매출과 행사비용, 잔디 복구비용 등 5억 이상의 영업 손실은 보이지 않는 또 다른 기부이지요. 이런 행사를 매년 계속하고 있는 건, 아무나 할 수 있는 일이 아니라는 생각이 듭니다. 내로라하는 일부 톱스

타연예인이 출연료 없이 재능기부에 나서는 이유이기도 하지요. 가진 게 많다고 모두 남보다 많이 나누고 베푸는 건 아닙니다. 그 나름 삶의 철학과 가치관을 가진 사람이 할 수 있는 일이지요. 기업 활동을 통해 나온 이익을 사회에 환원하는 서원 밸리의 노블리스 오블리제 실천에 박수를 보냅니다. 이런 자선콘서트가 세상 곳곳에서 펼쳐지면 그게 살맛나는 세상 아닐까합니다.

산에서 배우는 삶의 가치

"부시장님! 잠시 쉬었다 가지요."
"아니, 날 더러 뒤처지지 말고 힘들면 쉬엄쉬엄 가도 된다더니…."
"죄송해요. 산을 이리 잘 타시는 줄 몰랐어요."

　파주시 부시장으로 일하게 된 첫 주말, 감악산이 있는 적성면의 안배옥 면장 안내로 산행에 나섰지요. 다른 과장 두 분도 함께했습니다. 안 면장은 별명이 '감악산 다람쥐'라고 할 만큼 산 구석구석을 꿰차고 있는 분이지요. 그런데 산행에 참여한 세 과장 중 둘은 산행이 능숙했는데 한 사람이 신통찮았습니다.

"박 과장님은 등산이 별로인가 봅니다."
"네, 꺾기 운동(?)이 훨씬 좋죠."
　그가 손가락으로 술잔 기울이는 시늉을 하며 답하는 통에 그만 마시던 물을 내뿜고 말았습니다.

　제가 산을 좋아한다는 소문이 돌자 많은 직원이 함께 하자고 했지요. 일정을 조정해야 할 정도였습니다. 작게는 네다섯 명에서 보통 열 명 정도 함께했는데, 감악산 산행만 서른 번 가까이 됩니다. 감악산은 물론 고령, 파평, 비학, 월롱 산 등 파주에 있는 산은 거의 다 찾았지요.

　과천시 부시장으로 일할 때도 처음 시도한 것이 직원들과 산에 드는 일이었지요. 산악회장을 만나 매주 토요일에는 관악산이나 청계산에 가고,

매월 한 차례의 정기산행은 먼 산으로 가자고 했습니다. 치악산, 오대산, 지리산도 찾아들었는데 오르거나 내리막길이 삶의 여정과 같다는 생각을 했지요. 어느 날, 산림과장이 관악산 노점상 단속 문제를 꺼냈습니다.

"부시장님! 관악구청과 합동으로 관악산 정상에서 막걸리 파는 걸 단속해야겠습니다."

"그냥 두는 게 어떨까요, 그들도 먹고살아야지요. 함부로 나무나 바위에 손대지 말라 하고, 청소를 잘하도록 지도하는 게 좋을 듯합니다."

산 정상에서 마시는 막걸리 한잔이 얼마나 꿀맛입니까. 산림훼손 안하면 되고 등산객도 아쉬워할 것 같아 그렇게 얘기했지요.

"어떤 X새끼야? 그렇게 빨리 가면 어떡해. 따라잡느라 죽는 줄 알았네!"

용인시 부시장 시절, 연천의 고대산에 들었을 때입니다. 보통 시청 산악회장이 길라잡이 역할을 했는데, 그날따라 불참이라 제게 앞장서 달라고 부탁한 거지요. 산을 오르다가 후미(後尾)가 보이지 않아 '칼바위' 앞에서 잠시 쉬고 있을 때, 교통과장이 헐떡이며 올라오더니 버럭 화를 낸 겁니다. 졸지에 'X새끼'가 된 저는 짐짓 못 들은 척 딴전을 피웠지요. 잠시 뒤, 그 X새끼가 저라는 걸 뒤늦게 알고 당황한 그가 어쩔 줄 몰라 했습니다.

"부시장님! 죄송합니다. 절대로 부시장님을 두고 한 소리가 아닙니다. 그냥 너무 힘들어 저도 모르게 욕이 나왔습니다."

함께 산행한 직원들은 정상에서 막걸리를 마시다 이 소릴 듣고 배꼽을 잡고 웃었지요. 다음 월요일, 이 일은 입소문을 타고 시청 전체에 순식간에 퍼졌습니다. 만나는 사람마다 이 사건(?)이 떠오르는지 저를 보며 웃는 통에 저 역시 실실 웃으며 지냈지요.

저는 시간 날 때마다 산에 들어 한그루 나무로 서서 삶을 돌아보곤 합니다. 산은 세상이 변해가도 묵묵히 나무와 풀이 잘 자라고 새들과 산 짐 승들의 보금자리가 되어주지요. 산에 들면 산을 보는 게 아니라 낮게 엎 드린 세상을 보아야합니다. 산마루에 서서 '내려가면 아옹다옹 다투지 말 고 점잖게 살아야지!'라는 생각을 하게 되지요. 물론 내려오면 현실은 그 렇게 간단치 않습니다. 그래도 오랜 세월 그런 마음이 쌓이면 인성이 산 처럼 넉넉해지고 스스로를 낮추게 되는 것이지요. 그게 산에서 배우는 삶 의 가치입니다.

의전은 일상에서도 필요합니다.

'의전은 잘해야 본전, 잘못하면 한 방에 간다.'는 말이 있습니다. 의전이 잘못되면 행사의 목적이나 취지가 무색해지니 나온 말이겠지요. 경기도청에서 의전담당 과장으로 일할 때, 매월 열리는 조찬모임이 있었습니다. 과장보직을 받고 첫 기우회(畿友會)날이었지요. 도지사와 도의회 의장, 교육감 등의 도 단위 기관장과 국회의원, 시장, 군수, 각급 단체장들이 멤버였습니다. 행사가 시작되고 사회자가 "국기에 대하여 경례"를 외친 순간, 눈앞이 캄캄해졌지요. 다리가 후들거리고 머릿속이 하얗고 아득해졌지요. 단상에 태극기가 보이질 않았던 것입니다.

도청 강당이 좁아 중소기업센터 다산 홀에서 개최했는데, 당연히 태극기를 갖고 가 단상에 놓아야 할 일을 서로 미루는 바람에 그 사달이 난 것이지요. 행사 시작 후, 냉수만 들이켜면서 내내 식은땀을 흘렸습니다. 행사를 마친 후 손학규 지사께 어떠한 처벌도 받겠다고 고개를 떨궜지요. 그런데 지사께서 "총무과장 신고식 한번 제대로 했다고 생각해"라고 말한 뒤, 등을 두드려주며 관용을 베풀어주셨습니다. 고마운 일이었지만 지금도 그 때 일을 생각하면 손이 오그라듭니다.

의전의 기본은 상대방을 존중하고 배려하는 데서 출발하지요. 그 바탕 위에서 서로 다름을 인정하고 조율하는 일입니다. 따라서 참석인사의 문화나 가치관을 잘 이해해야 되지요. 중국 손님을 방바닥에 앉아먹는 삼계탕 식당으로 안내했다가 곤혹을 치른 일이 있습니다. 중국인은 바닥에 앉지 않는다는 걸 몰랐던 거지요. 준비를 철저하게 하지 않으면 문제가 생겨나기 쉽습니다. 특히, 격식이나 절차에만 신경을 쓰다보면 자칫 행사의 본질이 흐려질 수 있기 때문에 이러한 점도 고려해야지요. 세심하고 치밀하게 품위가 있도록 준비해야하고, 순발력과 유연함도 필요한 것이 의전입니다.

의전은 어렵습니다. 특히, 좌석 배치는 참 조심스럽지요. 자기 좌석을 지정해 놓지 않았거나 좌석 배치가 잘못됐다며 소란을 피우는 사람이 있습니다. 좌석 배치는 서열에 따라 정하는 게 핵심이지만, 그게 그리 쉽지는 않지요. 다양한 계층의 인사가 참석할 때는 어떻게 서열을 정해야 할지 난감할 때가 있습니다. 하느라고 해도 좌석 배치가 잘못됐다는 이유로 고함을 치며 퇴장해 버리는 완장도 있지요. 그럴 때마다 의전을 준비한 사람은 좌불안석 초주검이 됩니다. 이 때문에 의전을 담당하는 부서에 가는 걸, 꺼리지요. 행사가 물 흐르듯이 자연스럽게 흘러가게 해 성공적으로 마치는 게 의전의 매력이지만, 사실 잘해도 대부분 표가 안 나는 일이라 피하고 싶은 겁니다.

의전이 경쟁력을 좌우하지요. 의전으로 기관이나 단체의 수준을 가늠하고 일의 성패가 갈립니다. 예전엔 얼굴 예쁘면 연예인이 됐지만 요즘 많이 달라졌지요. 예능감각 있고, 인성도 좋고, 세계무대에 통할 수 있는 재능까지 갖춘 사람을 선호합니다. 격식이나 겉치레에 치우쳤던 의전은 가고, 상대의 마음과 가치를 이해하고 배려하는 데 중점을 두지요. 기획이 중요하지만, 변수에 대처할 수 있는 순발력도 필요합니다. 여기에 품격을 갖춰야 한다는 건 불변의 의전의 덕목이지요. 의전은 어렵습니다. 겉으로 잘 드러나지 않으면서도 행사 전반을 일사불란하게 이끌어가야 하는 연출가여야 하지요.

사람 사이에도 의전이 필요합니다. 아들이 초등학생일 때, 친구들을 집으로 초대해 저녁을 먹은 일이 있지요. 이들이 돌아간 후 아들이 "반바지에 맨발로 온 아저씨는 안 오면 좋겠다."고 했습니다. 안 좋아 보였던 것이지요. 초대받아 식당에 갔는데 정작 초청한 사람이 한참 늦게 나타나는 일도 있습니다. 자기가 주관하는 모임이라면 먼저 나가 손님을 맞아야지요. 초청한 사람이 안 보이면 먼저 온 사람들이 서로 어색하고 얼쯤해질 수밖에 없기 때문입니다. 의전은 공식행사뿐만 아니라 사람 관계, 부모와 자식 간에도 필요하지요 존중, 배려, 예의가 물 흐르듯 매끄럽게 잘 어우러져야 의전입니다.

내 이름을 불러봅시다

    수원에서 함께 문학동아리 활동을 하던 분 중 '박덩굴'선생이 있습니다. 그분아들 이름이 '박차고 나온 놈이 샘이 나!'이지요. 딸을 넷 낳고 다섯 번째 얻은 아들이라 딸들이 샘을 내 그리 지었다고 합니다. 이름이 길어 '샘이나'로 줄여 부르는데 한글날, '아름다운 이름 상'도 받았지요. 사람이든 상점이든 이름은 얼굴인데 상호는 주인장의 생각이 담긴 가늠자가 됩니다. 기억에 남는 상호는 '간판 없는 식당'이지요. 간판을 걸었는데 간판 없는 식당이라니 기막힌 역발상입니다.

    개그계의 기인(奇人)으로 불리는 전유성에게 후배가 찾아와 카페 이름을 지어달라고 했지요. 카페를 가보니 규모도 작은 데다 기존 건물을 손본 정도라 볼품이 없었습니다. 장고(長考)끝에 악수(惡手)둔다고, 고민 끝에 상호를 '카페라고 하기 엔 좀 쑥스럽지만'이라고 지어주었지요. 부르는 사람이나 찾아오는 손님이나 모두에게 쑥스러운 이름이었습니다. 그후, 안타깝게도 이 카페에 불이 나고 말았지요. 카페 주인이 경찰서에 불려가 조사를 받게 된 것은 당연한 일이었습니다.

    경찰관이 물었지요.
"카페 이름이 뭡니까?"
"카페라고 하기 엔 좀 쑥스럽지만…"
경찰관이 의아한 눈으로 쳐다보다가 다시 물었습니다.
"카페 이름을 말씀해주세요."
"카페라고 하기 엔 좀 쑥스럽지만!"

순간 경찰관의 언성이 높아졌지요.

"지금 장난치십니까? 카페 이름이 뭐냐고요!"

카페 주인도 급기야 큰 소리로 외쳤습니다.

"아이 참! '카페라고 하기 엔 좀 쑥스럽지만'이라니까요!"

관선시절 도지사수행비서로 일할 때, 임사빈 지사가 광명시로 연두순시를 나갔을 때 일입니다. 신년 업무계획을 보고받고 시민간담회를 마친 후 기관장들과 저녁을 함께했지요. 김태수 광명시장이 건배사로 '세상 온통, 광명 천지'를 외쳐 큰 박수를 받았습니다. 이름도 한 고을 책임자란 뜻을 가진 태수이니 참 잘 어울렸지요. 지사가 경찰서장에게 잔을 권했지만 정작 서장은 술을 못했는데, 이름이 '권주만'이었습니다. 반대로 교육장 이름은 '노상술'이었는데 정말 술을 잘 마시는 주당(酒黨)이었지요. 지사가 광명의 3대 기관장 이름은 절대 안 잊어버리겠다며 호탕하게 웃었습니다.

강화군이 경기도 관할일 때, 어느 신임 강화군수 이야기지요. 비가 억수로 쏟아져 관사에 짐을 제대로 풀지도 못하고 각 면사무소에 전화를 했습니다.

"면장 좀 바꿔주시오."

"내가 면장인데요?"

"내가? 면장? 나, 새로 온 군수인데…."

"앗! 네, 제가 내가면장 아무개입니다."

군수가 직제기구표를 보니 '내가면사무소'가 있었습니다.

이름이 뭐 그리 중요하냐고 하지만 아무래도 부르기 좋고 품격 있는 이름이 좋은 법이지요. 그러나 이름이 아무리 좋다 한들 사람 노릇 제대로 못 하면 아무 의미가 없습니다. 이름 부르기가 창피할 때가 있지요. 바로 사람 노릇 제대로 못 하고 이름값을 못 할 때입니다. 이름이 단순히 불리는 것이라는 관점에서 벗어나 그 위상과 가치를 생각해봐야지요. '나는 제대로 사는 것인지!', 스스로 자신의 이름을 한 번씩 불러보면 좋을 것입니다.

청렴하면 살고 부패하면 죽는다.

"홍 부시장은 퇴임하면 연금 받지요?" "네" "저는 선출직이라서 전직 국회의원 연금 120만 원 빼곤 별다른 수입원이 없습니다." "그럼 생활은 어떻게?..."

용인 부시장으로 일하다 명예퇴직을 신청하고 퇴임 인사를 올리려 지사공관을 찾았습니다. 차담을 하던 중에 뜬금없이 지사께서 연금 이야기를 꺼내셨지요. 지사께서 퇴임 후, '연금이 없고 특별한 수입원이 없으니 생활비 걱정을 하는구나?'라는 생각을 했습니다. 그런데 돌아온 답을 듣고 망치로 뒤통수를 맞은 것 같은 충격을 받고 일순간 말을 잇지 못했지요.

"생활은 둘째고 그동안 꽃동네나 나자로 마을 등에 매월 수백만 원을 기부해왔는데 그걸 못하게 되니 그게 걱정이지요."

일반적인 상식으로 보통사람이라면 무엇보다 퇴임 후 먹고 사는 문제를 걱정하는 게 당연한 일이지요. 그런데 어려운 이웃을 돕지 못하게 돼서 걱정이라는 말씀을 듣고 많이 놀랐습니다. 감동이었지요. 다시 한 번 어디에서나 '청렴하면 살고 부패하면 죽는다. (淸廉永生, 腐敗卽死)'는 말을 수없이 강조했던 게 겉치레가 아니었구나! 하는 생각을 했습니다. 집으로 돌아오는 길에 참 많은 생각이 들었지요. 저도 오랜 공직생활을 하는 동안 넉넉지 않은 생활 속에서 소년, 소녀가장 돕기나 적십자사 정기 후원을 해왔는데 지사의 후원에 비하면 '아무것도 아니었구나!' 하는 생각이 들었습니다.

"홍 과장님! 인사를 추석 전에 끝내주세요. 기왕에 하는 거, 명절 전에 인사를 마무리해서 부모님과 조상님, 가족 친지들에게 인사드릴 수 있게 하는 게 좋을 듯합니다."

2006년 인사담당 과장으로 일할 때, 그해 7월 민선 지사로 취임한 김문수 지사께서 정기인사를 앞두고 저와 행정부지사에게 빠른 인사마무리를 지시했지요. 얼떨결에 알겠다고 했는데 "홍 과장! 시간이 너무 촉박한데 무조건 알겠다고 하면 어떡해! 가능하겠어?" 부지사께서 한마디 던졌습니다. 그 후, 부단체장과 실, 국장급, 서기관, 사무관급, 주무관, 기능직까지 4차례의 인사를 단행했지요. 인사위원회를 세 번 하고 밤늦게까지 인사안을 만들어 보고하는 등 강행군을 거쳐 추석 명절 전에 인사를 끝낼 수 있었습니다. 워낙 속전속결로 인사가 이루어져 직원들이 놀라면서도 좋아했지요.

직원들이 더 놀란 건 인사가 끝난 후입니다. 노조게시판에 인사 불만 댓글이 전혀 없었기 때문이지요. 새해 첫인사 때, 노조 게시판에 인사 불만 댓글이 수없이 달린 것과 극명히 달랐던 겁니다. 인사담당 팀장이 허수(虛數)로 서기관 빈자리를 늘려서 자신의 승진인사를 단행했는데 들통이 난 것이지요. 지사가 격노한 건 당연한 일입니다. 그는 직위 해제되었고 조사를 받는 처지가 되었지요. 평소 김 지사는 '청렴하면 살고 부패하면 죽는다.'는 말을 입에 달고 지냈습니다. 뇌물이나 향응을 받는 것만 부정부패가 아니라 정당하지 않은 일처리도 척결해야 할 부패라는 것이었지요.

"홍 국장님! 이 사람은 범죄자입니다. 승진은 절대 안 됩니다. 다시는 거론하지 마세요."

그 후, 그 당사자가 과장으로 일할 때, 저는 인사담당 국장이었습니다. 서기관으론 최고선임이라 부단체장으로 보임하는 안을 보고 드렸더니 벼락같은 호통이 떨어진 겁니다. 지사께선 딸 결혼식도 아무에게도 알리지 않고 양가의 가족들만 모여 조촐하게 끝마쳤지요. 8년 동안의 경기도 지사 시절, 어느 자리에서든 외치던 '청렴 영생, 부패 즉사'는 그분의 대명사처럼 회자(膾炙)되고 있습니다. 퇴임 후, 소록도 한센병원으로 봉사활동을 떠났고 관악산을 오르내리더니 나라의 정승이 되었지요. 호불호를 떠나 '청렴하면 살고 부패하면 죽는다.'라는 철학은 경기도 공직사회에 금과옥조로 전해지고 있습니다.

영화를 보며 배웁니다.

"덕분에 좋은 영화 잘 보았습니다. 업무에도 많은 도움이 될 듯합니다."

월요일 아침, 차 한 잔 달라며 찾아온 이을죽 여성국장이 뜬금없이 고맙다는 말을 건넸습니다. 지난 토요일 날, 지사께서 다문화 업무를 담당하는 국, 과장과 계장, 주무관과 함께 영화 '완득이'를 보았다는 것이지요. "영화를 보니 다문화 가정에 대한 생각이나 업무에 도움이 되겠지요?" 무슨 영문인지도 모르고 영화를 보았는데 점심을 먹는 자리에서 지사께서 묻더라는 겁니다. "네! 많은 생각이 들었고 다문화 가족에 대한 이해와 업무에도 도움이 될 듯합니다." 지사께서 웃으며 "홍 국장에게 고맙다고 하세요."라고 말씀했다는 것이지요. 그때서야 토요일에 지사와 함께 영화도 보고 점심도 먹은 게 저 때문이라는 걸 알게 되었다는 것입니다.

"영화를 보고 나라의 지도자가 어떤 생각을 갖고 살아야하는지 배웠습니다. 고맙습니다."

용인부시장으로 일할 때, '광해, 왕이 된 남자'를 본 후, 지사께 메일로 이 영화를 꼭 보시라고 했습니다. 그때 지사는 장기휴가를 내고 대통령 후보 경선을 하고 있었지요. 추석연휴 중엔 경선 일정이 없다는 걸 알고 휴식 겸 한번 보시라고 권해드린 겁니다. '한나라의 지도자가 갖춰야할 철학이나 가치관을 돌아보게 될 것'이라는 사족(蛇足)을 달았지요. 답 글로 고맙다는 말을 들었으니 기분이 좋았습니다. 그리곤 영화의 한 장면을 떠 올리며 두 손을 모았지요. "나는 명나라에 조공을 바치는 것보다 우리 백성이 얼마나 잘사느냐가 중요하오. 그대들이 말하는 사대(事大)의 예, 나에겐 그보다 내 백성들의 목숨이 열 갑 절, 백 갑절은 더 소중하오."

"뜬금없이 들리겠지만 시간되실 때, 영화 좀 보세요. 배우는 게 많을 겁니다." 파주에서 일할 때, 한 달에 한번 열리는 실국과장, 읍, 면장 연석회의를 마치고 시장께서 들어가면 제가 마무리하는 시간이 있었습니다. 그 때, 제가 간부공무원들에게 영화를 보면 좋겠다고 권유했지요. 다음 달, 간부회의 때 확인했더니 절반 넘는 간부공무원들이 영화를 보았다고 했습니다. 윤정희 주연의 영화 '시(詩)'와 전도연 주연의 영화 '하녀'였지요. 영화에 대한 감상평은서로 달랐지만, 일단은 성공(?)했다는 생각이 들었습니다. 놀라운 것은 그 후,부부동반은 물론 동료 공무원들과 영화 보는 시간이 늘어나고 '영화동아리'까지 생겨난 것이지요. 시청 공무원문학회와 더불어 또 하나의 문화동아리가 공직사회에 새로운 활력소가 되었습니다.

지난 10년간 감상한 영화가 250편이 넘지요. 코로나시대 3년을 제외하면 매년 30편 이상의 영화를 만나본 셈입니다. 공포영화를 제외하곤 모두 가리지 않고 찾아보지요. 교훈을 주는 영화가 많았습니다. 세종과 장영실을 그린 영화 '천문, 하늘에 묻는다.' 안중근 의사의 최후 1년을 그린 영화 '영웅', 이순신장군의 명량해전을 다룬 영화 '명량'같은 영화가 안겨준 울림은 삶의 보약이 되었습니다. '쇼생크 탈출'에서 먼저 탈옥한 앤디가 남긴 편지는 지금도 기억 속에 생생합니다. "희망은 좋은 거예요!"

좋은 영화를 만나는 건 행복한 일입니다. 영화 속 주인공이 되어 함께하는 시간은 더없이 황홀하지요. 우리 영화수준은 이미 세계적인 반열에 올랐습니다. 영화 '기생충'이 아카데미상 4관왕에 오른 게 이를 방증해주지요. 오스카상 여우조연상으로 세계적인 스타덤에 오른 윤여정 등 국제적으로 내로라하는 배우들도 즐비합니다. 좋은 영화를 만나보고 좋은 배우들과 같은 시대에 살고 있다는 건 축복이지요. 영화 속 주인공이 되어보는 시간은 행복한 일이고 삶을 윤택하게 해주는 가치 있는 일입니다.

광해군 8년,
모두가 꿈꿔온 또 한명의 왕이 있었다.

광
해
왕이 된 남자

존중받고 싶으면 존중하라!

공직의 꽃인 사무관으로 승진해 고양시청 공보관으로 일할 때입니다. 계장 두 분, 방송과 사진기사 모두 저보다 서너 살 이상 많았지요. 존댓말을 쓰며 지냈습니다. 분위기가 좋았던 건 서로 보이지 않는 선을 넘지 않았기 때문이지요. '시민의 날' 행사 때, 사건이 벌어졌습니다. 시장인사말 도중 마이크가 꺼지는 바람에 난리가 났지요. 민방위 훈련용 핸드마이크로 인사말을 하는 시장얼굴이 일그러져 있었습니다. 지나가던 사람의 발걸음에 걸려 선이 빠진 것이라 곧바로 수습되긴 했지만, 쉰 살이 넘은 방송 기사는 사색이 됐지요. 행사가 끝나고도 계속 죄송하다며 울먹였습니다. 직원들과 뒤풀이를 하며 서로 위로 격려하는 시간을 가졌지요. 참 따뜻했습니다.

파주부시장일 때, 함께 일하는 국장이 이사를 위해 하루연가를 신청했지요. 새로운 보금자리에서 좋은 일이 많이 생겨나면 좋겠다는 덕담을 하고 다음날 새 집으로 화분을 보냈습니다. 며칠 후 술자리에서 만난 그 국장의 말을 듣고 놀랐지요. 결혼 후, 30년 가까이 전세를 살다가 그날 처음 방3개짜리 아파트를 마련해 이사했다는 겁니다. 지역토박이로 30년 넘게 공무원으로 일했고 시청의 국장까지 올랐는데 이제야 집을 마련했다니 놀라웠지요. 올곧은 삶은 매우 치열했을 것입니다. 사모님이 살림에 보태려고 얼굴이 가려지는 모자를 쓰고 호떡 장사를 했다는 대목에서는 존경스러웠지요. 함께 일하면서 늘 '엉아'라고 부르며 지냈고 지금도 가끔 만나고 있습니다.

두 곳의 부시장을 거쳐 경기도청 자치행정국장으로 일하게 되었을 때도 나이 많은 과장이 있었지요. 총무과장일 때 그는 의전팀장으로 일했는데, 한 살이 많아 '택영이 엉아'라고 불렀습니다. 그는 그러지 말라고 손사래를 쳤지만, 나이 많고 인품이 좋아 존중하는 생각은 변함없었지요. 그는 모든 의전을 도맡아하면서 바른 말도 잘했습니다. 대쪽같이 곧고 깐깐한 김문수 지사의 총애를 받은 것도 그런 연유였지요. 그런 그가 자치행정과장으로 일하고 있었던 겁니다. 정기인사를 앞두고 의왕시장을 만나 수원시와 행정구역조정 문제를 해결할 부시장으로 그를 추천했습니다. 지사도 흔쾌히 결재했지요. 저는 기쁜 마음으로 취임사를 써서 메일로 보냈습니다. 그리곤 그가 취임하는 날, 의왕시청 취임식장에 가서 그의 입을 통해 들었지요.

　　경기도 문화정책과장으로 일할 때, 직속상사인 이인재 문화관광 국장이 저보다 네 살 적었습니다. 그는 일 욕심이 많은데다가 추진력이 강하고 급하다는 소문이 나돌았지요. 그래서 그와 함께 일하는 걸 꺼려하는 사람이 많았고 그 때문에 문화정책과장자리가 오래 공석이었습니다. 이 국장이 도지사 비서관이었던 저를 문화정책과장으로 추천했지요. 직무대리이긴 해도 선배사무관들을 추월하는 거라 선뜻 내키지 않았습니다. 등 떠밀려서 갔지만, 열심히 일했지요. 국장도 저를 따거(大哥:형)라 불렀고 걱정 어린 시선들도 차츰 사라졌습니다. 그는 소문대로 일에 대한 집념과 열정이 대단했지만 성과와 칭찬은 직원에게 돌리는 그 나름 장점이 있었지요.

　　명예퇴직 후, 운 좋게 경기관광공사에서 대표사원으로 일했습니다. 도청 감독부서장이 제겐 함부로 못했지만 직원들에겐 종종 갑 질을 한다는 걸 알게 되었지요. 그러다가 큰 실수를 했는데 한마디 사과조차 없었습니다. 정기인사 때, 부지사를 만나 전후사정을 얘기해 교체할 수 있었지요.

3년 동안 저는 관광공사 직원들이 일 잘할 수 있도록 뒷받침해주었습니다. 도의회나 도청 감독부서를 찾아다니며 공사의 현안을 설명하고 협조를 요청해 좋은 결실을 거뒀지요. 저는 공기업 CEO까지 40년 넘는 공직생활을 했지만, 나이 많은 동료나 후배공직자를 홀대하지 않으려 애썼습니다. 조직은 앞에서 끌고 가는 게 아니라 함께 가는 것이 당연한 일이지요. 상대를 존중해야 존중받을 수 있다는 건 변치 않는 삶의 지혜이자 덕목입니다.

공무원이지만 공무원으로 살지 마라.

　공직자로 산다는 건 추운 겨울 날, 냇물을 건너듯이 살벌하게 살 떨리고 조심스러운 길입니다. 이웃을 두려워하듯 늘 스스로를 관리하며 살아야하는 사람이지요. '돌다리도 두들겨 보고 건넌다.'는 말처럼 오랜 세월 공직자로 살아오는 동안 늘 조심조심 살았습니다. 그게 국민세금인 녹봉(祿俸)으로 먹고 사는 공직자의 숙명이라고 생각한 거지요. 그래도 죽을 힘을 다해 일했고 나름 최 말단에서 고위직 공무원으로 일할 수 있었던 것은 행운이었습니다. 열심히 일하다보니 공직자로는 최고영예인 '다산 청렴봉사대상'도 받을 수 있었지요. 1,000만원이라는 상금은 덤이었습니다.

　그때, 주변사람들이 밥이나 술 한 잔 사라는 말을 많이 했지요. 물론 기쁘고 영광스러운 일이니 그럴 만도 했습니다. 저 혼자 잘해서 상을 탄 게 아니라 선후배 동료들이 도와주었기 때문이라는 생각이 그것이었지요. 그런데 저는 다른 생각을 했습니다. 먹고 마시는 것도 좋지만 무언가 의미 있는 게 없을까 고민한 거지요. 결국 저의 공직철학과 가치관, 공직경험을 통해 느낀 일들을 정리해 책으로 엮어 선물하자는 생각을 했습니다. 제 생각을 듣고 아내가 상금의 일부를 양보했지요. 그동안 써놓은 글을 정리해 '높이면 낮아지고 낮추면 높아진다.'는 책이 탄생한 연유입니다.

　<비매품>이란 걸 명시하고 2천권의 책을 만들어 파주시청 모든 공직자에게 선물했지요. 도청의 선후배 공직자와 지인들에게도 나누어 주었습니다. 밥이나 술을 사줬으면 다음날 거름(?)이 되었을 테지만 책을 읽은

사람들에겐 남는 게 있었겠지요. 밥이나 술을 사주기 시작했으면 상금으로는 부족했을 것이고 저는 술병이 나서 위장약을 장복해야 했을지도 모릅니다. 시청 공무원들도 밥이나 술보다 훨씬 의미 있는 선물이라며 좋아했습니다. 훗날, 도청 인사담당국장으로 일하게 되었을 때도 저의 책을 선물 받은 선후배 공직자들이 고맙다는 말을 해줘서 참 기분이 좋았지요.

4년 만에 도청으로 돌아왔는데 도청 공직사회가 많이 변해 있었습니다. 남을 헐뜯는 문화가 팽배해 있었지요. 전엔 팀원들이 같이 일을 도와 마무리하고 함께 소주 한잔 했는데 '나만 아는' 이기적인 문화가 너무 당연시되고 있었습니다. 나름 일은 잘하는데 함께 하는 동료애나 넉넉한 여유가 부족했지요. 가끔 노조게시판에 후배 공무원들에게 도움이 되는 덕목을 이야기해 주었습니다. 사무실에 찾아가서 결재도 하고 직접 일을 도와주고 항상 문을 열어 놓고 지냈지요. 문이 열려 있으니 선후배 공무원들이 수시로 들어와 차 한 잔 마시며 격의 없이 이야기를 나눴습니다.

일 잘하는 것과 동료와 어울리거나 조직관리 잘하는 것은 전혀 다른 차원이지요. 직급이 올라갈수록 대부분 일은 잘하지만 인간적으로 맏형 노릇을 하거나 조직을 잘 관리하는 사람은 많지 않습니다. 혼자 잘나서 과장이나 국장된 게 아니지요. 선후배들이 도와주었기 때문에 그 자리에 올랐다는 걸 잊어버리는 사람이 많습니다. 직급이 높아질수록 이른바 갑질을 일삼는 천박한 공직자가 있지요. 녹봉을 먹고 살면 세금 내는 사람들의 민원을 '어떻게 잘 처리해줘야 하나' 생각해야 하는데 안 해주려고 하는 공직자도 있습니다. 그런 공무원은 있어서는 절대 안 될 일이지요.

제가 후배공무원들이 뽑는 '베스트 간부공무원'으로 4회 연속 선정되었을 때 언론사와 인터뷰를 하게 되었습니다. 그때 작심하고 "공무원이지만 공무원으로 살지 마라"라는 말을 했지요. "공무원이 현직에 있을 때 갑

질하면 퇴직하는 순간, 사람대접 못 받는다.”고 했습니다. 공직자가 높아지려고만 하면 낮아지고 자신을 낮추고 국민을 섬기면 오히려 높아지지요. 그걸 모르고 천방지축 날뛰니 사람들에게 손가락질 받게 되는 겁니다. 공직자가 본분을 잊고 거들먹거리면 국민이 불편해지고 퇴직 후, 사람대접 못 받지요. 그게 ‘공무원이지만 사람으로 살아야’하는 이유입니다.

선한 영향력을 주는 사람

"형님! 특강을 들은 몇몇 간부가 형님한테 꾸지람을 많이 들었다고 하던데요?" "꾸지람은 무슨... 간부들은 본인이 잘나서 된 게 아니다. 그만두는 날까지 열심히 일하고 목에 힘주지 말고 후배공무원들이 일 잘하고 좋은 공직자가 되도록 이끌어주고 선한 영향력을 주는 사람이 되라고 했지!" "좋은 약이 될 겁니다. 강의료도 이웃돕기성금으로 기부해주셔서 고맙습니다."

의정부시청 직원으로부터 매월 한차례 직원들을 대상으로 열리는 명사초청특강에 강사로 와달라는 연락을 받았습니다. 명사는 아니지만 대상이 시청공무원이라니 제 공직경험이 도움이 될 수도 있겠다싶어 승낙했지요. 특강 후, 김동근 시장으로부터 "모처럼 의정부엘 왔으니 저녁을 함께 하자"는 제의를 받았습니다. 그날 저녁이야말로 어떤 강의료보다 의미 있고 가시 있는 것이었지요.

사람이 살면서 자신이 가진 지식이나 경험을 다른 사람에게 전하는 건, 선한 영향력을 주는 좋은 일입니다. 더구나 많은 사람들에게 특강을 통해 그들이 갖고 있지 못한 지식이나 경험을 들려주는 일은 더없이 소중하고 가치 있는 일이지요. 공직자로 사는 동안 특강을 할 수 있는 기회가 제법 많았습니다. 특강을 하면 기관별로 정도의 차이는 있지만 당연히 일정 강의료를 받게 되지요. 그런데 저는 강의료를 모두 이웃돕기 성금으로 기탁했습니다. 많은 사람들에게 저의 지식과 경험을 통해 얻은 삶의 철학이나 가치관을 전하는 그 자체가 보람 있는 일이라는 생각 때문이지요.

다른 사람들이 살아가는데 도움이 된다면 그보다 좋은 일이 어디 있겠습니까.

경기도 인재개발원이나 시군에 가서 특강을 하고 강의료를 기탁하는 게 처음이라는 말도 들었지요. 저는 공직자로 살아오면서 사적인 이익을 취하는 건, 공복의 자세가 아니라고 생각합니다. 국민세금인 나라의 녹봉(祿俸)을 받는데 일과시간에 특강을 하고 부수입을 챙기는 건, 참 공직자가 아니라는 생각이지요. 저의 공직관이나 경험, 가치관을 전할 수 있다는 게 행복한 일입니다. 교사나 교수처럼 가르치는 직업을 가진 게 아닌 사람이 나름의 지식이나 경험을 돈 받고 전해주는 건 품격 떨어지는 일이지요. 자신의 가치를 돈 받고 파는 장사꾼이 되는 셈입니다. 저의 경험과 가치관이 많은 사람들에게 선한 영향을 주는 그 자체가 보람 있는 일이지요.

공직자로 있을 때는 물론 퇴직 후에도 여러 기관의 초청을 받아 특강을 하고 있습니다. 고마운 일이지요. 현직일 때는 주로 일과 공직자의 자세에 관한 이야기를 많이 들려주었습니다. "객관적이고 공정하면 합리적이고 현명한 판단이 나오고 자기관리 잘하고 청렴하면 늘 당당하고 위엄이 생긴다."는 말이 대표적이었지요. 늘 "어려운 이웃을 도와야 한다."고 강조합니다. "나는 한 푼도 기부를 안 하면서 기업인이나 독지가에게 기부해달라고 하는 건 말이 안 되는 일"이라 했지요. 퇴직 후, 돌아보니 미처 챙기지 못한 일들이 많다는 걸 알게 되었습니다. 이젠 "사람은 사람답게 살아야 사람대접을 받는다. 봉사하는 삶이 잘 사는 것"이라는 말을 전해주지요.

현직 때, "공무원이지만 공무원으로 살지 말자."고 했는데, 저도 의지대로 살았다고는 장담하지 못합니다. 그 보잘것없는 권력을 남용해 갑 질을 일삼으면 퇴직 후 외면 받을 수 있지요. 공무원 세계에서 일정 계급이상 올라가면 그만큼 경험이 쌓여 일을 잘하게 됩니다. 허나 일하는 것과 소통을 통해 조직을 잘 관리하고 협업하는 것은 다른 문제지요. 고위직에 오를수록 욕심을 부려 인사권자에게만 충성하는 사람이 있습니다만 그런 사람은 완장 벗으면 사람대접 못 받기 십상입니다. 고위직에 오르면 안주하지 말고, 직원들이 일을 잘할 수 있도록 격려하고 꾸짖을 수 있는 맏형노릇을 해야지요. 그런 선한 영향력을 주는 공직자가 많아지면 좋겠습니다.

고정관념 사로잡히면 젊은이도 '꼰대'

〈"현실적으로 연세 부분에서 나이가 많기 때문에 뭘 할 수 있을까? 아무래도 젊은 사람보다는 열정이 좀 떨어지지 않을까? 하는 우려가 있는 겁니다."

이 같은 30대 젊은 후보자의 말에 60대 후보자가 답한다.

"변명처럼 말씀드리면 나이는 숫자에 불과하므로 제가 열심히 하겠습니다."

대답 자체가 안쓰럽다. 고약한 질문이다. 노인 폄하다. 퇴직자 모욕이다.

경기관광공사 사장 청문회 속기록 속의 질문자는 1982년생 K 도의원이다. 박사출신의 유능한 정치인이다. 답변자는 1959년생인 이 아무개 후보자다. 전 서울관광재단 대표다. 흔히들 '앞뒤 문맥을 잘라내 왜곡했다'라고 한다. 그래서 앞뒤를 다 봤다. 달리 해석될 내용은 없다. 상대에 전달되는 의도가 선명하다. 몇 개 질문은 모욕을 더하는 것들이다.〉

지난해 말, 청문회를 마친 60대의 경기관광공사 사장내정자가 사퇴한 후, 경기일보 김종구 주필이 쓴 칼럼의 일부입니다. 자진사퇴한 사람은 제가 경기관광공사 사장일 때 한국관광공사 부사장이었고 훗날, 서울관광재단 대표로 일했지요. 자주 만났습니다. 섬세하고 깔끔한 일 처리 솜씨와 다정다감한 성품으로 가슴을 따뜻하게 했던 그가, 청문회를 마친 며칠 뒤, 자진사퇴해 마음이 아팠습니다.

100세 시대에 걸맞게 진가를 발휘하는 노장이 많습니다. 제 주변에서 봐도 여든셋 나이에 새벽 운동을 하고 7시 이전에 출근해 일하는 분이 있지요, 또, 여든이 넘은 나이에 20년 동안 경기도 여성단체협의회장으로 일하는 분이 있는데, 그를 존경하는 회원들이 자발적으로 돈을 모아 경기 여성의 전당 뜨락에 흉상을 세웠을 정도입니다.

철학자 김형석 교수는 1920년생으로 올해 104세인데, 여전히 글도 쓰고 강연도 합니다. 그가 정부의 잘못을 비판하자 어느 변호사는 "오래 사는 것이 위험하다는 옛말이 그래서 생겨난 것일 게다. 노화 현상이라면 딱한 일"이라면서 "적정 나이는 80세"라고 독설을 퍼부었습니다. 당연히 논란이 일었지요.

여든에 가까운 배우 윤여정 씨에 이어 오영수 씨가 골든 글로브 조연상 트로피를 거머쥐며 우리나라 70대 배우들의 저력을 보여줬습니다.

윤여정 배우는 제93회 미국 아카데미 시상식에서 영화 〈미나리〉로 여우조연상을 받아 '한국 영화사상 역대최대경사'로 평가받았지요. 그 여운이 채 가시기도 전에 제79회 골든 글로브 시상식에서는 오영수 배우가 〈오징어 게임〉으로 TV 부문 남우조연상을 받았습니다. 겹경사가 생겨난 것이지요.

작고하셨지만 33년 동안 〈전국 노래자랑〉을 진행한 유명 MC 송해 선생도 노익장을 과시했던 분입니다. 돌아가시기 전, 100세를 앞둔 나이에도 〈여러분! 고맙습니다. 송해!〉라는 프로그램을 진행했지요.

이런 세상인데 60대 초반을 두고 '나이 많다'고 하니 당사자는 심한 모멸감을 느꼈을 것입니다.

세월이 흐르면 나이를 먹는 게 당연하지만, 나이가 많다고 '꼰대'는 아니지요. 나이가 많다고 상대방을 깎아내린 젊은 도의원이야말로 '꼰대'

짓을 했다고 봅니다. 완장 찼다고 기고만장한 거지요.

　'나이는 숫자에 불과하다'는 말, 유행가 가사의 일부로 취급할 게 아니라 곰곰이 곱씹어 볼 말입니다.

잘 모르고 믿으면 그게 미신

"성인(聖人)이 한자리에 모인다면, 나를 믿어야 구원받는다고 싸우진 않을 것입니다."

"종교의 본질을 벗어난 일부 교인이 갈등과 충돌을 일으키는데, 부끄러운 일입니다."

"미신이 따로 있는 게 아니라 잘 모르고 믿으면 그게 미신입니다."

종교 문제는 참 어렵습니다. 언론에서도 종교 관련보도에 매우 조심스러워하지요. 특정 종교를 다루면 다른 종교가 불편할 수 있다는 우려 때문입니다. 정치인도 마찬가지로 종교의 영역을 거론하는 걸 극도로 꺼리지요. 지난 연말 《다수의 수다》라는 한 방송프로그램에 〈종교의 갈등과 화합〉이라는 주제로 자유토론이 있었습니다.

한 종교인은 "외국의 종교학자들은 한국을 특이한 나라로 본다."면서 "한국은 다양한 종교가 존재하는데 의외로 다른 나라보다 종교 갈등이 적다."고 말했지요. 이스라엘과 팔레스타인, 인도와 파키스탄은 종교 때문에 참혹한 전쟁까지 불사하는데 이와 비교된다는 것입니다. 그는 "종교의 최고 가치는 비폭력과 평화입니다. 평화를 주지 않는 종교는 존립의 미가 없다."라고 강조했지요.

또 다른 종교인도 "평화를 위해 종교가 존재하는 것이다. 종교 간에도 평화가 이루어져야 한다."라고 역설했습니다. 다른 종교인도 거들었지요. "종교가 보살펴야 할 우선적인 대상이 사회적 약자다. 이들에게 다가갈 때 교리를 내세우기보다는 따뜻한 손길을 먼저 내밀어야 한다. 서로 힘을 모아 사회에 봉사하는 게 종교화합의 첫걸음이다."라고 말했습니다. "사랑을 실천하기 위해서는 편견부터 버려야 한다. 가르침이 중요한 것이지 어떤 종교인지는 불필요하다. 부끄러울 땐 부끄러워할 줄 알아야 한다. 그 부끄러운 나의 존재를 끝없이 고민할 수 있다면 다른 종교라도 상관이 없다."는 말도 나왔지요.

선종한 김수환 추기경과 입적한 법정 스님은 가톨릭과 불교를 대표하는 종교지도자입니다. 두 분은 종교계를 뛰어넘어 사회전반에 커다란 가르침을 주며 종교 화합의 아름다운 모습을 보여주었지요. 김 추기경은 길상사 개원 법회에 참석해 축사했고, 법정스님은 천주교 서울대교구가 발행하는 평화신문에 성탄을 축하하는 글을 기고했습니다. 법정스님은 명동성당에서 '나라와 겨레를 위한 종교인의 자세'라는 특별강연을 통해 '마음이 가난한 사람은 복이 있나니 하늘나라가 그들의 것'이라는 성경 구절을 인용했지요. 이 어려운 세상에 두 어른이 계셨다면 많은 사람들이 큰 위안을 받았을 것입니다.

이날 출연한 종교인들도 자신이 직접 체험한 종교 화합의 여러 사례를 들었지요. 성진 스님은, 신자가 없는 곳에서 특수사목(司牧)으로 일하는 하성용 신부를 성탄절 날, 청년법회에 초대한 사실을 밝혔습니다. 김진 목사도 성탄절 특별법회에 자신이 초대됐던 일을 상기하며 성탄에 대해 알고 싶어 하는 불자들에게 예수의 생애와 관련해 설교한 경험담을 전했지요. 프로그램에 참여한 종교인들은 각각 종교인의 길을 택한 계기, 수련 과정에서 있었던 일화, 상담자의 역할, 그리고 신자들의 갈등 등 여러 이야기를 전했는데 감동적이었습니다. 특히 '잘못 살고 있다는 생각이 들 때, 이번 생은 망했다'고 생각할 게 아니라 '지금부터 잘 사는 것으로 충분하다'는 말은 깊은 울림을 주었지요.

교리 공부 좀 했다고 아는 체하고 다른 종교를 깔고 뭉개는 사람이 있습니다만, 참 믿음을 모르면 얼치기교인일 뿐입니다. 종교의 화합은 곧 사회적 갈등의 치유와 국민화합과도 연결됩니다만 종교의 본질을 벗어나면 세상이 혼란해지지요. 내 종교가 소중하면 다른 종교도 소중한 법, 종교의 본질을 새삼 깨우치게 한 종교인들께 따뜻한 감사의 박수를 보냅니다.

올림픽 그 이후

　지난여름은 참 무더웠습니다. 사상처음, 40도 가까운 폭염이 길게 이어지면서 모두가 기진맥진했지요. 그래도 그 폭염을 이겨낼 수 있었던 것은 파리 올림픽에서 날아드는 우리국가대표 선수들의 승전보였습니다. 당초 5개의 금메달을 훌쩍 뛰어넘는 기쁜 소식이었지요. 한 순간 1위를 차지한 시간도 있었습니다. 우리선수들은 신들린 경기력을 보여주며 기대 이상의 성적을 거두었지요. 올림픽 경기를 관전하며 우리국가대표 선수들을 응원하는 시간은 폭염도 걸림돌이 아니었습니다. 어떤 드라마도 더 극적으로 그려낼 수 없는 명승부가 우리를 열광하게 했지요.

　양궁 김우진선수가 결승에서 미국 선수를 슛 오프까지 가는 접전 끝에 5mm도 안 되는 차이로 금메달을 거머쥐는 극적인 승부를 연출했습니다. 5세트에 두 선수 모두 만점을 기록한 순간, 심장이 쫄깃쫄깃해졌지요. 세기의 명승부를 펼쳤으니 박수갈채가 쏟아진 건 당연한 일이었습니다. 동메달을 차지한 이우석선수가 셀카를 찍으며 축하해주는 모습도 보기 좋았지요. 유도단체전에서 3:3동점에서 룰렛추첨으로 최종전에 출전한 맏형 안바울 선수가 투혼 끝에 승리를 거두자 6남매가 한 몸이 되어 부둥켜얼싸안고 춤추는 모습은 우리들에게 큰 울림을 주었지요.

　양지인의 사격금메달도 극적인 승부 끝에 이룬 결과였습니다. 양 선수는 사격 25m 결선에서 프랑스 선수와 동률을 기록한 뒤 슛 오프에서 승리해 금메달을 차지했지요. 그는 45번째 발에서 실수해 프랑스 선수에게 공동 선두 자리를 내주었습니다. 50번째까지 승부가 나지 않았고 슛 오프에서 5발 중 4점을 명중시키면서 1점에 그친 프랑스선수를 이기고 우승한 것이지요. 16살의 신예 반효진 선수의 금메달도 놀라운 일이었습니다. 누구도 예상하지 못한 공기소총 부문에서 금메달을 차지했고 우리나라 역사상 100번째 금메달이 된 자랑스러운 선수로 기록됐지요.

'셔틀콕의 여왕' 안세영도 배드민턴 여자 단식에서 28년 만에 금메달을 거머쥐었습니다. 그는 압도적인 실력으로 결승에 올라온 중국 선수를 꺾고 금메달을 차지한 것이지요. 금빛 발차기로 태권도 금메달을 차지한 박태준 선수가 상대선수를 부축해 시상대에 함께 오른 것도 참 보기 좋았습니다. '예(禮)와 도(道)'의 스포츠로 불리는 태권도 정신을 오롯이 보여준 몸짓이었지요. 펜싱경기에서 오상욱 선수도 넘어진 상대선수에게 손을 내밀어 일으켜줘 큰 박수를 받았습니다. 자신을 이기고 동메달을 딴 일본선수를 축하해준 신유빈 선수에게도 박수갈채가 쏟아졌지요.

승부를 떠나 상대선수를 축하하고 위로해주는 선수들이 기성세대에게 던진 메시지가 큽니다. 승리를 넘어 값진 삶과 인간승리가 무엇인지 생각하게 해준 소중한 일이었지요. 올림픽메달은 선수들이 피땀 흘려 이뤄낸 결정체입니다. 그러나 그 메달은 혼자 딴 게 아니지요. 가맹경기단체장과 감독, 코치 등 과 열대야를 지새우며 응원해준 국민들이 있었기 때문에 가능한 일이었습니다. 올림픽성적이 국력과 직결된다는 평가를 받는 이유이지요. 나라가 가난해 운동복을 제대로 갖춰 입지 못한 아프리카 양궁선수가 참 안쓰러웠습니다. 그에게 아낌없는 박수를 보냈지요.

세계 8위에 오른 우리나라가 자랑스럽습니다. 올림픽과 함께 한 여름은 꿈처럼 황홀했지요. 경제에 이어 스포츠대국 반열에 오른 건, 우리민족의 우수성을 세계만방에 알린 쾌거입니다. 이제 국민의 눈높이와 기대치가 정치권으로 쏠리겠지만 망국적 진영논리에 갇혀 진흙탕 싸움만 일삼으니 답답한 노릇이지요. 다시 힘겨운 일상으로 돌아 왔습니다. 세상 돌아가는 꼴이 당분간 박수와 환호성 지르는 시간을 갖는 건 어렵겠지요. 꿈같은 일이지만 정치권도 올림픽선수들처럼 응원 받고 박수 받는 날이 오기를 꿈꿔봅니다. 국민에게 기쁨을 주는 정치! 과연 그런 날이 올까요?

꼴찌에게 보내는 갈채

기대이상의 성적을 거두며 찜통더위를 다소나마 잊게 해준 파리 올림 픽이 끝났습니다. 엄살이었는지 모르지만 당초 5개의 금메달 목표를 훨 씬 뛰어넘는 13개의 금메달로 세계 8위에 올랐지요. 누구도 예상 못한 결 과였습니다. 죽을힘을 다해 선전한 선수들은 물론 밤잠을 설치며 응원한 국민성원이 이뤄낸 합작품이었지요. 파리에서 날아드는 우리 선수단의 낭보는 힘들고 버거운 삶의 굴레를 잠시 벗게 해준 청량제였습니다. 첫 금메달을 딴 오상욱 선수 인기가 하늘을 찌르고 펜싱, 사격, 양궁선수들 의 연이은 쾌거는 우리를 열광케 했지요.

선수들의 경기력도 발군이었지만 매너도 많은 박수를 받았습니다. 넘 어진 선수를 손 내밀어 일으켜주거나 동메달 전에서 지고도 상대선수를 다독여준 선수, 부상선수를 부축해주며 함께 시상대에 오른 선수 등 우리 선수들의 따뜻한 몸짓에 많은 박수갈채가 쏟아졌지요. 외국인들은 "K-드 라마에서 K-올림픽으로 넘어가야겠다." "잘생긴 사람들은 다 한국에 있 다."라며 폭발적인 관심을 보였습니다. 오상욱 등 몇몇 선수들의 SNS에는 각국 팬들의 댓글이 쏟아졌지요. 그만큼 경기력이나 매너 등 모든 면에서 세계인들의 사랑을 받았습니다.

양궁 남자 개인 64강에서 한국 남자 양궁 국가대표 김우진과 경쟁을 펼친 마다예선수가 인상적이었지요. 그는 세계최빈국 중 하나인 아프리 카 차드 선수로 장비나 코치가 변변치 않은 상황에서 독학으로 양궁을 배 웠다고 합니다. 유튜브에서 한국의 양궁선수들 영상을 보면서 연습한 것이지요. 그가 세계 2위인 김우진 선수와 대결에서 0-6으로 패한 건 당연한 결과였습니다. 올림픽에서는 보기 힘든 점수도 기록했지요. 화면을 벗어난 화살이 1점을 기록한 것입니다. 보호대도 없는 옷을 입고서 출전한 그에게 응원의 박수가 쏟아졌지요.

저도 그의 인터뷰를 보고 아낌없는 응원의 박수를 보냈습니다. "1점을 쏜데 크게 스트레스 받지 않았다. 올림픽을 열심히 준비했기 때문에 설령 0점을 쐈다고 해도 만족했을 것"이라고 담담하게 말한 그의 소감이 오히려 큰 울림이었고 감동적이었지요. 19살에 양궁을 시작한 그는 "필요한 장비를 직접 만드는 것부터 시작했고 훈련비용을 벌기 위해 종이 만드는 회사 등 많은 곳에서 일했다."고 했습니다. "기술도 없고 활도, 과녁도 없는 나라에서 연습하는 건 어려웠다."면서도 "힘들었지만, 스스로를 채찍질하며 연습했다."고 말했지요.

이런 그에게 "올림픽 정신이 무엇인지 보여줘서 고맙다"는 등의 응원 메시지가 쏟아졌습니다. 그는 "올림픽에서 내가 겪고 배운 것들을 전해줄 것"이라고 했지요. 기록상으로는 꼴찌였지만 그가 보여준 의연한 언행은 그 어느 메달보다 값진 것이었습니다. 사람들이 금메달리스트에게 박수를 보내는 건 당연한 일이지요. 동네에서 1등하는 것도 어려운데 한 나라의 국가대표가 되어 세계 1위가 되는 게 결코 쉽지 않기 때문입니다. 그는 나라가 가난해 스스로 돈을 벌어 훈련비를 충당하며 연습했지요. 아무나 할 수 없는 참 대단한 일입니다.

고국으로 돌아간 그는 양궁을 널리 알리고 후배 선수들을 위해 살아가겠지요. 그에게 따뜻한 도움의 손길이 이어지면 좋겠습니다. 올림픽 메달을 딴 선수들은 포상금과 광고출연 등 누릴 수 있는 게 많지요. 세상이 잘사는 나라만 있는 게 아니고 1등만 사는 세상도 아닙니다. '스포츠를 통해 문화와 국적차이를 극복하며 우정과 연대감을 키워 평화롭고 더 나은 세계를 실현하는 데 공헌한다.'는 올림픽 정신은 메달이 중요한 게 아니지요. '마다예' 선수나 그에게 보내는 응원의 박수가 올림픽정신에 걸 맞는 일이라는 생각입니다.

내 안에 있는 또 다른 나

‘부캐’라는 신조어가 있습니다. 자신의 캐릭터와 다른 캐릭터로 활동할 때, 부가적인 캐릭터라는 의미에서 이렇게 부르지요. 상대적인 용어로 본래의 캐릭터는 ‘본캐’라고 합니다.

부캐 활동이 두드러지게 나타나는 계층은 연예인이지요. MBC 예능 프로그램 〈놀면 뭐 하니?〉에 출연한 유재석이 대표적입니다. 그는 가수 진성의 공연에 가면을 쓰고 깜짝 등장해 ‘안동역에서’를 부르며 트로트 가수라는 부캐의 시작을 알렸지요. 진성은 유재석에게 ‘유산슬’이라는 이름을 선물했고, 그의 부캐 예명이 됐습니다. 유산슬은 이후 ‘합정역 5번 출구’를 발표하며 가수활동을 시작했고 ‘사랑의 재개발’로 인기를 이어갔지요. 이 여세로 ‘MBC 방송연예대상’에서 그는 28년 동안 못 받았던 신인상을 수상하는 기쁨을 누렸습니다.

유산슬 이전, 연예인 ‘부캐’의 원조 격은 크리스마스 캐럴을 불러 ‘개 가수’(개그맨 가수)란 신조어를 낳은 심형래입니다. 그때, “달릴까 말까, 달릴까 말까”라는 캐럴의 한 구절은 지금도 크리스마스에 불릴 정도이지요. 가수 조영남은 한동안 ’화투그림 대작(代作)논란’으로 큰 곤혹을 치렀습니다. 그런데 오히려 그가 그림 그리는 화가라는 걸 세상에 알린 홍보효과를 보았다는 분석도 있지요. 실제로 조영남 작품은 엽서크기인 호당 가격이 70만 원 넘는다고 합니다. 영화 ‘타짜’의 원작자 만화가 허영만도 요즘에는 ‘백반기행’을 진행하는 방송인으로 활동하고 있습니다. 본캐를 위협(?)하는 부캐 인기사례는 꽤 많은데, 안정환과 박세리 등 내로라하는 스포츠 스타의 방송 활동이 그 예이지요. 이만하면 ‘부캐 전성시대’라 할 만합니다.

'부캐'는 유명인들의 전유물은 아닙니다. 다양한 계층으로 확산되고 있는데 용인시청에서 함께 일했던 배명곤 실장은 은퇴 후 서각명장이 됐지요. 공직생활동안 취미였지만 5년 동안 본격적으로 공부해 한국전통서각예술협회 정회원이 됐는데, 초대작가로 등극하는 기염을 토하더니 '대한민국 전통서각 한라명장'까지 올랐습니다. 서각 분야에서 최고의 경지에 이른 것이지요. 그가 일했던 용인시청 옆 용인문화원 전시실에서 작품전도 열었습니다. 그는 이제 전직 공무원이라기보다 서각예술가이자 배작가로 불리지요. 전직 공무원의 행정영역을 넘어선 의미 있는 '부캐'입니다.

수원에서 열린 가수화가 조영남의 작품전시회와 공직자출신 서각명인 배명곤의 작품전시회를 보고 부럽다는 생각이 들었습니다. 그렇다고 공직 외길 40년을 살아온 것을 후회하는 건 아닙니다. 다만, 은퇴 후에 다른 직업을 가질 주특기가 없다는 것이 아쉬운 일이지요. 늦었지만 지금부터라도 무슨 일을 해볼 것인지 고민하고 있기는 합니다.

어쨌거나 부캐 열풍은 연예계를 넘어 사회적 현상으로까지 번지고 있는 게 현실이지요. 잡 코리아 설문조사에 따르면 일반인까지 확산하고 있는 부캐 문화에 대한 긍정적 답변이 65%라고 합니다. 부캐를 갖고 싶어한다는 것이 시대 트렌드라는 걸 방증(傍證)하는 셈이지요.

또 다른 나로 다른 인생을 살아보는 것은 매력적인 일입니다. 좋은 것을 더 갖고 싶은 건 인간의 원초적인 본능이지요. 세상이 변하는 것처럼 우리의 꿈과 희망도 변해갑니다. 그걸 자연스럽게 받아들이는 것 또한 인생이지요. 한 가지 일에 집착하거나 고집할 필요가 없는 일입니다. 세상에 태어나 한 가지 일만하는 것보다 '내 안에 있는 또 다른 나'를 꺼내어 새로운 삶을 살면 그게 바로 '부캐'가 되는 것이고 삶의 의미와 가치를 더하는 게 아니겠는지요. 부캐는 또 다른 삶의 의욕과 새로운 활력을 줄 것입니다. 새로운 일에 도전한다는 것은 그동안 해온 일에 대한 미련이나 집착에서 벗어나 내안에 있는 또 다른 나를 찾는 일이지요.

'부캐'가 대세인 세상입니다. "당신은 '부캐'가 있나요?"

거듭난 문화유산 고려불화

"돌아보니 '고려불화(佛畵)'에 미쳐 젊어서부터 에너지를 너무 방출했어요. 참 열정적으로 살았습니다. 오직 우리 문화유산을 재현하는 일에만 몰두했지요. 찬란한 문화유산이니 되찾아야 한다고 생각했습니다."

우리나라에 문화유산 중 세계에서 가장 뛰어난 예술적 가치를 지닌 유산으로 평가받는 게 많이 있습니다. 그중 하나가 고려불화이지요. 그러나 안타깝게도 남아있는 고려불화(佛畵)는 160점 정도에 지나지 않습니다. 그나마 130점이 일본, 20점이 미국과 유럽에 있고 정작 우리나라엔 10점 정도만 남아 있지요. 그 맥이 끊어진 지 700년 만에 다행히 부활의 꽃이 피었습니다. 고려불화연구소 이사장 혜담(月齊 慧潭) 스님이 45년 동안 심혈을 기울여 고려불화를 복원해낸 것이지요.

스님은 고려불화에 관한 한 독보적인 분입니다. 1979년 불가에 입문한 스님은 수행 중 관음보살을 만나는 체험을 했지요. 그 모습을 재현하기 위해 고려불화 복원작업에 몰두하기 시작했습니다. 어려움이 많았지요. 수원에 작업실을 마련하고 불화재현작업을 시작했지만, 마땅히 도움받을 수 있는 사람이나 자료가 없었습니다. 일본까지 날아가 불화를 살펴보고 끼니를 거르면서 하루 15시간 이상 불화를 재현하는 일에 정진했지요. 시력이 약해지고 건강이 악화되기도 했습니다. 이러한 고난을 겪으면서 정진 또 정진한 끝에 고려불화를 재현한 것이지요. 재현을 넘어 부활의 경지에 이르렀다는 평가를 받는 건, 단순한 복원이 아니라 온 생명력과 혼을 불어넣었기 때문입니다.

스님은 '고려불화학술연구소'를 설립해 운영하면서 그동안 40회가 넘는 국내외 전시와 학술포럼을 열었지요. 2005년에는 대통령표창을 수상했는데 수백점이 넘는 고려불화 복원은 물론, '수월관음보살도'와 '오백나한도' 등 세계에서 가장 큰 대작을 완성한 공로를 정부가 인정한 것입니다. '프랑스 루브르박물관 살롱 전'은 전 세계 예술인의 꿈의 무대인데 스님은 이 전시회에 4년 연속 초청을 받아 대상 격인 '프랑스 루브르 명예훈장'을 비롯해 심사위원 특별상을 받으며 명성을 드높였지요. 루브르 측은 '국립예술 살롱 전'에 매년 고려불화전시공간을 마련하고 있습니다. '인도네시아 아체국왕 문화훈장'도 받았는데, 미국 버클리대학교 루이스(Lewis Lancaster) 총장은 스님의 불화를 '단순한 복원이 아니라 부활'이라고 평가했지요. 이젠 중국, 일본, 인도 등 각국에서 전시회요청이 쇄도하고 있습니다.

　　국민적 관심이 중요하지요. 고려불화는 엄청난 정성과 뼈를 깎는 고통을 감내해야해 선뜻 나서는 사람이 없었는데 스님의 활약이 알려지면서 국내에서도 호응도가 높아졌습니다. 고려불화를 배우려는 사람이 늘고, 일부 대학에선 전공학과도 생겼지요. 고려불화를 아끼고 사랑하는 사람이 많아지면 좋겠습니다. 고려화불은 단순한 그림이 아니라 고려의 문화예술이고 고려인의 정신이지요. 고려청자의 가치가 높이 평가받는 것도 고려인의 혼이 담겨있기 때문입니다. 문화강국을 지향한다면 고려불화에 대해 진지하게 고민하고 성찰할 필요가 있지요. 우리역사상 가장 활기찬 기상과 찬란한 문화유산을 꽃피운 시기가 고려인데, 그 문화유산을 계승하는 게 역사적 소명입니다.

　　우리나라가 선진국 반열에 들어선 나라로 평가받고 있지요. 그러나 행복지수가 하위권을 맴도는 걸 보면 아직 멀었다는 생각입니다. 물질에 치우쳐 정신적, 문화적 가치를 등한시했기 때문이지요. 불화를 종교적 시각에서만 바라보면 안 됩니다. 문화유산으로 받아들여야지요. 고려는 불교가 국교였으니 불화는 당연히 고려의 문화유산이라는 차원의 인식이 필요합니다. 고려불화의 부활로 찬란한 문화유산이 다시 숨 쉬고, 고려의 기상이 용틀임하고 있습니다. 고려의 혼이 되살아나고 있는 소중한 자산의 연결고리가 끊겨선 안 되겠지요. 혜담 스님이 이뤄낸 고려불화의 부활을 계기로 고려의 찬란한 문화유산과 대륙까지 뻗쳤던 기상(氣像)이 다시 되살아나기를 기대해 봅니다.

산신령의 메아리, 온 누리 가득하기를

"힘들게 일을 하지만, 땀 흘려서 번 이 돈만큼은 나 자신을 위해서만 사용하고 싶지 않았습니다."

설악산을 지키며 비가 오나 눈이 오나 날마다 산을 오르는 사람이 있습니다. 일흔을 바라보는 임기종 씨는 50년 넘도록 설악산에서 지게로 짐을 나른 지게꾼이지요. 자신이 지게를 짊어지지 않으면 설악산 휴게소 상인들이 장사할 수 없다는 것을 알기 때문입니다. 사람들은 그를 '작은 거인'이라고 부르지요. 자그마한 체구로 일한다는 뜻도 있지만, 지게로 짐을 나르고 받은 품삯을 어려운 사람들을 위해 쓰기 때문입니다.

그는 그동안 장애인학교와 장애인 요양 시설에 생필품을 지원해 왔지요. 홀몸노인들을 보살피고, 어려운 이들을 위해 자신이 번 돈을 사용해왔습니다. 그것도 50년을 모은 품삯 중, 1억 원을 이웃에게 기꺼이 기부했으니 얼마나 대단한 일입니까. 지게로 짐을 지고 설악산을 한 번 오르고받는 품삯이 3만 원이니 설악산을 3,300번 이상 오르내린 품삯을 기부한셈입니다.

설악산을 삶의 터전으로 삼고 살아가는 상인들과 사찰에 필요한 생필품을 져다 주고 그가 받는 품삯은 한 달에 200만 원정도지요. 여기에 아내가 정부로부터 받는 장애인 생활 보조비를 보태지만, 여유로운 삶을 살아가기는 어려운 수준입니다. 더욱이 고된 노동을 통해 받은 품삯은 지적장애 2급인 아내와 심각한 정신장애를 가진 아들을 부양하는 데 써야만 하지요. 이를 생각하면 한 푼이라도 더 모아야 하는데, 그 힘들게 번 돈을 기부한 것이니 참으로 고개가 절로 숙여집니다. 그래도 그는 '술·담배를 안하고 허튼 곳에 돈을 쓰지 않으니 먹고사는 데 불편이 없다.'고 말하지요.

"처음에는 지게를 지는 요령을 몰라 작대기를 짚고 일어서다가 넘어지기 일쑤였습니다. 너무 힘들어 몇 번이나 그만둘 생각도 했죠. 하지만 배운 게 없고 다른 재주가 없으니 막일밖에 할 것이 없었어요. 그때는 내 몸뚱이 하나 건사하기도 쉽지 않았거든요."

부모님은 그가 열 살이 갓 넘었을 때 연이어 세상을 떠나셨습니다. 가난한 집안이었으니 남겨진 재산도 없었지요. 두 분이 돌아가신 후, 6남매는 자기 먹을거리를 스스로 해결해야 했습니다. 이 때문에 셋째였던 그도 초등학교 5학년도 못 마친 채 남의 집 머슴살이를 시작했지요. 이곳저곳을 전전하며 지내다 그나마 정착한 노동이 오늘날의 지게꾼 일입니다. 열여섯 살 때부터 지금까지 오직 설악산에서 50년간 짐을 져 날랐지요.

그는 맨몸으로 걸어도 힘든 산길을 40kg이 넘는 짐을 지고 날마다 오르내립니다. 하루에 적어도 3번을 오르내리지요. 가스통을 짊어지고 산을 오르내릴 때도 있고, 대형 냉장고를 통째로 옮겨야 할 때도 있지요. 그런데 그는 키가 160cm가 채 안 되는 단신입니다. 몸무게 역시 60kg이 안 되니 체격이 그리 좋은 편도 아닙니다. 일흔이 가까워지는 그는 이제 머리도 허허해졌고 치아는 거의 빠지거나 삭아서 발음까지 어눌하지요. 그가 지게 짐을 지고 설악산을 오르내릴 날도 그리 많이 남지 않아 보입니다.

임기종 씨의 선행은 놀랍고 존경스럽습니다. 세상 힘들게 맨몸으로도 힘든 설악산을 짐을 지고 오르내린 돈을 이웃을 위해 기부하는 건 참 존경스러운 일이지요. 그에게 주어진 대통령 표창이 그의 선행에 비하면 왜소하고 보잘것없게 느껴지는 건, 저만의 생각이 아닐 겁니다. 가진 게 적다고 죽는 소리하면서 아등바등 살아온 지난날이 그저 부끄러울 뿐이지요.

'설악산 산신령' 임기종 씨의 앞날에 건강과 행운이 함께하기를 진심으로 기도하며, 그 선행의 메아리가 온 천지에 가득하기를 소망합니다.

백두산 천지를 만났습니다.

우리 민족의 영산(靈山)인 백두산 천지를 만났습니다. 중국 선양(沈阳)에서 열린 민주평화통일 중국지역회의와 자매결연 차 갔다가 주말에 백두산을 찾은 것이지요. 백두산은 '자기 모습을 쉽게 보여주지 않는다.'고 합니다. 백두산 천지는 '3대가 덕을 쌓아야 볼 수 있다.'는 말이 나돌 정도로 만나보기 힘들다는데 가는 날부터 주야장천 비까지 내렸지요. 중국도 장마철이었기 때문입니다. 백두산으로 향하는 길에도 비를 만났지요. 창밖 풍경은 낯설지 않고 친근했습니다. 강원도엘 가는 길과 흡사했지요. 백두산으로 향하는 길, 끝없이 이어진 자작나무 군락(群落)이 장관이었습니다.

다른 나무들은 세찬 비바람과 눈보라를 이기지 못하고 부러지거나 쓰러지지요. 자작나무는 바람 부는 대로 휘어졌다가 다시 일어선다고 합니다. 사람 세상살이와 같지요. 너무 강하거나 나약한 사람은 세파(世波)를 이겨내기 어려운 것과 같은 이치입니다. 정상에 가까워질수록 나무 한그루 보이질 않고 이름 모를 야생화들이 서로 다른 얼굴로 웃으며 재잘대고 있었지요. 비록 크지도 화려하지도 않지만 소박하고 단아한 몸짓이 어느 꽃보다 더없이 귀하고 소중하다는 생각이 들었습니다. 차를 세 번이나 갈아타고 백두산 턱밑에 도착했지요. 솔직히 기대 반, 걱정이 반이었습니다.

아침에 일어나서, 차를 타고 이동하는 동안, 제발 천지를 볼 수 있게 해달라고 기도하고 또 기도했지요. 그렇지만 멈추지 않는 빗줄기를 헤치며 정상으로 발걸음을 옮기면서도 천지를 만나는 게 쉽진 않겠다는 생각을 했습니다. 그런데 기적처럼 천지를 만날 수 있었지요. 그 순간 가슴이 쿵

쾅거리고 가슴속이 뜨거워지더니 환희와 감동이 벅차올랐습니다. 말이나 글로 형용할 수 없는 불기둥 하나가 솟구쳤지요. 불덩이가 가슴 속을 헤집고 다녀 정신이 혼미해졌습니다. 한동안 먹먹함 속에 멍 때리고 서서 천지를 바라보았지요. 불현 듯 천지로 뛰어들고 싶다는 생각이 들었습니다.

내려가는 길이 있다면 당연히 그리했을 것입니다만 북파 정상에서 천지는 낭떠러지라서 어찌할 수 없었지요. 아무도 없이 나 혼자라는 착각 속에 멍 때리고 있다가 사람들이 몰려들어 발을 옮겨야만 했습니다. 그때서야 휴대폰을 꺼내 천지의 풍광을 담기 시작했지요. 나름 조망(眺望)이 좋은 곳을 찾아 천지의 모습을 휴대폰과 마음속에 담고 또 담았습니다. 장마철 빗속에서도 천지를 만나본 것은 정말 행운이었지요. 가슴 두근거리는 인생최고의 순간이었고 저도 모르게 울컥했습니다. 천지의 기운을 온몸으로 만끽했지요. 살다가 이런 기쁜 일도 생기니 참으로 고마웠습니다.

백두산은 한민족의 발상지이고 개국터전으로 역사적 의미가 깊은 성지(聖地)이지요. 백두산(白頭山)이라 불리는 건 화산 폭발 때 생긴 하얀 돌들로 인해 산꼭대기가 사시사철 희게 보여 붙여진 이름입니다. 연중 8개월은 눈으로 덮여 있지요. 중국에서는 백두산을 '창바이산(長白山)'이라 부르는데 역시 '흰 백'자가 들어 있습니다. '창바이산'은 지질학적 가치를 인정받아 유네스코 자연유산에 등재되었지요. 북한이 개방을 하면 쉽게 찾아볼 수 있는 민족의 영산을 먼 길을 돌고 돌아가야 만날 수 있는 건 안타까운 일입니다. 하루빨리 육로로 자유롭게 만날 수 있게 되기를 기도했지요.

"북한에선 당 간부나 고위층 가족 빼곤 백두산 구경하는 건 불가능합니다. 그런데 죽음을 무릅쓰고 남한으로 넘어와 자유를 만끽하며 살고 있는데 백두산 천지까지 보니 그저 감격스러워 눈물이 쏟아졌습니다. 꿈만 같습니다..."

   그날 저녁, 동행한 두 분 탈북여성이 소감을 말하다 울음을 터트려 또 다시 울컥했습니다. 이렇게 가슴 뭉클한 감동의 순간이 또 다시 생겨나기를...!

아버지와 피어린 구월산

전우의 시체를 넘고 넘어 앞으로, 앞으로 / 낙동강아 잘 있 거 라! 우리는 전진한다. / 원한이야 피에 맺힌 적구를 무찌르고서 / 꽃잎처럼 떨어져 간 전우야 잘 자라!

〈전우야 잘 자라〉라는 노래 말 입니다. 애초에는 군가가 아니라 대중 가요였지요. 1950년 6월 25일 한국전쟁이 발발했고, 이후 9.28 서울 수복이 이루어진 지 얼마 안 됐을 때 서울 명동에서 우연히 만난 작사가 유호와 작곡가 박시춘이 밤새도록 술을 마시며 만든 곡이라고 합니다. 원곡 가수는 〈신라의 달밤〉, 〈굳세어라 금순아!〉 등으로 유명한 현인이지요. 노랫말 중 '적구'를 '적군(敵軍)'으로 알고 있는 사람이 많지만 적군이 아니라 공산당의 앞잡이(개)라는 의미의 '적구(赤狗)'입니다.

제가 초등학생일 때는 즐길만한 놀이가 마땅치 않았지요. 남자는 공차기, 여자는 고무줄놀이가 고작이었을 때, 고무줄놀이를 하며 부르는 노래 중 하나가 〈전우야 잘 자라〉였습니다. 어린 나이에 노랫말에 담긴 뜻을 알면서도 고무줄놀이하며 부를 리는 없었겠지요. 그 의미를 안 것은 초등학교 6학년 때입니다. 1968년 1월, 북한의 무장한 공비 31명이 청와대를 기습, 박정희 대통령을 제거하려다 미수에 그친 사건이 있었지요. 그해 4월, 향토예비군이 창설됐습니다. 군대를 다녀온 어른들이 학교 운동장에서 목총을 들고 훈련하던 모습이 지금도 기억이 생생합니다.

그때, 예비군 훈련 중이던 한 어른이 고무줄놀이하며 '전우의 시체를 넘고 넘어…'를 부르는 아이들에게 호통을 쳤지요.

"너희들, 그게 무슨 노래인지 알기나 해? 당장 그치지 못해!"

아이들은 영문도 모른 채 혼비백산, 교실로 들어갔습니다. 자초지종 얘기를 들은 선생님이 6·25 때 전투를 치르다가 전우가 순직한 슬픔을 담아낸 노래라고 하자 숙연해졌지요. 지금도 저는 6·25 기념식 때, 으레 방송에서 나오는 이 노래를 듣게 되면 철없던 시절의 부끄러움에 얼굴이 후끈 달아오르곤 합니다.

1930년생인 제 아버지는 6·25 참전 용사였습니다. 황해도 구월산 전투 때는 전우들이 죽어가는 절체절명 속에서도 통신병 임무 수행을 위해 목숨 걸고 산을 오르내렸다지요. 제가 초등학교 졸업반이던 가을, 마을 근처의 하천변에 설치한 가설극장에서 아버지와 함께 〈피어린 구월산〉이라는 영화를 보았는데, 아버지는 영화를 보는 내내 어깨를 들썩이며 우셨습니다. 아버지 손에 이끌려간 형과 저는 비록 어린 나이였지만, 아버지의 통곡 이유를 어렴풋이나마 알 수 있었지요.

그런데 참전 중인 군인에게도 휴가가 있다는 건 몰랐습니다. 아버지가 전쟁 중 잠깐 집에 들렀을 때 형이 생겼는데, 휴전을 앞두고 태어난 그 형이 지난봄 칠순을 맞았지요. 사형제가 모이면 으레 아버지가 등장합니다. 자식들과 술자리를 즐기셨던 아버지의 구월산 전투 이야기는 빠지지 않는 술상 메뉴였지요. 예순둘 나이에 하늘나라로 떠난 아버지 얘기를 하다가 우리 네 형제는 너나없이 울먹였습니다. 하늘나라로 떠나셨지만 여전히 마음속에 살아계신 아버지가 절절히 뵙고 싶었기 때문이지요.

6월은 호국보훈의 달입니다. 6·25 한국전쟁에서는 수많은 장병과 학도의용군, 여성자원입대자 등이 하늘나라로 떠났습니다. 호국보훈의 달을 6월로 정한 이유이기도 하지요. 하지만 6·25 외에도 전사한 장병이 참 많습니다. 2002년 월드컵 때 발발한 제1연평해전도 그렇고, 북한의 천안함 피격이나 연평도 포격 등으로 얼마나 많은 장병이 목숨을 잃었습니까. 목숨을 바쳐 나라를 지킨 이분들의 숭고한 희생을 잊어서는 안 되지요. 북한의 공격을 포함해 그 어느 도발에도 단호하게 대응하는 것이 이분들에 대한 보답이자 국가 수호의 최우선이라고 생각합니다.

아버지의 노래

초등학교 6학년 가을 날 저녁, 아버지는 형과 저를 가설극장으로 데리고 가셨습니다. 극장이 없던 시골인데 봄, 가을이면 시냇가 고수부지에 천막을 둘러치고 조금 지난 영화를 상영하는 가설극장이 들어오곤 했지요. 난생처음 영화구경을 가는 게 낯설었지만 가슴 벅차게 신바람 나는 일이었습니다. 6,25 한국전쟁을 그린 '피어린 구월산'이라는 영화를 재미있게 보고 있었지요. 그러다 아버지가 어깨를 들먹이며 우시는 걸 보았습니다. 그 모습은 영화가 끝날 때까지 이어졌지요. 돌아오면서 "아버지 영화가 슬프셨어요?"라고 물었지만 묵묵부답이었습니다.

아버지는 6,25 한국전쟁 참전용사였지요. 아버지는 자식들과 술자리를 함께 할 때면 무성영화 시대에 관객들 앞에서 영화흐름을 설명을 해주던 변사(辯士)처럼 6,25 전쟁이야기를 흥미진진하게 들려주었습니다. 그 중에도 구월산 전투 때, 전우들이 총탄에 맞아 쓰러지는 절체절명의 순간에도 통신병 임무완수를 위해 목숨 걸고 산을 오르내렸다는 대목은 압권이었지요. 그런데 구월산 전투를 그려낸 영화를 보게 되었으니 아버지가 울먹이는 건 당연한 일이었습니다. 그 후에도 아버지의 무용담(武勇談)은 끝없이 이어졌는데 늘 가슴이 먹먹해지는 시간이었지요.

매년 6월 25일이면 아버지는 식사를 거르셨습니다. 전쟁 때 전사한 전우들을 생각하면 밥이 넘어가지 않는다는 것이었지요. 그리곤 두문불출 집에서 제대할 때 후배들이 덕담을 써서 엮어준 추억 록을 보며 눈물을 글썽이곤 했습니다. 저도 가끔 읽어보았는데 생사의 갈림길에서 죽을 고

비를 넘긴 전우들의 묵직한 이야기는 심장을 두근거리게 했지요. 젊은 시절부터 의용소방대원이었던 아버지는 누구보다 먼저 현장으로 달려가서 위험을 무릅쓰고 불을 끄곤 했습니다. 몸조심하라는 사람들에게는 '6,25 전쟁에서도 살아남은 사람'이라고 큰 소릴 치곤 하셨지요.

사람들을 좋아하고 술을 즐겨 만나는 아버지는 가끔 돼지고기를 사들고 신작로에서 노래를 부르며 오셨습니다. 멀리 아버지의 노래 소리가 들리면 뛰어가서 고기를 받아들고 기분 좋게 콧노래를 흥얼거리곤 했지요. 그때 들었던 노래가 '황포돛대'였습니다. 자주 듣다보니 자연스럽게 귀에 익어 노래를 따라 부르게 되었지요. 초등학생 시절, 이 노래를 흥얼거리다가 담임선생님에게 '유행가를 부른다.'고 꾸지람을 듣기도 했습니다. 말년에 아버지 애창곡은 '내 마음 별과 같이'였지요. 저도 이 노래를 너무 좋아해 술자리에서 아버지와 함께 부르곤 했습니다. 그런데 아무리 잘 부르려 해도 아버지만큼 잘 부를 수 없다는 걸 절감했지요.

치열한 질곡의 삶이 녹아든 인생연륜을 우려낸 듯 깊고 진한 소리는 범접할 수 없는 영역이었습니다. 그 한숨 반, 눈물 반인 노래는 전쟁보다 더 힘든 역경이 녹아든 경이로운 절창(絶唱)이었지요. 노래는 기쁠 때만 부르는 게 아니라는 걸 알았습니다. 세상이 내 맘대로 살아지지 않아 숨이 막힐 때, 가슴 속 응어리진 한(恨)을 토해내고 싶을 때, 절규하듯 쏟아내는 삶의 일부였던 셈이지요. 그 노래가 찌든 삶의 더께를 조금이나마 씻어주는 생명수가 되었는지도 모를 일입니다. 아버지 술자리에선 몇 순배 술잔이 돌아가면 서로 앞 다투어 노래를 부르곤 했지요.

노래가 시작되면 지나던 사람이 박수를 보낼 때도 있었는데 길손을 불러 술을 권하는 아버지의 모습은 참 멋져보였습니다. 그런 아버지가 회갑 다음해, 삶의 결실을 거두지 못하고 하늘로 떠나셨지요. 사람들은 벼슬

한 것도 아니고 가진 건 적었지만 정말 잘 사신 분이라고 추모했습니다. 선산에 아버지를 모시고 돌아올 때 '내 마음 별과 같이' 노래가 귓전을 맴돌았지요. 지금 아버지는 '저 하늘 별'이 되어 빛나고 있습니다. 살아생전 '사랑합니다.' 말 한마디 못했지만 아버지와 함께 노래하던 순간은 행복했지요. 지금도 가끔 별을 보며 아버지의 노래를 부릅니다.

가슴 저리게 그리운 사람

"여보! 어머님이 돌아가셨어요!"

울부짖는 아내의 외마디로 어머니가 운명하셨다는 비보를 접한 것은 프랑스의 어느 호텔방이었습니다. 스위스에서 TGV를 타고 밤늦게 도착해 잠든 날, 새벽에 비보를 접하곤 넋을 놓아버렸지요. 숨이 멎을 듯하고 몸이 굳어버리고 두려움이 몰려들었습니다. 파리에서 비행기를 타고 오는 하늘 길은 평생 가장 지루했던 시간이었지요. 온몸이 떨리고 사지가 굳어져 기내식은 입에 대지도 못하고 물만 들이켰습니다. 만감이 교차했지요. 평생을 고생만하시다가 돌아가신 어머니 생각에 흐르는 눈물을 주체할 수 없었습니다.

어머니는 가진 게 없는 시골총각에게 시집와 고생고생하며 살았지요. 그리 많지 않은 땅을 일구면서 6남매를 키우는 일은 결코 간단치 않았습니다. 죽어라 일했지만 많지 않은 논밭으론 한계가 있었지요. 자식들이 학교엘 다니기 시작하자 살림을 꾸려가는 게 전쟁이었습니다. 당시 다른 집 아이들은 중학교는 꿈도 못 꾸는 일이 다반사였지요. 그런데도 부모님은 이를 악물고 날품팔이하고 해거리로 땅을 팔아가며 6남매를 고등학교 이상 공부시켰습니다. 마을 사람들에게서 '제 정신 아니다'라는 비아냥을 들은 연유지요.

어느 날, 땅거미가 내리는 늦은 저녁에 들에서 돌아온 어머니가 우물가에서 세수를 하곤 조용히 앉아 있었습니다. 가만히 보니 어깨를 들먹이는 게 울고 계시다는 걸 직감했지요. 죽어라 일을 하고 돈 되는 일은 가리지 않고 하는데도 살림살이는 나아지질 않으니 몸도 마음도 만신창이가 되어 울고 있었던 것입니다. 한참을 울다가 돌아서는 어머니 보기가 안쓰러워 방으로 뛰어 들어가 이불을 뒤집어쓰고 울었던 기억이 생생하지요. 가끔 아버지, 어머니가 우물가에서 어깨를 들먹이는 걸 보면 가슴이 터질 듯 아팠습니다.

어린 나이였지만, 저는 학교가 끝나면 땔나무를 하고 소꼴도 베고 농사일도 거들며 부모님을 도왔지요. 부모님은 맏이가 잘 돼야 한다며 형을 서울에 있는 고등학교로 유학(?)을 보냈기 때문입니다. 고등학교 진학마저 포기하기에 이르렀지요. 고등학교를 안 가는 게 효도라는 생각을 한 것입니다. 아래로 네 명의 여동생과 남동생이 학교에 다니고 있는 상황에서 집안일을 돕는 게 숙명이라는 생각도 했지요. 그런데 어머니가 아버지를 설득해 뒤늦게 고등학교엘 들어갔습니다. 인생의 변곡점이었지요.

어려운 형편에 진학시켜준 부모님이 너무 고마워 정말 열심히 공부하고 집안일을 도우며 지냈습니다. 부모님은 이런 저의 모습을 대견스러워 했지요. 비 오듯 땀을 흘리고 숨을 몰아쉬며 일하시는 부모님을 보면 꾀를 부릴 수가 없었습니다. 겨울엔 하루 두 번 땔나무를 했지요. 점심에 어머니가 제 밥그릇에만 달걀을 넣어주는 게 고마우면서도 동생들에겐 살짝 미안했습니다. 그 후 저와 형, 여동생 셋이 공무원으로 일하면서 형편이 나아질 무렵, 아버지가 예순 둘 아까운 나이에 돌아가셨지요. 홀로 되신 어머니는 망연자실 눈물로 보내셨습니다. 말년에는 당뇨에 약간의 치매 증세마저 보였지요.

유럽 출장 전, 뵈었을 때만해도 그리 돌아가시리라곤 상상조차 못했습니다. 황망함속에 어머니를 아버지 곁에 모시고 돌아서는 뒷전으로 어머니의 목소리가 뒷덜미를 붙잡고 놓아주질 않았지요. 질곡의 세월을 치열하게, 그러나 공들여 정성으로 사는 어머니의 존재는 경이로웠습니다. 어머니의 그 몸짓과 말 한마디 한마디가 가슴으로 스며들어 제 삶을 곧추세우는 자양분이자 가치관이 되었지요. 다시 태어난다 해도 부모님보다 더 사랑하는 사람은 없을 겁니다. 가슴 저리고 몸서리치게 그리운 사람, 바로 어버이지요. 늘 심장을 뛰게 하는 아버지! 어머니! 부디 하늘나라에서 영생하시기를 기도합니다.

어버이는 불멸(不滅)의 신(神)

1970년대만 해도 끼니를 걱정하는 집이 있었습니다. 아버지는 가끔 쌀을 봉지에 담아 나간 후, 빈손으로 돌아왔지요. 그러다 '우리도 궁색한 처지에 다른 집 돕는 게 가당한 일이냐?'는 엄마 역정에 슬그머니 사라지곤 했습니다. 우리 살림도 녹록치 않다는 걸 알고 있었기 때문이지요. 그래도 부모님이 크게 다투는 걸 보지 못했습니다. 돈 되는 일은 가리지 않았고 해거리로 논밭을 팔아가며 6남매를 공부시켰지요.

"여보! 공부를 못하면 몰라도 공부 잘하는 애를 어떻게 고등학교를 안보내요?" 6남매는 공부를 제법 잘했는데, 부모님은 그게 걱정거리였습니다. 그땐 잘사는 집도 중학교만 보내는 걸 당연하게 여겼지요. 부모님은 공부 잘하는 자식들 때문에 남보다 더 고생하신 겁니다. 어둠이 내리는 우물가에 앉아어깨를 들먹이는 부모님의 뒷모습을 볼 때가 있었지요. 덩달아 눈물이 쏟아져 방으로 들어가 숨죽여 울었던 기억이 납니다.

고3 여름방학 때 공무원시험에 합격해 졸업 전, 발령을 받는데 입을 옷이 없었습니다. "잘해서 면장까지 해라!" 아버지는 동대문시장에서 옷을 사주며 저를 다독였지요.

"참 대단한 일이고 고맙다. 사람들이 우리 동네 인물 났다고 하더라!"

'88년 신춘문예에 당선돼 인사갔을 때, 칭찬이나 사과에는 인색하셨던 아버지의 그 말에 콧등이 시큰해졌지요. 그런 저를 보고 "미안하다. 너는 꼭 대학에 보냈어야 했는데…”라며 눈시울을 붉히셨습니다. 제가 자랑스러우면서도 연세대주최 전국고교생 문예공모 당선으로 특례입학특전이 주어졌는데 못 보낸 게 미안했던 거지요. 지켜보던 엄마도 눈매가 붉어져 황당하고 죄송스러웠던 기억이 납니다.

아버지는 인정 많고 남을 잘 배려하는 멋쟁이셨지요. 술 드신 날엔 이미자의 ‘황포돛대’나 현철의 ‘내 마음 별과 같이’를 부르며 집으로 오셨습니다. 아버지는 제가 열일곱 살 때, 술 잘 마시는 법(酒法)을 가르쳐주었지요. 어렵고 큰 산 같던 아버지가 달라보였고 참 감사한 일이었습니다. 부모님은 배움이 짧고 힘겹게 살면서도 내일을 생각할 줄 아는 분들이었지요. 논밭을 팔아가며 자식들 공부시키느라 동네 사람들로부터 ‘미친 거 아니냐!’는 비아냥을 들어야 했습니다.

아버지는 저와 형, 여동생이 공무원이 돼 형편이 나아질 무렵, 예순 둘 아까운 나이에 세상을 떠나셨지요. 엄마는 이천의 철물점집에서 어려움 없이 자랐는데, 가난한 시골총각에게 시집와 6남매를 낳고 살았으니 고생이 많았을 겁니다. 그래도 현명하고 살뜰하게 살림을 꾸리셨으니 아버지나 우리 6남매가 복 받은 것이지요. 엄마는 아버지 돌아가신 후, 쓸쓸히 지내시다 일흔다섯에 아버지 곁으로 떠났습니다. 지금은 하늘나라에서 두 분이 알콩 달콩 지내시겠지요.

“둘째 아들이 면서기로 시작해 고위공무원을 거쳐 경기관광공사 사장이 됐으니 하늘에 계신 부모님이 기뻐하실 겁니다. 부모님과 경기도에 부끄럽지 않도록 죽을힘을 다해 일하겠습니다.”

경기관광공사 사장이 되었을 때, 도청간부회의에서 한 인사말입니다. 어버이는 살아서나 하늘나라에서나 든든한 버팀목이고 가르침을 주는 불멸의 신(神)이지요. 그런데 살아생전, 한 번도 사랑한다는 말이나 따뜻하게 안아드린 일이 없으니 한스러울 따름입니다. 저도 아버지가 되어보니 부모님이 가슴 저리도록 그립고 그립지요. 기쁘거나 슬플 때는 더더욱 간절히 뵙고 싶어집니다. 그런데 뵐 수도 안아드릴 수도 없으니 가슴 아픈 일이지요. 시공간(時空間)을 초월해 저를 돌봐주시는 부모님께 큰 절 올립니다.

"사랑하는 엄마! 아버지! 살아생전 겪었던 슬픔과 아픔, 모두 내려놓고 하늘나라에서 평안히 지내소서!"

달구지에서 우주선까지

제가 소싯적일 때, '시골길'이라는 노래가 있었습니다. '내가 놀던 정든 시골길 / 소달구지 덜컹대던 길 / 시냇물이 흘러내리던 / 시골길은 마음의 고향/

눈이오나 바람 불어도...' – 임성훈의 노래 〈시골길〉 중에서

세상이 아무리 변해가고 각박해져도 변하지 않는 것이 있지요. 유년시절을 보낸 마음의 고향이 바로 그것입니다. 흙먼지를 뒤집어 쓴 채 뒹굴며 놀던 너른 고을(廣州) 곤지암은, 각박한 세상살이의 시름을 녹여 주는 마음의 고향으로 살아 숨 쉬고 있습니다.

고향엔 산모퉁이 오솔길이나 논밭을 가로지르는 길, 시냇물 따라 구부러진 제방 길도 있었지요. 대부분 논밭을 일구고 곡식을 가꾸며 살아가던 우리네 어르신들에게 있어 소달구지는 집안에서 중요한 재산이었습니다. 그 시절 소달구지가 있는 집은 부잣집으로 손꼽힐 정도였지요. 소달구지는 단순한 농사 도구가 아니었습니다. 소달구지는 장터에 나갈 짐을 실어 나르거나 사람까지도 실어 나르는 훌륭한 교통수단이었지요. 길을 찾는 나그네에겐 소달구지가 길라잡이 역할도 했습니다. 이러한 소달구지와 함께 살아온 분들이 바로 우리의 아버지요, 어머니였지요.

어르신들의 삶은 한마디로 질곡의 역사요, 생존을 위한 처절한 몸부림이었습니다. 어르신들은 암울했던 일제강점기에 태어나 모진 학대를 받으며 살았고 피비린내 나는 6.25 한국전쟁을 겪었지요. 이후, 전쟁의 폐허

속에서 허기진 배를 움켜쥔 채 허리띠를 질끈 동여매고 오직 잘 살아보겠다는 일념 하나만으로 살았습니다. 외화벌이를 위해 월남전에 참전했는가 하면 이역만리 독일에 가서 광부나 간호사로 일했지요. 열대지방 중동의 건설 현장에서 피눈물 나는 사투를 벌였고 심지어 머리를 잘라서 가발을 만들어 수출하는 눈물겨운 일도 마다하지 않았습니다.

세월이 흘러 소달구지에서 자동차, 비행기, 우주선까지 떠다니는 세상이 되었지요. 어르신들의 처절한 삶의 의지와 정성과 노력이 결실을 맺어 오늘의 살기 좋은 세상이 되었다는 사실은 재론의 여지가 없습니다. 그런데 오늘이 있기까지 몸과 마음을 다 받쳐 살아오신 어르신들이 소외받고 있는 것은 참으로 안타까운 일이지요. 마치 소달구지가 손수레에 이은 자동차에 떠밀려 골동품이 되어버린 것처럼 오늘이 있게 한 주역들이 뒷전으로 떠밀리고 있는 것입니다. 그들이 바로 오늘의 우리나라를 지탱해온 버팀목이었던 우리들의 어머니이고 아버지이지요.

어르신들은 옛날이나 자식들에게 만점짜리 부모가 되기 위해 먹을 것 제대로 못 먹고 입을 것 못 입으며 자식들을 위해 살아왔습니다. 그러나 만점짜리 자식이 되기 위해 노력하는 젊은 세대의 모습은 찾아보기가 어려운 세상이 되었지요. 분명한 것은 우리가 어르신들을 제대로 예우하지 않는다면 그 업보는 고스란히 되돌아올 것입니다. 아무리 젊은이들이 세상 저 잘났다고 설쳐대고 있지만 그들이 갑자기 하늘에서 떨어진 것은 아니지요. '달구지에서 우주선까지' 다양한 시대를 살아온 어르신들의 경험이 우리의 삶에 소중한 자양분이 될 수 있을 것입니다.

어르신들은 오늘의 우리와 우리나라를 있게 해준 피붙이요, 살아있는 역사 그 자체지요. 이러한 천륜(天倫)이기에 어르신을 공경하고 받드는 일을 결코 소홀히 해선 안 될 것입니다. '원수는 물에 새기고 은혜는 돌에 새기라'는 말이 있지요. 그 역경의 세월을 자식을 위해 희생하신 어르신들이 나약해지고 병든 육신의 고통보다 자식과 사회로부터 소외되는 처절한 배신감에 몸서리치는 일이 생겨나는 건 슬픈 일입니다. 나이 들었다는 이유로 푸대접받는 일이 생기는 건, 가슴 아프고 안타까운 일이지요. 세상 어르신들에게 건강하고 행복한 일만 생겨나기를 소망합니다.

넷이 따로 또 같이

〈한 사람의 삶에는 다른 사람과는 차이가 있는 특별함이 있다. 그것만으로도 충분히 흥미로울 수 있다. 하지만 그런 이야기는 너무 많이 널려 있다. 아무렇게나 텔레비전 채널을 돌려도 이런저런 '토크'가 즐비하다. 오히려 사소한 사생활까지 지나치게 드러내서 보는 즐거움이 퇴색될 때가 적지 않다.

하지만 '넷이 따로 또 같이'를 읽는 순간 생각이 바뀐다. 우리는 너무 총천연색에 익숙해 있었다. 날마다 충격 속에 살다보니 흑백의 농담이 주는 상상력을 상실한 게 아닐까. 잡다함으로 채워지는 TV화면을 보면 '여백의 미'가 발붙일 곳은 없다. 깊은 물일수록 잔잔하다는 사실은 언제나 유효하다.〉
- 작가 송년식 서평 중에서

"우리 4형제가 글을 써서 책을 펴내는 게 어떻겠니? 한사람 당 열다섯 꼭지정도를 쓰면 책이 될 것 같은데 한 번 해보는 게 좋겠는데 어때?"

경기관광공사 사장 임기를 끝내고 적적한 시간을 보내고 있을 때, 뜬금없이 형이 4형제가 책을 펴내자는 화두(話頭)를 던졌습니다. 신문방송학과를 나와 기자로 일하는 동생은 걱정이 없고 애니메이션 작가인 막내도 별 걱정이 없었지요. 저 역시 신춘문예를 통해 등단했고 세권의 수필집을 펴낸 경험이 있어 전혀 걸림돌이 없었습니다. 사실 맏이인 형이 걱정이었지만 오랜 세월 공직자로 일해 나름 자신이 있어 책을 내자고 했을 거라는 생각이 들었지요. 그 후, 4형제가 집필(?)에 들어갔습니다.

3개월 후, 저의 메일로 형제들의 글이 도착하기 시작했지요. 제가 전체적인 흐름과 겹치는 부분을 조정해 정리하는 작업을 시작했습니다. 글을 다듬는 시간이 참 보람 있고 행복했지요. 어려웠던 시절, 크게 다투지 않았고 이제 사회적으로 자리 잡고 살아가는 형제들이 자랑스러웠기 때문입니다. 아버지는 예순 둘 아까운 나이에 돌아가셨지요. 그 때, 시골집과 얼마 남지 않은 땅을 모두 형 명의로 몰아주었습니다. 6남매가 나누기엔 창피한 재산규모였으니 상속 문제로 다툴 게 아니었지요.

맏형이자 공직자로 올 곧게 살아온 형에 대한 믿음도 한몫 했습니다. 홀로되신 어머니는 망연자실 외로운 삶을 사시다가 막내를 결혼 시킨 후, 하늘나라로 떠나셨지요. 넉넉지 않은 살림살이였지만 올 곧게 살아 당당했고 더 나은 내일을 위해 서로 도우며 6남매가 사이좋게 살았습니다. 그 어려움 속에서도 부모님이 해거리로 땅까지 팔아가며 자식들을 공부시킨 덕분에 형과 저, 여동생이 공무원, 남동생이 기자, 막내는 애니메이션 작가가 되었지요. 고향에선 성공한 집안으로 불리게 되었습니다.

'넷이 따로 또 같이'는 우리 4형제의 삶을 풀어낸 책이지요. 사람들은 책의 내용보다 형제들이 우애롭게 어울려서 지내는 게 부럽다고 했습니다. 가진 게 없고 물려받을 유산이 크지 않은 점도 있지만 힘겨운 살림살이에도 반듯하게 살아온 부모님의 영향이 절대적이었지요. 형은 광주시청의 총무국장, 저는 고위공무원과 경기관광공사 사장으로 일했습니다. 36년을 기자로 살아온 동생은 경인일보사 사장, 막내가 애니메이션 감독으로 일하고 있지요. 4형제의 삶이 알찬 결실을 거둔 것입니다.

며칠 전, 모처럼 6남매가 부부동반모임을 가졌습니다. 신문사 사장이 된 동생이 주관한 자리였지요. 함께 한 12명의 이야기보따리가 끝없이 펼쳐졌습니다. 많은 추억들이 파노라마처럼 떠오르고 흘러갔지요. 살아보니 내 맘대로 안되는 게 인생이지만 죽을힘을 다하면 이뤄지는 게 있으니 살만한 세상이라는 생각이 듭니다. '넷이 따로 또 같이'는 하늘에 계신 부모님께 좋은 선물이 되었을 거라는 생각이지요. 아들, 딸, 손주들에게도 결코 간단치 않은 인생길을 밝혀주는 길라잡이가 될 것입니다.

전설이 된 축구경기

　한가위는 우리민족 최대의 명절입니다. 오곡백과 풍성하니 사람들의 얼굴에 넉넉한 미소가 짙푸른 하늘만큼이나 싱그럽지요. 어느 해 추석, 고향의 학교 운동장에서 세기의 대결이 펼쳐졌습니다. 동네축구시합이 벌어진 것인데 고향마을의 홍 씨, 조 씨 성을 가진 집안 축구경기였지요. 사촌동생이 조 씨 집안 처자(處子)와 결혼했습니다. 양 집안 모두 식솔이 수십 명에 달하는 번성한 집안이었지요. 사돈되는 분이 십년 넘게 마을 이장 일을 보고 있었는데 양가 식구끼리 축구경기를 갖게 된 것입니다. 가족들이 모였으니 얼굴도 익히고 친목을 도모하자는 뜻이었지요.

　경기가 시작되기 전엔 승부에 관심이 없어 보였습니다. 그런데 경기가 시작되자 양상이 달라졌지요. 중학생부터 쉰 넘은 어른까지 다양한 선수들이 죽기 살기로 뛰기 시작한 겁니다. 가문의 명예가 걸렸다는 생각을 했는지 승부에 집착하기 시작한 것이지요. 경기가 과열되면서 거친 태클로 넘어지는 선수가 생기자 고함소리가 들리기 시작했습니다. 운동장 밖에서도 양 집안의 가족들이 승리를 위해 박수를 치며 목 터져라 응원하는 열기가 참 대단했지요. 축구경기를 구경나온 동네사람들도 세상 좋은 구경거리가 생겼다는 듯 흥미진진하게 지켜보며 응원했습니다.

　"너무 승부에 집착 하지 말고 천천히 합시다. 막걸리 한 잔씩 하면서 쉬세요."

　전반전이 끝났을 때, 큰 아버지가 과열된 경기분위기를 가라앉히려고 한 말씀 던지셨지요. 어른들이 술잔을 주고받더니 다시 화기애애한 분위기로 바뀌었습니다. 마을 사람들도 합석했고 동네잔치가 열린 듯 웃음소리와 박수소리가 요란했지요. 15분 휴식시간은 30분이 넘어서야 끝이 났습니다. 후반전이 시작되자마자 그야말로 선수와 응원단 모두가 배꼽 잡는 장면이 속출했지요. 휴식시간에 마신 술이 오르기 시작한 겁니다. 몸을 제대로 가누지 못하니 헛발질을 하거나 넘어지는 선수가 늘어난 것이지요. 시간이 지날수록 운동장이 환호성과 웃음바다로 바뀌었습니다.

축구경기는 무승부로 끝이 났지요. 경기가 끝나갈 무렵, 심판이 한골 뒤진 팀에게 PK를 선물(?)했기 때문입니다. 모두가 승자가 된 경기였지요. 어깨동무를 하고 운동장을 나온 선수들과 가족, 동네 사람들이 모여 뒤풀이를 했습니다. 양가는 물론 동네 사람들이 가지고 나온 다양한 음식들로 더없이 풍요롭고 흥겨운 시간이 이어졌지요. 명절을 맞아 고향을 찾은 사람들도 서로 인사를 나누며 함께 즐기는 동네잔치, 그 자체였습니다. 양 집안의 축구경기가 올림픽 경기보다 재미있다는 말까지 나왔지요. 축구경기는 정규대회처럼 매년 이어졌고 늘 웃음소리가 드높았습니다.

지난 봄, 그 축구경기를 즐기던 큰 어머니가 돌아가셨지요. 양 집안 가족들이 모여들었습니다. 단연 옛날, 공 차던 이야기가 많이 나왔지요. 그 축구경기가 끊어진지도 한참 되었습니다. 옛날과 달리 아이들이 많지 않아 축구팀을 만들 수가 없기 때문이지요. 공 차던 사람 중엔 세상을 떠난 분도 많습니다. 이제 양 집안의 축구경기는 전설처럼 회자되고 있지만 함성소리 가물가물한 추억일 뿐이지요. 추석명절이 옛날 같지 않다는 생각이 드는 이유입니다. 가진 건 넉넉지 않았지만 그 시절이 그리운 이유이지요. 현명하게 살아오신 어른들의 지혜가 돋보였던 옛날입니다.

요즘은 내편, 네 편 나뉠 뿐 이웃이 없고, 옳고 그름만 있고 패자는 죽은 듯이 살아야하는 각박한 세상이지요. 새삼 인심 넉넉하고 사람냄새 나던 그때, 모두가 함께 어울리던 그 시절이 그립습니다.

손주 웃음이 최고의 보약

　오랫동안 함께 지냈던 손주들이 집을 떠나기 전 "고맙습니다."라며 우리 부부에게 큰절을 올리는 순간, 가슴속에 불덩이 하나가 끓어올라 울컥했습니다. 먹먹해진 마음으로 등을 쓰다듬으며 다독여주는데 눈물이 왈칵 쏟아졌지요. 급히 일어나 화장실로 들어갔습니다. 아내도 눈매가 붉어져 있었습니다.

　떠나기 전, 손주들이 차창을 열고 "안녕히 계세요!"라고 손을 흔들 때, 다시 가슴이 저려왔습니다. 손주들도 헤어지기 아쉬운 듯 눈물을 글썽이기 시작했지요. 차가 떠난 후 돌아서던 아내가 결국 어깨를 들썩이며 눈물을 보이기 시작했습니다. 못 본 채 앞장서 헛기침을 날리면서 집으로 들어왔지요.

　하나밖에 없는 아들이 결혼한 건 11년 전입니다. 그런데 직장이 아들은 대전이고, 며느리는 수원이라서 주말부부로 지낼 수밖에 없었지요. 그래서 며느리가 시부모 집에 들어와 함께 살기 시작한 것입니다.

　손자를 낳고, 손녀도 낳았지요. 손주들은 하루가 다르게 성장했습니다. 아이들이 자라면서 공간이 협소해지기 시작했습니다. 우리 아파트 같은 층의 마주 보이는 집을 전세로 얻었지요. 마침 앞에 살던 사람이 나라 밖으로 파견을 가게 되어 집을 전세물건으로 내놓은 건데, 운이 좋았던 겁니다.

　운 좋게도 앞집에서 4년을 지낼 수 있었습니다. 저도 현직에서 은퇴한 후라 손녀 손을 잡고 유치원에 함께 갈 수 있었고, 손자와는 초등학교와 태권도 학원 길을 오가며 즐겁게 지낼 수 있었습니다. 공직은퇴 후에 며느리와 손주들과 함께 지내는 시간은 행복했지요. 아내랑 둘이서만 지냈다면 아마 무료하고 적적한 시간을 보내는 게 힘들 수도 있었을 것입니다. 가끔 며느리가 만든 오징어, 제육볶음에 소주잔을 나누는 쏠쏠한 즐거움은 덤이었지요.

세월이 흘러 손자가 열 살, 손녀가 여덟 살이 되었습니다. 그런데 아들이 혼자 지내는 게 안쓰러웠던 며느리가 직장을 아들이 있는 근처로 옮겼지요. 손주들과 더는 함께 살 수 없게 된 것입니다. 11년 동안이나 함께 지내다 헤어지게 됐으니 정말 아쉬웠지요. 아내와 함께 손주들을 공들여 정성으로 돌보았으니 더 그랬을 겁니다. 사실, 저야 설렁설렁 지냈지만 아내는 밥하고 뒷바라지하느라 무척 힘들었을 것이고 그래서 더 울컥했겠지요.

'함께 있는 시간이 많아지면 보이지 않던 단점도 보이고, 의견 충돌이 생길 수도 있을 것이다. 그러나 세상에 완벽한 사람은 아무도 없단다. 서로 양보하고 배려하면서 지내면 좋겠다. 손주들이 많이 크고 이젠 생각도 어른스럽지만, 환경이 바뀌어서 다소 혼란스러울 수도 있을 테니 잘 돌봐 줘라! 우리 나름대로 잘해주려고 했지만, 부족한 게 있었다면 이해해주기를 바란다. 세상에 변하지 않는 진리는 '세상은 변하고 사람도 변한다.'는 것이다. 그러나 가족사랑은 변해서는 안 된다. 하나밖에 없는 자식, 하나밖에 없는 며느리, 사랑스러운 우리 손주들이 건강하고 행복하기를 늘 기도할게!'

아이들이 이사한 날, 아들 내외에게 손 편지와 메시지를 보냈습니다.

더 오래 함께 지낼 수 있으면 좋겠지만, 아들 가족이 11년을 서로 떨어져 지내왔던 터라 이제는 온전히 한 공간에서 함께 지낼 수 있게 됐다는 것이 얼마나 좋은 일인가 하면서 아쉬움을 달랬지요. 다만, 손주들이 바뀐 환경에서 지내게 돼 어색해하진 않을까 걱정이 드는 건 어쩔 수 없었지요.

저희 부부는 물론, 손주들도 오랫동안 함께 지냈으니 불현듯 보고 싶은 마음이 생겨나겠지요. 거리가 가까운 곳이 아니라 자주 보기는 어렵겠지만, 손주들이 보고 싶을 땐 영상통화로 귀여운 얼굴을 보면 피로가 한순간에 봄 눈 녹듯 녹아내릴 것입니다. 그러면 그 어느 보약보다도 약효가 좋아 우리 부부도 힘이 불끈 솟아나겠지요. 아들 며느리와 손주들이 행복하게 지내기를 소망합니다.

할아버지와 손자

〈손자가 할아버지와 아버지 손을 잡고 목욕탕엘 갔습니다. 할아버지가 온탕에 들어가 앉으며 한마디 날렸지요.

"어! 시원하다."

뒤 따라 들어간 아버지도 "어유! 정말 시원하네요."라며 미소를 지었습니다. 시원하다는 소리를 들은 손자가 아무 생각 없이 온탕 속으로 뛰어들었지요. 그리곤 소스라치게 놀란 손자가 외마디 비명을 지르며 뛰쳐나왔습니다.

"아 뜨거워! 세상에 믿을 놈 하나도 없네..."

깡 추위가 기승을 부리는 겨울 날, 아버지와 술을 거나하게 걸친 할아버지가 잠결에 목이 말라 물을 찾았습니다. 그런데 며느리가 방 모퉁이에 놓아둔 자리끼가 텅 비어 있었지요. 아버지가 홀라당 마셔버린 겁니다. 화가 난 할아버지가 아들을 깨워 물을 가져오라고 다그쳤지요. 할머니에게 말했다간 혼쭐날게 뻔했기 때문입니다. 아들이 살짝 문을 열고 소리쳤지요.

"여보! 여보! 물 좀 갖다 줘요."

사랑방에서 곤히 잠자다 깬 어머니의 속이 좋을 리 없었습니다. 남편을 골탕 먹이려고 화로에 있던 뜨거운 물을 주전자에 따라 문 앞에 갖다 놓았지요.

물을 들여 놓자마자 할아버지가 주전자 꼭지를 입에 대고 들이켰습니다. 그런데 물이 너무 뜨거웠지요. 주전자는 차갑지만 물이 식지 않았던 겁니다. "어? 어! 어유..." 할아버지는 며느리가 챙겨 준 물을 뜨겁다고 소리 지를 수 없어 묵언에 가까운 소릴 내곤 누웠지요. 이번엔 아들이 일어나 물을 들이키곤 기절할 듯 놀랐습니다. '아니! 이 뜨거운 물을 마시고도 말없이 조용히 누우셨다고?' 놀라 자빠질 뻔 했지만 이를 악물고 잠자리에 들 수밖에 없었지요. 잠이 깬 손자가 '나도 물먹고 자야겠다.'고 들이키다 깜짝 놀라 외마디 비명을 질렀습니다.

"아이 XX! 뜨거우면 뜨겁다고 얘기해야지..." – 구전(口傳)중에서〉

너른 고을(廣州)에서 자란 저는 할아버지나 아버지와 목욕탕엘 함께 가본 일이 없습니다. 시골이라서 동네에 목욕탕이 없었기 때문이지요. 여름철에는 저녁을 먹고 냇가로 나가 등목도 하고 물장구를 치며 놀았습니다. 겨울에는 가마솥에 물을 데우고 커다란 고무 대야에 물을 채워 목욕을 했는데 그나마도 그리 자주하지는 못했지요. 고향집은 방이 세 개라서 안방에 할아버지와 아버지, 마루건너 방에 할머니, 어머니와 여동생들이 자고 부엌 옆방에 형제들이 잤으니 뜨거운 자리끼 사건은 경험해보질 못했습니다. 할아버지, 할머니가 돌아가시고 안방은 부모님, 건너 방은 여동생, 부엌 옆방은 형제들 몫이 되었지요.

추석 전날, 아들 손자와 목욕탕엘 함께 갔습니다. 아들과는 가끔 목욕탕엘 갔는데 코로나19로 한동안 가질 못했지요. 처음으로 손자 녀석까지 함께 가니 묘한 설렘과 기쁨이 느껴졌습니다. 서로 등도 밀어주고 휴게실에서 구운 계란과 우유를 마시며 함께 하는 시간이 더없이 행복했지요. 아들 손자와 함께 목욕을 하니 세상 부러울 게 없었습니다. 바로 '이런 게 행복이구나!'라는 생각이 들었지요. 오곡백과 풍성하고 먹을거리가 넘쳐나는 추석명절 연휴는 더없이 즐겁고 행복한 시간이었지요. 삶의 기쁨과 행복감이 넘쳐흐르는 시간이었습니다.

저에게 할아버지는 무서웠고 아버지는 어려운 존재였지요. 억눌려 자란 탓인지 아들에게 살갑게 해주질 못했습니다. 그저 열심히 살았을 뿐이지요. 아들은 손주들과 함께 캠핑도 다니고 스킨십도 자주 하면서 '귀엽다'는 말을 입에 달고 삽니다. 저는 한 번도 해보지 못한 걸 하며 사는 아들과 손주들이 살짝 부럽고 고맙다는 생각이지요. 이제 손주 귀엽다는 걸 실감하며 지냅니다. 목욕탕에서 아들 손자와 함께 한 시간이 지금도 삼삼하지요. 아들 며느리 손주들과 더욱 잘 살아야겠다는 생각이 보름달처럼 티 없이 밝고 둥글고 넉넉했습니다.

자식 인생은 자식이 누릴 가치

"아버지! 은기가 저보다 할아버지가 더 좋데요!"

어느 날, 며느리가 뜬금없이 한마디 던졌습니다.
"그럴 리가…?" "실제 상황이에요."
엄마보다 할아버지가 좋다는 게 상식적으로 이해되지 않았지요. 손자의 속내가 궁금했습니다.

"은기야! 왜 할아버지가 더 좋아?" 손자에게 물었지요.
"엄마는 잔소리가 많은데 할아버지는 그렇지 않아 좋아요"

헛웃음이 나왔고 뜻밖이었습니다. 할아버지가 부모보단 잔소리 덜 하는 게 당연한 일인데 그런 생각을 한 것이지요. 어느새 손자 녀석이 많이 컸구나! '벌써 자아의식이 생겼구나!' 하는 생각을 했습니다. 대견하다는 생각도 들었지요. 그 일은 저도 손자 녀석을 다시보기 시작한 변곡점이 되었습니다.

어린 시절, 아버지는 제게 한 번도 공부하라는 소리를 하지 않았지요. 공부를 못 하면 그걸 빌미로 농사일이나 도우라고 할 수 있지만, 공부를 잘하면 그럴 수도 없었기 때문일지도 모릅니다. 그래서인지 아버지는 제가 중학교를 졸업했는데도 고등학교 얘기는 전혀 하지를 않았지요. 저는 방과 후 농사일을 돕겠다며 고등학교엘 보내달라고 간청했습니다. 어머니도 "승표가 공부를 잘하니 보내자"고 거들었고 담임선생님도 찾아와 아버지와 술잔을 나누며 "승표는 아까우니 고등학교에 보냅시다."라고 설득했지요. 이런 과정을 거쳐 어렵사리 고교에 진학한 저는 공부하면서 약속대로 학교수업을 마치면 정말 열심히 농사일을 도우며 지냈습니다.

저 역시 하나뿐인 아들에게 공부하라는 말을 하지 않았지요. 다그친다고 잘하는 것도 아니고, 정신없이 일하다 보니 잔소리할 시간적인 여유도 없었습니다. 아들이 입대하기 전날 저에게 '살아오는 동안 아버지는 한 번도 잔소리를 안 하고 크게 야단친 일도 없었지요. 그게 아버지의 교육 방법이라는 걸 나중에 깨달았어요.'라는 편지를 남겼지요. 실제로 저는 아들을 때린 일은 당연히 없고, 크게 꾸짖은 일도 없습니다. 아들이 군에 있을 때는 편지로 안부를 묻고 집안 소식을 전하는 것 외에 세상 돌아가는 상황도 전했지요. 사람의 도리나 인성에 관한 생각도 전했는데, 그게 아들의 삶의 철학과 가치관에 자양분이 되었을 거라는 생각입니다.

부모와 자식은 천륜이라지만 서로 생각이 달라 실망하는 일도 생겨나고 갈등의 골이 깊어져 꽤 오래 냉랭함이 계속되기도 하지요. 하지만 언제나 들어와 편히 쉴 수 있는 곳이 집이고, 언제나 받아들일 준비가 돼 있는 관계가 가족입니다. 어느 부모가 그렇지 않겠습니까만, 사실 생각대로 말이나 몸짓은 잘 따라주지 않는 게 현실이지요. 부모는 자식이 하고 싶은 일을 잘할 수 있도록 도와줘야 한다는 건 너무도 당연한 일이지만, 그게 쉽지 않습니다. 자식이 부모에게 듣고 싶은 소리는 '우린 너를 믿는다. 우린 언제나 네 편'이라는 말보다 부모의 웃음소리라고 하지요. 그런데 자식 앞에선 어른 노릇한다고 엄하게 대하는 게 보통 부모들의 몸짓입니다.

어릴 때는 잘 보호해주는 것이 당연한 일이지요. 어느 정도 크면 스스로 결정할 수 있도록 걱정이 돼도 모른 척할 필요가 있습니다. 비록 선택이 실패했을 때라도 자식에게 보냈던 신뢰를 깨서는 안 되지요. 이를 무너뜨리는 순간 자식은 실패를 딛고 일어서기 어렵게 되거나 회복하는 데 오랜 시간이 걸리게 됩니다. 자식의 선택을 존중하고 배려하는 게 남에게 하는 것과는 아주 다르지요. 자식에 대한 부모의 기대, 혹은 욕심을 버린다는 게 그만큼 어렵고 참고(忍) 또 참는 시간을 수없이 되풀이해야 가능한 일입니다. 집착에서 벗어나야 하고, 그래야 자식도 자유로워질 수 있지요. 자식의 인생은 온전히 자식이 누려야 할 가치라는 걸 잊지 말아야 합니다.

연륜에 걸 맞는 인간미 풍겨야

"홍 과장! 어디 국밥 맛있게 잘하는 집 없나?"

경기도청에서 의전담당과장으로 일할 때입니다. '부처님 오신 날'을 앞두고 도청 앞 네거리 중앙에 '경축 탑 점등식'이 끝나자 손학규 지사가 뜬금없이 국밥집을 찾았지요.

"순댓국 잘하는 데가 있는데 괜찮으세요?" "그것도 좋지!"

수원역 앞 골목에 있는 오랜 단골집이 생각나 그곳으로 안내했지요. 머리고기 한 점을 맛본 지사가 씩 웃으며 기분 좋은 한마디를 던졌습니다.

"이렇게 맛있는 집을 지들끼리만 다녔어? 이리와 막걸리 한잔해!"

'82년 청운의 뜻(?)을 품고 도청으로 와서 이 집을 다니기 시작했지요. 도정 홍보자료를 작성하는 일을 할 때입니다. 추적추적 비 내리는 토요일 날, 일과를 마치고 '일미 집'에 순대국밥을 먹으러 갔지요. 2층 다락방에 모여 반주(飯酒)를 곁들였는데 그게 길어졌습니다. 빗소리가 '숯불에 소등심 굽는 소리'로 들려 술맛을 더했기 때문이지요. 결국, 술로 배를 채우고 몇 사람은 가파른 나무계단을 엉금엉금 기어서 내려와야 했습니다. 제가 '일미 집' 단골이 된 것은 값싸고 푸짐한 데다 맛이 끝내주었기 때문이지요. 그 후, 도청에서 일하는 동안엔 내 집처럼 들락거렸습니다. 때로 퇴직한 공무원 선배나 기자를 이 집에서 만나는 건 덤이었지요.

얼마 전, 'J 푸드'라는 순대 공장이 비위생적인 환경에서 제품을 만들었다는 언론보도이후, 순대집들이 큰 어려움을 겪었습니다. J푸드 측은 "퇴사한 직원이 앙심을 품고 악의적인 제보를 한 것"이라고 했지만 소비자들 반응은 싸늘했지요. 모처럼 코로나19 규제완화로 영업이 활기를 찾았는데 '순대 파문'이 터지면서 순대를 직접 만들어서 판매하는 자영업자들까지 피해를 보았습니다. 아무 죄 없이 같은 업종이라는 이유로 유탄(流彈)을 맞은 꼴이지요. 다른 건 몰라도 먹는 음식가지고 장난질을 치는 건 엄벌에 처해야합니다. 더구나 서민들이 즐겨 찾는 음식은 더더욱 그러하지요. 이런 건, 전형적인 후진국 형 범죄행위입니다. 나라 창피한 일이지요.

순댓국은 소탈한 사람들이 즐겨 찾는 음식입니다. 어린 시절, 잔칫날이면 돼지를 잡아 손님을 대접했지요. 돼지창자에 고기 · 야채 · 두부 등을 다져 넣고 만든 순대와 머리고기는 술안주로 최고입니다. 밥을 말아 먹는 순대 국 은 별미지요. 많은 이들이 순대 국을 사랑하는 이유입니다. 소탈한 서민 흉내 내려는 정치인이 순댓국집을 찾아 생 쇼를 펼치는데 그렇게 먹어서야 제 맛이 안 나지요. 순댓국의 성지처럼 소문나있는 '일미집'의 명성은 90년 동안 겹겹이 쌓인 맛으로 이루어진 빛나는 결정체입니다. 이집엘 40년 넘게 드나들었지요. 요즘엔 가끔 아들 며느리, 손주들과도 이집을 찾습니다. 3대가 단골이 된 의미 있는 집이지요.

가끔 기분이 우중충한 날에는 작은 다락방에 앉아 막걸리 한잔을 기울입니다. 고달픈 삶의 더께를 한 잔 술로 씻어버리면 어느새 세상 근심이 사라지고 입 꼬리가 올라가지요. '혼 밥'하기에도 더없이 좋은 식당입니다. 한 그릇을 시켰다고 눈치를 주지 않으니까요.

"세월이기는 장사 없다는 게 실감나네요."

엊그제 주인장이 저를 보더니 무심히 한마디 툭 던졌습니다. 하긴 처음 간 게 40년 넘었으니 제게도 오랜 풍상(風霜)을 거친 연륜이 엿보이겠지요. 저에게서도 오래 우려낸 사골국물처럼 진하고 넉넉한 인간미가 풍기면 좋겠습니다. 90년 된 순댓국집도 흔치 않지만, 이집을 만나 40년 단골이 된 건 행운이지요. 10년 후, 이 집은 100년이 되고 저는 50년 단골손님이 됩니다.

어느 다락방의 추억

"홍 주사! 순대국밥 먹지? 일미 집 가봤어?" "아주 좋아합니다." "잘됐네! 순대국밥에 소주 한 잔 하자"

너른 고을(廣州) 촌놈이 광주군청에서 일하다 청운의 뜻을 품고 82년 경기도청으로 자리를 옮겼습니다. 함께 일하던 형의 권유로 한 달 남짓 벼락치기 공부를 하고 전입시험에 합격한 게 도청직원이 된 연유지요. 화서동에 거처를 마련하고 출퇴근을 했는데 그때부터 이 식당과 인연을 맺게 된 것입니다. 그러다가 7급 승진을 하고 홍보팀에서 일하게 되었는데 홍보팀장이 소문난 주당(酒黨)이었지요. 그 당시엔 토요일도 오전 근무를 했는데 환영식을 겸해 점심을 먹으로 간 곳이 일미집입니다.

굵은 빗줄기가 제법 세차게 내리는 날, 일미 집 2층 다락방으로 들어섰지요. 이미 3년 이상 드나들며 순대국밥을 먹었는데 명색이 환영식이라서인지 모둠수육이 안주로 따라 나왔습니다. 푸짐하게 맛깔스러운 고기가 나왔으니 두꺼비 파리 잡아먹듯 소주병이 순식간에 비워져나갔지요. 1시간 정도 지났을 때, 벌써 모두 얼굴 불그레하게 술이 올랐는데 밥자리가 아닌 술자리가 끝나지를 않았습니다. 2시간 가까운 환영식이 끝나고 좁은 계단을 내려올 땐, 네발로 내려오는 사람도 생겨났지요.

"제가 승진한 건 여러분 성원덕분이고 추억이 있는 이 집에서 점심을 모시게 되었습니다."

세월이 흘러 98년에 홍보팀장으로 일하게 되었습니다. 1년 반이 지날 무렵, 자리가 생겨 인사부서와 협의해 괜찮은 인재를 신입직원으로 받았지요. '성실의 아이콘'으로 불릴 만큼 열심히 일하는 그가 승진을 거듭해 서기관으로 승진을 했습니다. 그런데 올 곧은 성격으로 바른 말을 잘하는 그가 지사에게 밉보여 북부 청에서 떠돌게 되었지요. 마음고생이 많았는지 도의회로 가고 싶다며 조언을 구했습니다. 그때 서두르지 말고 멀리보고 일하라고 권유했고 와신상담 일해서 부이사관이 되자 승진 턱 자리를 마련한 것이지요.

"이제 저희 문 닫아야합니다. 이제 끝내주시면 감사하겠습니다." "아! 네! 죄송합니다."

지난 연말, 손학규 지사께서 전화로 뜬금없이 '일미 집에서 송년회'를 하자고 했습니다. 현역시절 총무과장으로 일하던 때, 지사께서 맛있는 국밥집을 찾기에 모신 곳이 '일미 집'이었지요. 저의 단골이기도 했지만 수육은 물론 진한 국물이 일품인 순대국밥에 반주를 곁들이면 더없이 좋을 거란 생각이었습니다. 그런데 그날, 송년회멤버가 한 술 하는 주당들이고 모처럼 만났으니 술잔이 날아다니고 이야기꽃이 만발해 시간가는 줄 모른 것이지요. 쫓겨나면서도 웃음소리가 끊이질 않았습니다.

일미 집 다락방에 들어서면 누구나 별 수(?)없이 겸손해지지요. 천장이 너무 낮아서 허리를 굽혀야하기 때문입니다. 방바닥에 털퍼덕 앉아서 국밥을 먹어야 하는데 이마저 매력이 있지요. 90년을 넘은 노포답게 잡냄새 전혀 없는 모둠수육과 진한 국물 맛이 일품입니다. 진한 국물을 먹으면서 이순을 넘긴 저는 연륜에 걸 맞는 사람냄새가 부족하다는 생각을 할 때가 많지요. 그때마다 오래 우려낸 국물처럼 진한 향기 풍기는 사람이 되겠다고 다짐하지만 쉬운 일이 아니라는 걸 절감하고 있습니다.

40년 넘게 단골로 이 집을 드나들면서 많은 정이 쌓였지요. 새록새록 떠오르는 다락방에서의 추억들을 따끈한 국물에 말아먹는 시간은 행복 그 자체입니다. 무언가 일이 풀리지 않아 기분이 내려앉을 때, 삶에 지쳐 힘겨울 땐 다락방에 올라 고기 한 점에 한 잔 술을 기울였지요. 거짓처럼 기분이 풀리고 찌들었던 삶의 더께가 말끔히 씻겨 내리곤 했습니다. 그런 시간이 겹겹이 쌓이면서 삶의 보약이자 추억이 되었지요. 제겐 그 다락방 시간이 심신을 곧추세우고 감성을 일깨우는 바탕이 되었습니다.

아파트 관리원과 입주민

"여보! 현관 앞에 이게 놓여 있는데 뭐지?" "아! 그거 매실 액이죠? 아파트 청소하는 아주머니가 갖다 놓는다고 했어요."

퇴근해 집에 도착해보니 현관 앞에 작은 병과 상추가 들어있는 비닐봉지가 놓여 있었습니다. 아내에게 얘기했더니 사전교감이 있었는지 청소하는 분이 갖다놓은 것이라고 하더군요. 아파트 복도와 개별 현관 앞을 청소하는 아주머니는 아내와 나이가 같았습니다. 아내와 저는 마주칠 때마다 웃으며 인사하며 친근하게 지냈지요. 아내는 동갑네기라서인지 설이나 추석 명절은 물론 가끔 작은 선물을 챙겨주곤 했습니다. 그게 고마워서인지 아주머니도 가끔 시골에서 농사지은 야채 등 농산물을 현관 앞에 놓아두곤 했지요. 아주머니는 늘 온화한 얼굴로 입주민들과 인사를 나누며 정겹게 지냈습니다.

"여보! 나 오늘 점심약속 있어요." "누구랑?" "18층 언니와 일전에 청소하던 아주머니랑 만나기로 했어요. 점심 먹고 올게요."

우리 아파트에서 청소하던 아내의 동갑내기 아주머니가 아파트 청소 용역업체가 바뀌면서 그만두었지요. 그런데도 가끔 연락을 주고받는 눈치였습니다. 그런데 다행히 멀지 않은 인근 아파트 청소원으로 일하게 됐다는 걸 알게 된 거지요. 아내가 축하의 뜻으로 점심모임을 마련한 것입니다. 아무리 동갑내기라지만 쉽지 않은 일이라는 생각이 들었지요. 추어탕을 먹기로 했다며 나가는 아내의 뒷모습이 달라보였습니다. 따뜻한 온기가 느껴졌지요. 아내는 주로 점심모임을 하는데 이 모임을 다른 모임보다 각별하게 생각하는 듯합니다. 아내는 아파트 경비실에도 옥수수 같은 간식을 넣어드리곤 하지요.

지난 봄, 수원 영통의 '하우스 스토리' 아파트 입주민들이 보여준 선행이 흐뭇한 미담으로 전해졌습니다. 8년 동안 아파트에서 일한 경비원 중한분이 혈액 암으로 항암치료를 위해 퇴사 소식을 알렸지요. 이 소식을 접한 입주민들이 아파트 운영위원회 주관으로 보안대원을 돕기 위한 성금 모금 운동을 진행했습니다. 놀라운 일이 생겨났지요. 일주일간 진행된 모금운동에 1,000만원의 성금이 모아진 겁니다. 아파트 전체가 98세대인 작은 아파트 주민들이 보여준 큰 정성이었지요. 이 사실은 한 배달원이 '배달하다가 본 수원의 명품아파트'라는 글을 올려 알려졌습니다. 명품주민이 사는 명품아파트 맞지요.

아파트 이웃과 주차 문제로 다투다 이를 말리던 60대 경비원을 넘어뜨려 숨지게 한 20대 남성이 구속됐습니다. 다툼을 말리다 머리를 크게 다친 아파트 경비원이 숨진 것이지요. 지난 추석직전, 부산의 한 아파트 주차장에서 20대 A씨가 다른 차량 운전자와 싸우다 이를 말리는 60대 경비원 B씨의 다리를 걸이 넘어뜨렸습니다. 머리를 크게 다친 B씨는 뇌사상태로 중환자실에서 치료받다가 추석 다음날, 끝내 숨졌지요. 서울 강남의 한 아파트에선 입주민의 갑 질에 견디다 못한 경비원이 자살하는 일도 벌어졌습니다. 아파트 경비원에 대한 입주민의 갑 질은 끊이지 않는 사회문제지요. 안타까운 일입니다.

저는 동탄 신도시 한 아파트에서 17년째 살고 있지요. 그동안 살면서 아파트 경비원들과 다투는 주민을 본 일이 없습니다. 경비원들도 만날 때 서로 인사를 나누고 쓰레기 분리수거를 돕는 등 입주민들과 잘 지내고 있지요. 아파트 관리원과 입주민은 갑을관계가 아닙니다. 사람과 사람관계이고 그들의 직장이 아파트 관리소일 따름이지요. 당당한 직장인이고 입주민과 수평적 관계라는 걸 잊어서는 안 됩니다. 평수 넓고 비싼 아파트라고 명품아파트는 아니지요. 갑 질을 견디다 못해 경비원이 자살한 강남의 아파트보다 경비원의 혈액 암 치료비를 모금해 전달한 입주민이 사는 곳이 참 명품 아파트입니다.

백 마디 말보다 실천이 중요 합니다.

'초록우산 어린이재단'에서 제 이름을 '초록우산 명예의 전당'에 등재하고 증서와 함께 탁상시계와 초록우산을 기념품으로 보내왔습니다. 1989년 정기후원회원으로 등록한 후 35년 넘게 소년·소녀 가장 돕기를 했기 때문이지요. 바쁜 일상 때문에 봉사활동을 못하는 대신 자그만 정성을 전하는 것이 좋겠다는 생각을 한 것입니다. 40년의 공직생활 동안 감사패나 공로패 같은 것을 꽤 많이 받았지요. 그러나 초록우산 명예의 전당에 헌액(獻額)된 것은 특별히 의미 있고 소중하다는 생각입니다. 비록 작은 정성이지만 매월 한 차례씩 한 번도 거르지 않고 35년 넘게 해온 저 자신이 대견했지요. 그런 조그만 씨앗이 어느새 잘 익은 과실이 된 듯해 기분이 좋았습니다.

말단 공무원을 지나 6급 공무원이 되었을 때, 어느 소년가장이 어려움 속에도 용기를 잃지 않고 열심히 살아가고 있다는 이야기를 듣게 되었지요. 문득 어려웠던 어린 시절이 떠올랐습니다. 저는 너른 고을(廣州)에서 많지 않은 논밭에 농사를 지으며 6남매를 키우는 집에서 자랐습니다. 당연히 살림살이가 넉넉지 못한 환경에서 학교에 다녔는데, 학용품을 갖추지 못할 때가 적지 않았지요. 그 시절을 생각해서 소년소녀가장 후원자로 등록하고 매월 정기후원을 했습니다. 공직에서 은퇴한 후에도 거르지 않았지요. 국민 세금으로 살아왔으니 이웃을 위해 작은 정성이라도 보태야겠다는 생각이었습니다. 이는 저 자신도 나눔의 행복을 느끼는 일이라고 믿었기 때문이지요.

대한적십자사에서도 '적십자회원 유공장 금장'을 받았습니다. 전달식은 '코로나 19'로 취소됐고, 대신 우편으로 전달받았지요. 17년 전, 경기도청에서 적십자사 업무 담당과장으로 일할 때, 대한적십자사 경기도지사와 협업하면서 적십자에 대한 관심이 커졌습니다. 도청 차원에서 대한적십자사 경기도지사와 함께 '적십자 특별회비를 위한 1m당 1원 기부 걷기대회' 등 다양한 협업관련행사를 열었지요. 저도 적십자 회원으로 가입해 매월 정기적으로 조금씩 기부하기 시작해 공직 은퇴 후에도 계속 후원하고 있는데, '적십자회원 유공장 금장' 수상은 이런 배경 덕분입니다. 적십자사 금장까지 받게 된 것은 일에만 매달려 재미없게 살아온 제게 나름의 위안이 됐습니다.

'경기도 사회복지 공동모금회'에도 조금씩 기부를 계속해오고 있지요. 이수영 회장의 766억 원 KAIST 기부나 설악산에서 지개로 짐을 옮겨주고 모은 1억 원을 기부한 임기종씨와 비교하면 보잘것없기는 합니다. 하지만 기부는 규모의 문제기 아니라 마음과 정성이 중요하다는 생각이지요. 작은 액수라도 누군가에겐 소중하게 쓰이고, 그것이 꿈과 희망을 키울 수 있는 밑거름이 된다고 믿습니다. 어려운 이웃을 도와야 한다고 흔히 말하지만, 실제로 직접 나서서 돕는 사람은 그리 많지 않지요. 백 마디 말보다 실천하는 게 중요합니다. 남을 돕는 것은 내 것을 버리는 게 아니지요. 함께 상생하는 길입니다. 남을 돕는 게 결국 나 자신을 돕는 일이지요. 그게 세상 이치입니다.

40년 넘는 공직생활 동안 제 나름 열심히 앞장서서 봉사활동에 참여했습니다. 3년간 경기관광공사 대표사원으로 일할 때도 농촌일손 돕기에 앞장섰고, 홀로 사는 어르신들에게 매년 2,000포기의 김장을 전했지요. 전방부대엔 작은 도서관을 만들어주었습니다. 가끔 특강을 하게 되면 강사료를 모두 어려운 이웃을 위해 기부하면서 가는 곳마다 다른 공무원에게 기부활동을 권유하기도 했지요. 채우는 것도 기쁘지만, 나누는 기쁨은 그 이상입니다. 오랜 세월 국민의 세금으로 먹고 살아왔으니 비록 은퇴했지만 기부를 계속하는 이유이지요. '백 마디 말보다는 한 번 실천하는 게 좋다(百言不如一行)'는 말을 가슴에 담고 서로 양보하고 배려하고 이웃을 도우며 살면 좋겠습니다.

나를 가치 있게, 세상을 가치 있게

초등학생 시절 크레용을 준비 못하고 간 날, 선생님이 미술시험을 풍경화로 대체하겠다고 했습니다. 할 수 없이 짝꿍의 크레용을 빌려 쓸 수밖에 없었는데 다행히 그러자고 했지요. 고마웠습니다. 나름 그리기를 좋아하는 저는 자신 있게 스케치를 끝냈지요. 그런데 짝꿍이 힐끗 쳐다보더니 표정이 일그러졌습니다. 자기보다 더 잘 그렸기 때문이었을 테지요. 다양한 색상의 크레용으로 그려야 하는데 그러질 못했습니다. 짝꿍이 자꾸만 눈치를 주었기 때문이지요. 색을 제대로 입히지 못해서 점수가 낮게 나올 걸 생각하니 속상했지만 눈물을 참고 일어서야만 했습니다.

그 때만 해도 저는 물론 학용품을 제대로 갖추지 못한 친구들이 있었지요. 시골이니 농산물을 팔기 전에는 돈 구경하는 게 어려웠기 때문입니다. 6,25 한국전쟁 직후였으니 대부분 넉넉지 못한 살림살이를 힘겹게 꾸려가고 있었지요. 우리 집도 많지 않은 논밭을 일구며 6남매를 키우는 것은 기적에 가까운 일이었습니다. 사람들은 자식들 먹거리를 해결하고 공부시키는 게 거의 전쟁 같았던 시절이었지요. 여름방학 때, 기말고사 성적표를 받아본 엄마가 미술점수가 너무 형편없다며 저를 바라보다 이내 밖으로 나가버리셨습니다. 크레용을 못 사준 게 생각난 것이지요.

어렵사리 고등학교엘 들어가 농사일을 도우며 공부하다 고3 여름방학 때 공무원시험에 합격했습니다. 달포 남짓 죽어라 공부한 게 큰 선물로 돌아온 거지요. 광주군청에서 일하다 청운의 뜻을 품고 벼락치기로 공부해 전입시험을 치루고 경기도청에서 일하게 되었습니다. 그런데 도청에는 고시출신과 대졸자가 즐비했지요. 그렇다고 손 놓고 주저앉을 수는 없는 일이었습니다. 누구보다 일찍 출근해서 사무실 청소를 하고 죽기 살기로 일을 했지요. 퇴근도 보안점검을 마치고 가장 늦게 했습니다. 열심히 일한다는 칭찬도 듣고 함께 일하자는 선배도 생겨나기 시작했지요.

그 후, 일 잘하는 직원으로 인정받았고 '89년 6급 주사로 승진할 수 있었습니다. 시골 촌놈이 공직 15년차에 주사가 됐으니 나름 공직자로 자리 잡았다는 생각을 했지요. 곰곰이 지난날을 돌아보았습니다. 그때 문득 크레용을 준비하지 못해 미술점수를 망쳤던 일이 떠올랐지요. 또한 지사께서 어려운 환경 속에서도 용기를 잃지 않고 살아가는 소년소녀가장을 돕고 있는 게 생각났습니다. 망설임 없이 소년소녀가장을 돕기로 마음먹었지요. 그게 35년이 훌쩍 넘었습니다. 30년 되던 해, 초록우산 어린이재단 명예의 전당에 헌액(獻額)되는 사건(?)이 생겨난 이유이지요.

잘 먹고 사는 것과 잘 사는 건 다릅니다. 가진 게 많아 호화주택에 고급 승용차타고 명품사고 수시로 해외여행 다니는 건 그저 잘 먹고 사는 것이지요. 그런데 이웃을 위해 천 원 한 장 기부하지 않는 건 결코 잘 사는 게 아니지요. 넉넉지 않지만 어려운 이웃을 위해 기부하고 봉사하는 사람이 존경받는 게 세상이치입니다. 우리가 직업으로 일하면 돈을 받지만 기부하고 봉사하면 선물을 받게 되지요. 이웃들로부터 존경과 사랑을 선물 받는 것입니다. 그게 잘 사는 길이지요. 우리의 삶을 가치 있게 만드는 일이고 이러한 선한 영향력이 세상을 따뜻하고 넉넉하게 합니다.

저는 요즘에 경기도 사회복지 공동모금 회 부회장으로 봉사하고 있지요. 오랜 세월 녹봉(祿俸)으로 살았으니 이젠 봉사하는 삶을 살아야겠다는 생각을 한 것입니다. '남을 돕는 게 바로 나를 돕는 것'이라는 말이 있지요. 도움 받은 사람이 어려움을 딛고 또 다른 사람을 돕는 선한 영향력이 생겨나기 때문입니다. 곳곳에 '사랑의 온도탑'이 세워졌지요. 모두가 따뜻한 겨울을 보낼 수 있도록 사랑의 손길이 필요합니다. 오늘도 어려운 이웃을 보듬어주는 손길이 이어지고 있지요. 그 사랑의 마음이 '나를 가치 있게, 세상을 가치 있게' 만드는 인생최고의 선물이 될 것입니다.

정신유산이 소중합니다.

"나야! 지금 조문 왔는데 어디 있니?" "나 서울 집에 있어" " 어머니가 돌아가셨는데 빈소 안 지키고..." "어제 갔었는데 그럴 일이 있어...!"

친구 녀석이 모친상을 당해 조문을 갔는데 친구가 보이지 않아 전화를 했더니 집에 있다는 말을 듣고 당황했습니다. 며칠 후, 통화를 하고나서야 전후사정을 알 수가 있었지요. 4남매 중 둘째인 친구네 집은 우리 동네에선 제법 잘사는 집이었습니다. 셋째인 친구를 서울로 유학 보냈을 정도였지요. 논밭이 많으면 시골에선 나름 부자 집으로 통했습니다. 얼마 전, 고향마을에 전철역이 생겼지요. 그 후, 역세권 개발이 진행되면서 친구 집도 논밭이 수용돼 큰 보상을 받게 되었습니다. 그런데 그걸 형이 모두 가졌다는 거지요. 결국 그 문제로 다투고 집으로 돌아가 버린 겁니다.

고양시에 사는 이태원씨는 모친 고 박명규 여사의 장례를 치룬 후, 장례식 때 받은 조의금에 3남매의 정성을 더해 5천만 원을 경기북부 사랑의 열매에 기부했습니다. 그와 별도로 1억원을 기부해 아너 소사이어티회원이 되었지요. 그는 "경험이 없던 상태에서 갑자기 찾아온 병마에 제대로 대처하지 못해 고생하신 어머니를 생각하면 가슴이 아프다."며 "병으로 고생하는 이웃의 환자들께 조금이나마 도움이 되었으면 한다. 그게 평소 배운 어머니의 유지라고 생각한다."고 말했지요. 어머니 가르침을 실행한 겁니다.

평생기부를 실천한 사람들의 정신은 세대를 넘어 이어졌지요. 충청권 첫 '고인 아너'가 된 (故) 정진경씨의 자녀들은 평소 나눔을 보여준 부친의 정신을 기린다며 1억 원을 모아 아버지 이름으로 '아너 회원'이 됐습니다. 부산광역시의 양재생 '은산 해운항공' 대표도 어머니 고(故) 조갑순씨의 이름으로 아너 회원에 가입했지요. 그는 "남편 없이 홀로 자식을 키우는 어려운 형편에도 평생 이웃과 나누는 삶을 사시면서 '기부하는 삶'의 선행을 보여주신 어머니의 이름으로 아너 회원이 됐다"고 밝혔습니다.

올해 여든이 된 한 공직선배는 두 아들에게 갖고 있던 두 채의 건물을 나눠주었지요. 어차피 돌아가신 후엔 유산으로 물려받을 거지만 훗날 유산 상속을 둘러싸고 신경전 벌일 여지를 사전에 원천 봉쇄한 현명한 일이라는 생각이 들었습니다. 그 선배님은 코로나19로 실물경제가 어려워지자 건물임대료를 깎아줘 세입자의 부담을 덜어주었지요. 살아보니 생각보다 부모 유산을 둘러싼 형제자매들의 다툼이 많다는 걸 알게 되었습니다. 돈이 최고라는 '황금만능주의'에서 비롯된 사회적인 병폐이지요. 사이좋게 지내던 가족들이 유산배분문제로 다툰 후, 풍비박산(風飛雹散)난 집안도 보았습니다.

물질적으론 풍요롭지만 정신적으로는 부족한 게 있기 때문이지요. 형제자매들이 돈을 모아서 부모 명의로 아너 클럽에 가입하거나 기부하는 건 가진 게 많아서가 아닙니다. 살아생전, 양보하고 배려하고 나눔을 행하는 부모님을 보고 배운 게 삶의 가치관이 되었기 때문이지요. 물질적인 유산보다 정신 유산이 중요하다는 걸 방증(傍證)해주는 일입니다. 요즘 세상이 돈이 판치는 황금만능주의라고 하지만 돈으로 안 되는 일이 있지요. 사람이 살아가는 삶의 철학과 가치관은 돈으로 살 수 없는 귀하고 소중한 자산입니다.

세상엔 돈보다 중요한 게 많지요. 저마다 삶의 가치 기준이 다르겠지만 어떤 삶이 가치 있는 삶인지는 굳이 말하지 않아도 자명한 일입니다. 재산을 물려주고 싶은 건 한 결같이 모든 부모의 생각일 테지요. 거기에 양보하고 배려하며 이웃을 돕는 모습을 보여주면 그 선한 영향력이 자식들에게도 이어지는 겁니다. '누구나 빈손으로 왔다가 빈손으로 간다.'는 말을 들으며 살아왔지요. 아무리 세상이 바뀌고 사람이 바뀌어도 물질적인 유산보다 정신유산이 소중하다는 건 동서고금을 막론하고 변하지 않는 진리입니다.

꿈과 희망을 주는 '어르신'

"거스름돈이 잘못된 것 같습니다."
"칠천육백 원 맞는데요?"
"전에는 거스름돈이 얼마 안됐는데….'
"아이참! 이제 예순 다섯 넘으셨잖아요."

지난 봄, 산행하다가 낭패를 당한 일이 있습니다. 미끄러운 길에서 넘어지지 않으려고 나무를 붙잡다가 몸이 뒤틀려 허리가 질끈, 충격이 왔지요. 한의원에서 치료를 받았는데 진료비가 전보다 적게 나온 겁니다. 의아해서 물었더니 '경로우대'를 적용해서라는 것이었지요. 기분이 묘했습니다. 돈이 덜 드니 좋기는 한데, 한편으로는 '나도 별수 없이 이제 노인이 되었구나!' 하는 생각이 들었지요. 예비군복을 벗을 때도 비슷했습니다. 이젠 훈련을 안 받아도 된다는 생각보다는 '내 청춘이 이렇게 끝나는구나!' 하는 아쉬움이 컸었지요. 그런데 이제는 '국가공인 노인'이 되었으니….

며칠 전, 시장에 가는 길에 아내가 카카오 톡(Kakao Talk)으로 사진 한 컷을 보냈지요. 앞서가던 저의 뒷모습인데, 보기 민망할 정도로 머리털이 허룩해 보였습니다. 허허함에 가슴이 시렸지요. '누군가의 뒷모습이 보이면 사랑이 시작된다.'는 말이 있습니다만, 새삼스럽게 아내가 저에게 다시 사랑의 감정을 싹틔웠을 리는 없을 테고, 아마 '내 남편도 세월엔 별수 없구나!' 하는 안쓰러움이 더 컸을 겁니다. 기분이 묘했지요. 아내가 보내준 사진을 보며 가늠하기 어려운 헛헛함을 허공에 헛기침을 날리는 것으로 대신했습니다.

그러고 보니 저는 제 뒷모습을 제대로 본 적이 없었지요. 현역 은퇴 후에야 비로소 지난 삶을 돌아보기 시작했습니다만, 생각은 많아졌으나 이를 냉정하게 객관적으로 이성이라는 채로 걸러내는 일에는 소홀하지 않았나 싶습니다.

인생 60부터라는 말이 있지요. 아니, '있었습니다.'라고 해야겠습니다. 100세 시대로 접어든 세상이니 이제는 인생 70부터라고 해야 맞는 말일 테니까요. 60부터든 70부터든 그게 뭐 중요하겠습니까. '늙은이'가 아니라 존경받고 사랑받는 '어른'이나 '어르신'이 되어야지요.

돌아보니 어지간히 바쁘게 살았습니다. 이제 좀 여유가 생겨 곰곰이 지난날을 돌아보니 참 아쉬운 일이 많았지요. 열심히 살았고, 나름대로 인정받은 것도 사실입니다만 일에만 매달려 가정이나 남들에게는 등한시했습니다. 부끄러운 일이지요. 그러다가 어찌어찌 세월이 지나 전철을 공짜로 타는 나이가 되었으니 아쉽고 민망한 일입니다. 그러나 어쩌겠습니까? 별수 없이 그냥 인생살이가 그러려니 받아들여야지요.

예전엔 마을에 일이 생기면 찾아가는 어르신이 있었습니다. 마을 입구에 서 있는 오래된 느티나무처럼 마을 사람들의 정신적 지주 같은 어르신이 있었지요. 그 어르신을 찾아가 해결해야할 일에 관한 가르침을 듣고 그대로 일을 추진하면 틀림이 없었습니다. '젊은 말이 빨리 달리지만 나이 먹은 말은 지름길을 알고 있다.'는 말이 있지요. 그게 젊은 치기(稚氣)만으론 범접할 수 없는 경륜입니다. 인생이 다를 바 없지요. 이순(耳順)에 이르러서야 삶의 참 맛을 알게 되는 건, 다 이유가 있는 겁니다.

세상사는 게 버거워 술잔을 기울이는 사람이 많아지고 있지요. 술 몇

잔으론 허전함이 가실 리 없을 겁니다. 그래도 희망의 끈을 놓지 않으면 좋겠습니다. 힘든 시간을 이겨내면 그 성취가 더욱 값지지 않겠는지요. 인생경험을 바탕으로 희망을 주는 어르신이 많아지면 좋겠습니다. 나이 들었다고 다 어른이 아니지요. 내 생각만 옳다고 관철시키려하면 그게 바로 '꼰대'입니다. 사람들이 올바른 길을 가도록 꿈과 희망, 용기와 힘을 주는 어른이 참 어르신이지요. 그런 분이 많아지면 좋겠습니다.

입은 닫고 지갑은 열어라

싱그럽고 패기 넘쳤던 톰 크루즈 열연의 '탑 건'을 본 지 30년이 넘어 후속편 '탑 건, 매버릭(Top Gun, Maverick)'을 보았습니다. 영화를 보는 동안 옛 장면이 오버랩(Overlap)되고 옛 생각이 절절했지요. 실제 후두암을 앓고 있다는 배우가 출연했다는 것, 이순을 넘긴 톰 크루즈가 대역(代役)을 쓰지 않았다는 것도 감동이었습니다. 톰 크루즈는 풋풋하던 젊은 시절의 모습도 멋있었지만, 나이에 걸맞은 품격과 중후함과 넉넉함이 더 멋있어 보였지요. 연륜에 어울리는 삶의 철학과 가치관을 갖춰야겠다는 생각을 했습니다.

저는 공직에서 은퇴 후 손주들과 함께 지냈지요. 부부만 살다보면 웃을 일이 그리 많지 않았을 듯한데, 손주들과 함께 학교 · 유치원 · 학원을 오가며 참 많이 웃었습니다. 그 녀석들의 재롱을 보는 즐거움, 군것질을 함께 하는 행복감에 '바랄 게 뭐가 너 크게 있겠느냐!' 그런 생각이 들었지요. 다소 경직될 수밖에 없고, 신경을 곤두세워야 하는 공직생활에서는 느껴보지 못한 시간이었습니다. 가끔 모임에 나가면 '얼굴이 편해 보인다. 젊어졌다.'는 소리를 듣게 되었지요. 마음의 여유가 생겨 그렇게 보였을 듯합니다.

한 달에 한 번은 먼 곳으로 나들이했지요. 자연과 함께하면서 지역의 명승지, 옛 고찰이나 성당 등을 둘러보는 일은 오랜 세월 찌들었던 삶의 더께를 씻어버리고 마음을 정갈하게 했습니다. 생각의 깊이와 넓이를 더하는 보물 같은 시간이었지요. 입소문난 맛 집을 찾아 맛있는 음식을 먹어보는 것도 큰 즐거움이었습니다. 서두르지 않고 느긋하게 산책하듯 돌아다녔는데, 그러다 보니 우리나라에 정말 좋은 곳이 많다는 걸 실감하기도 했지요. 많은 책을 읽고 틈틈이 글을 써 수필집을 출간하기도 했습니다.

이순(耳順)을 넘기면서 마음을 비운다는 게 무엇인지 깨달았지요. 욕심을 버리고 한 발짝 물러서서 바라보면 비로소 전체가 제대로 보이는 것들이 적지 않았습니다. 사실, 앞만 보고 달렸던 지난날엔 뒤를 돌아볼 수 있는 여유가 없었지요. 나이가 들어 머리가 반백(半白)이 되고 얼굴에 주름이 깊어지니까 뒤를 돌아보게 되고, 잘 보이지 않으면 몇 발짝 물러서서 바라볼 줄도 알게 되었습니다. 돌이켜 생각해보니 삶에 여백을 두어야 또 다른 생각으로 채울 수 있다는 것을 절감하게 되었다는 말이지요.

이런 생각으로 살다 보니 남의 허물보다는 제 허물을 살펴보게 되었습니다. 가진 건 많지 않으나 조금 더 양보하고 베푸는 일이 늘어나기 시작했지요. 시간에 쫓겨 허둥대는 일도 거의 없어졌습니다. 바람 부는 대로 떠도는 구름처럼 산다는 것, 그게 삶의 지혜이고 경륜(經綸)이겠지요. '노인이 많으면 사회가 병약해지고 어른이 많으면 윤택해진다.'는 말이 바로 그것입니다. 나이가 들면 입은 닫고 지갑은 열어야 합니다. 그래야 어른 대접을 받을 수 있지요. 어린 사람이라고 일방적으로 가르치려들면 '꼰대' 소릴 듣게 됩니다.

욕심을 부려서도 안 되지요. 젊은이의 욕심은 열정이고 야망이 되기도 하지만, 나이 든 사람의 욕심은 노욕(老慾)으로 취급됩니다. 오랜 세월 쌓은 경륜을 행동으로 보여주면서 참 교훈을 주어야 어른 대접을 받을 수 있지요. 때때로 아닌 건 아니라고 단호하게 말하고, 바른길로 이끌어주어야 어른으로 존경받을 수 있습니다. 이순(耳順)은 남의 말을 순순히 받아들인다는 뜻이지요. 말을 하는 것보다 남의 말을 들을 줄 알아야합니다. 그게 나잇값 하는 어른이지요. 연륜에 걸 맞는 몸짓으로 여여(如如)하게 살아야지요.

　세상을 살면서 지켜야 할 규범과 도덕 · 윤리가 '인(仁)'입니다. 달리 말하면, 사람다워야 한다는 말이지요. 남을 배려하고 아끼는 마음, 베풀며 사는 것이 사람다운 것이고, 그것이 바로 인(仁)입니다.

늙지 말고 익어가자!

　가끔 파주엘 갑니다. 파주에서 2년간 살았는데 그때 인연을 맺은 몇 사람이 만남을 이어오고 있는 것이지요. 함께 일했던 전직 공무원과 지역신문대표, 개인 사업을 하는 사람 몇이 모임을 가집니다. 돌아가면서 점심을 주관해 함께 먹고 카페로 옮겨 차담(茶談)을 하며 세상 돌아가는 이야기나 신변잡담을 나누는 것이지요. 한 여름 햇살이 따가운 날, 연천의 산 속엘 찾아들었습니다. 호젓한 산길을 따라 산자락에 자리 잡고 오리장작구이를 하는 식당이었지요. '이런 산골에 식당이 있다니?' 의구심도 잠시 나뭇가지를 휘청거리게 하는 사람들의 두런대는 소리가 새소리보다 요란한 나름 알려진 식당이었습니다.

　'늙지 말고 익어가자!'

　어라? 이런 산 속 식당 건물에 이런 글귀가! 식당 건물에 쓰여 있는 글이 눈에 들어왔지요. 노랫말로 듣기는 했지만 낯선 곳에서 만나니 반가웠고 정말 잘 익어가야겠다는 생각을 했습니다. 어쩌다보니 공짜전철을 타는 나이가 되었지요. 이정도 살았으면 오랜 세월이 우려낸 깊은 향기와 넉넉한 사람냄새가 나야하는데 그렇지 못하니 아쉬울 따름입니다. 그렇다고 마냥 허송세월을 보내는 건 스스로의 가치를 떨어트리는 일이지요. 한가위가 지나고 절정을 향해 가는 가을처럼 무르익어가야겠지요. 남은 생이라도 깊은 생각과 낮은 몸짓으로 살아야겠다고 다짐하지만 그리 된다고 단정할 순 없는 일입니다.

점심식사 후, 숭의전 인근 카페에 들었는데 크고 넓은 책꽂이에 수많은 책이 진열되어 있었지요. 차를 마시며 책을 볼 수 있는 Book카페가 처음은 아니었지만 파주 출판단지 '지혜의 숲' 말고는 그렇게 많은 책이 진열된 곳은 처음 보았습니다. 서점처럼 분야별로 나뉘어 진열되지 않아 다소 혼란스러웠지만 천천히 느긋하게 돌아보았지요. 정리되지 않은 다양한 장르의 책들 속에서 보물찾기처럼 두리번거리다 두보(杜甫)와 쌍벽을 이루는 중국의 시성(詩聖) 이백(李太白)의 책(詩選集)을 만났습니다. 자리에 돌아와 차를 마시며 신선의 노래 같은 시를 읽다보니 한 구절이 가슴을 열고 마음에 들어왔습니다.

池花春映日(지화춘영일) : 연못에 가득한 꽃들 따뜻한 봄볕에 빛나고
窗竹夜鳴秋(창죽야명추) : 창 앞 대나무는 밤에 가을소리를 내는구나!
今古一相接(금고일상접) : 옛날과 오늘이 하나로 끝없이 이어지니
長歌懷舊游(장가회구유) : 길게 노래하며 옛 놀던 일 생각하노라!

'세월 이기는 장사 없다.'고 살다보면 나이가 들고 늙어 가는 게 당연한 세상이치이지요. 나이 먹은 게 결코 부끄러운 일이 아니지만 자랑할 일도 아닙니다. 나이 많다고 내가 옳고 내 고집만 앞세우면 그저 나이 먹은 늙은이 취급을 받게 되지요. 살면서 쌓은 인생경륜을 아랫사람들이 바른 길로 갈 수 있도록 가르치고 도와주어야 합니다. 그게 늙어가는 게 아니라 익어가는 것이고 어른대접 받는 길이지요. 어려운 이웃을 돕고 봉사하며 주변 사람들에게 선한 영향력을 주는 게 늙어가는 게 아니라 익어가는 길입니다. 늙은이가 아니라 사람들이 존경하는 어르신으로 자리매김하는 게 참 인생이지요.

색동옷으로 갈아입은 인생의 가을이 아직도 철들지 못하고 설익었다는 아쉬움 속에 깊어지고 있습니다. 인생의 가을을 지나면서 이제라도 농

익은 과일처럼 익어 가면 좋겠지요. 익지 않은 과일은 먹을 수 없듯이 사람도 덜 익으면 제 구실을 못합니다. 마을 어귀 큰 고목은 하루아침에 자라난 게 아니지요. 백년의 세월, 비바람 눈보라치고 무더위와 혹한을 견뎌낸 소중한 결정체입니다. 인생의 경험은 그 무엇보다 소중한 가치이고 단순한 이론이나 가르침과는 차원이 다른 참 인생의 보물이지요. '젊은이는 앞만 보고 빨리 달리지만 경험이 많은 어른은 지름길을 알고 간다.'는 말을 곱씹어 봅니다.

사람의 향기

"과장님! 공직자 재산등록과 관련해 전화 드렸습니다. 너무 적은 것 같아 그럽니다. 정부전산망이 잘되어 있어서 주민번호만 입력하면 다 나옵니다." "한번 연결해보세요. 그게 전부입니다."

서기관 승진 후, 법규에 따라 공직자 재산등록을 한 후, 담당계장으로부터 전화를 받았습니다. 다른 사람보다 재산이 너무 적어 누락된 게 없는지 확인전화를 한 것이지요. 통화 후, 한동안 창밖을 내다보며 앉아있었습니다. 아무리 돌아봐도 창피한 일은 아니라는 생각이었지요. 그때는 월급을 타면 며칠사이에 봄눈 녹듯 사라져 버렸습니다. 재산등록 당시, 수원에 방2칸짜리 아파트와 약간의 현금이 있었으니 재산이라기엔 초라하고 민망한 수준이긴 했지요. 그래도 외벌이 공직자로 열심히 살아서 모은 떳떳하고 참 소중한 자산이니 부끄러운 일은 아니었습니다.

공직생활을 하던 아내를 그만두도록 한 걸, 후회한 순간도 있었지요. 울고 싶은데 마음 놓고 울지 못하고 목구멍 깊은 곳까지 울음을 삼키며 살았습니다. 사무관이 된 후, 생활형편이 나아질 때부터 직원들이 밥값 내는 걸 못하게 했지요. 월급 더 타는 사람이 사는 게 당연하다고 생각한 겁니다. 죽을힘을 다해 고위직에 올랐지만 몸은 혹사당하고 여유로움 없이 옹색하게 살았지요. 공직을 천직으로 살았지만 허울만 좋았을 뿐, 저 자신을 위해 살지 못했다는 생각이 들 때도 있었지만 후회는 없습니다. 공직자는 단순한 월급쟁이가 아니라는 자긍심이 있었지요.

명예퇴직 후, 한 후배와 부부동반 나들이를 다녔습니다. 후배가 운전을 전담하고 메뉴선택과 식비는 제가 전담했지요. 3년 넘게 유명 관광지는 물론 오래된 고찰(古刹)과 성당, 박물관이나 미술관 등을 돌아보았습니다. 가는 곳마다 맛 집을 찾아 맛깔난 음식을 먹는 쏠쏠한 재미는 덤이었지요. 여행을 다니면서 곳곳에 출중한 실력과 덕망을 갖춘 숨어 있는 고수가 많다는 걸 알았습니다. 고수(高手)인양 살아온 저 자신이 하수(下手)라는 걸 깨달았지요. 삶이 힘겨울 때 '이 또한 지나가리라' 이를 악물고 살았지만, 잘나가던 시절 또한 한순간이라는 걸 알았습니다.

세상을 보는 눈은 저마다 제 각각이지요. 바라보는 관점이 다르기 때문입니다. 세상살이는 내 마음으로 빚어내는 것이지요. 내 생각이 모두 옳은 건 아닙니다. 내 생각의 틀에 얽매이지 말고 마음의 문을 열어놓고 살아야지요. 마음의 문은 나를 감추기 위해 닫기도 하고 나를 내보이기 위해 열기도 합니다. 마음의 문을 닫으면 상대방은 답답해지고 나 스스로도 틀에 갇혀 살게 되지요. 마음의 문을 열어야 당당하게 살아갈 수 있습니다. 늘 한 결 같이 올 곧게 살아 갈 수 있고 그 게 참 인생이지요. 내려놓고 살아야 비로소 사람냄새 나는 삶을 살 수 있는 겁니다.

'나 때'는 하고 시작해서 나만 옳다고 하면 '꼰대'냄새가 풍기지요. 내려놓고 베풀면서 많이 들어주고 살아온 경험으로 선한 영향력을 주면 '어르신' 향기가 풍깁니다. 저 나름 내려놓고 다른 사람들에게 도움이 되는 삶을 살기위해 정성을 다했지만 많이 부족했다는 걸 절감하고 있지요. 이제부터라도 오래 우려낸 진국처럼 깊고 은은한 향기가 풍기는 삶을 살아야겠다는 생각을 해봅니다. 사는 동안, 우여곡절 겪으며 쌓아온 인생경험을 바탕으로 나잇값 제대로 하는 어른 노릇을 해야겠지요. 마음의 문을 열고 여여(如如)하게 살아야겠다고 다짐하는 오늘이 참 행복합니다.

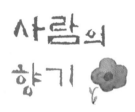

사람의
향기

초판 1쇄 발행	2024년 10월 21일

지은이 홍승표
사진 은산 김양평 (한국사진작가협회 이사장)
편집 · 디자인 홍성주
펴낸곳 도서출판 위
주소 경기도 파주시 광인사길 115
전화 031-955-5117~8

ISBN 979-11-86861-39-4 03190